新时代教师教育系列教材

小学课堂管理

XIAOXUE
KETANG GUANLI

曾　琳◎著

北京师范大学出版集团
BEIJING NORMAL UNIVERSITY PUBLISHING GROUP
北京师范大学出版社

图书在版编目（CIP）数据

小学课堂管理 / 曾琳著. --北京：北京师范大学出版社，2025.1. -- ISBN
978-7-303-30178-2

Ⅰ. G622.421

中国国家版本馆 CIP 数据核字第 20249Q066C 号

出版发行：北京师范大学出版社 https：//www.bnupg.com
　　　　　北京市西城区新街口外大街 12-3 号
　　　　　邮政编码：100088
印　　刷：三河市兴达印务有限公司
经　　销：全国新华书店
开　　本：787 mm×1 092 mm　1/16
印　　张：20.25
字　　数：330 千字
版　　次：2025 年 1 月第 1 版
印　　次：2025 年 1 月第 1 次印刷
定　　价：49.80 元

策划编辑：冯谦益　　　　　责任编辑：杨磊磊
美术编辑：李向昕　　　　　装帧设计：李向昕
责任校对：陈　荟　　　　　责任印制：马　洁

版权所有　侵权必究

读者服务电话：010-58806806
如发现印装质量问题，影响阅读，请联系印制管理部：010-58806364

前　言

教师是立教之本、兴教之源，承担着传播知识、传播思想、传播真理的历史使命，肩负着塑造灵魂、塑造生命、塑造人的时代重任。培养造就一支师德高尚、业务精湛、结构合理、充满活力、高素质专业化教师队伍是我国当前教师教育改革的时代使命。近年来，我国陆续出台了《国务院关于加强教师队伍建设的意见》《中共中央 国务院关于全面深化新时代教师队伍建设改革的意见》《新时代基础教育强师计划》《中共中央 国务院关于弘扬教育家精神加强新时代高素质专业化教师队伍建设的意见》等一系列文件，以促进教师综合素质、专业化水平和创新能力的提升，推动教育实现高质量发展。

为促进小学教师专业发展、建设高素质小学教师队伍，教育部颁发了《小学教师专业标准（试行）》，提出了国家对合格小学教师专业素质的基本要求，在"专业能力"维度更是强调了建立良好的师生关系，帮助小学生建立良好的同伴关系；创设适宜的教学情境，根据小学生的反应及时调整教学活动；调动小学生学习积极性，结合小学生已有的知识和经验激发学习兴趣；妥善应对突发事件；用科学的方法防止和有效矫正不良行为；引导小学生进行积极的自我评价；利用评价结果不断改进教育教学工作等要求，而这些都涉及教师的课堂管理能力。

课堂管理不是孤立存在的，它是"教、学、管、评"四位一体的教学生态系统中不可或缺的一环。课堂是学生收获知识、发展素养之所在，也是教师实现教育理想的主阵地，但现实中的课堂并不一直是师生齐心合力、氛围融洽的场所。掌握能够应对和处理课堂中各种棘手问题的管理策略，学会通过对课堂的有效管理来提高教师教和学生学的质量，学会通过规则的约束来促进学生学习的积极性和主动性，这些对于小学教育专业学生的成长来说是极其重要的。

课堂管理能力是每个合格教师都应具备的基本职业素养，但是，目前专门讲授课堂管理的教材并不多，有关课堂管理的内容多以章节或专题的形式出现在课程与教学论、教育概论等课程的教材中。因此，《小学课堂管理》主要是为高等院校小学教育专业学生编写的教材，也适合未来想成为教师的各类人员学习使用；同时，还可以作为小学教师特别是新手教师接受继续教育的教材或参考用书，或者供小学教师及相关教学管理人员参考使用。

本教材基于对理论体系、现实需求和实践经验的综合考量来构建、筛选和组织教材内容，力争实现所需即所学、所学即所用。教材主要围绕课堂管理基础，从小学课堂"开端"管理、小学课堂教学规则管理、小学课堂学习管理、小学课堂行为包括问题行为管理、小学课堂学习环境包括心理学习环境和物理学习环境管理、小学课堂合作学习管理几个方面展开各章内容，旨在为学习者呈现一个较为真实的小学课堂画像。

教材共有九章，每章包含"内容结构导图""学习目标""新手教师的困惑""学习内容""内容概要""思考题""实践操作题""补充阅读""自我反思"等部分。此外，教材中还设置了"资料链接""问题思考""案例分享""案例分析""实践操作"等板块，以丰富学习资源，开阔学习者的视野，激发其学习兴趣，唤起其问题意识，使其获得实践经验，从而提高操作能力和行动能力。

本教材在体系构建和内容编写上力图实现如下目标：

第一，注重理论性和前沿性。教材涵盖课堂管理的一般理论、原则和策略，建构了完整的理论框架体系；同时尽量反映国内外课堂管理领域的最新研究成果，依据"课堂管理的终极目的是实现学生的自主管理""教师应给学生提供支持性工具和行为模型以促进其自主管理"等先进理念来组织"课堂学习管理""支持性学习环境创设"等内容。

第二，强调情境性和现实性。未来教师获得和提高课堂管理能力仅通过应然层面的知识学习是不够的，必须经由大量真实情境，并通过亲身实践。因此，教材立足于真实的小学课堂管理情境来讲授课堂管理的一般理论、原则和策略；同时着眼于解决小学教育专业学生在实习过程中以及在刚入职时遇到的种种现实困境。

　　第三，凸显操作性和行动性。教材在设计理念上旨在通过强化课堂管理意识、提高课堂管理能力来缩短未来教师真正进入小学课堂场域时的适应期。针对现实的小学课堂管理问题，本教材采用小学优秀教师提供的解决策略，同时借鉴国内外课堂管理领域的研究成果及有益做法，为学习者提供了用于解决问题的步骤和方案；并指导学习者利用这些给定的步骤和方案去设计自己的行动路线。

　　本教材参考了国内外学者的诸多研究成果，这些研究成果给编著者带来极大的启发，在此表示衷心感谢！教材中的问题和案例源于真实的课堂情境，感谢为本教材提供课堂管理素材、案例和解决策略的一线教师们，也感谢全力帮助搜集信息和案例的我的学生们——李玲芳、徐梦雨、刘冰欣、张元春。

　　教材的编写和出版得到北京师范大学出版社冯谦益编辑、杨磊磊编辑的大力支持和帮助。作为策划编辑和责任编辑，她们认真检查书稿的结构和内容，对存在的问题提出了建设性的修改意见，为本书的顺利出版付出了极大的心血，在此致以真诚谢意。

　　囿于时间和能力，教材难免存在疏漏之处，敬请大家批评指正，以帮助编著者改进教材不足，提高教材质量。

曾　琳

目　录

第一章　课堂管理基础

>>> **内容结构导图**

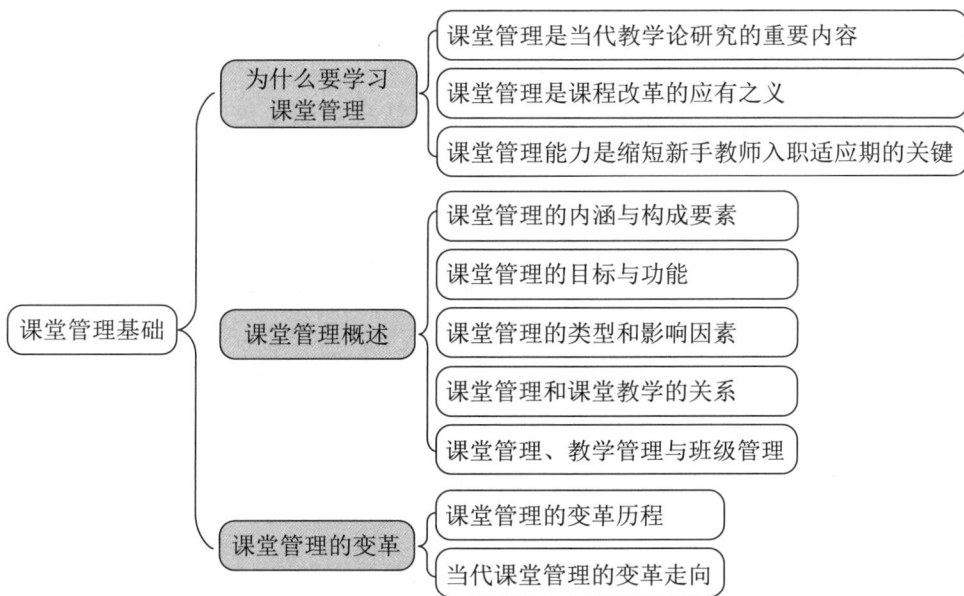

```
                              ┌─ 课堂管理是当代教学论研究的重要内容
               为什么要学习 ──┼─ 课堂管理是课程改革的应有之义
               课堂管理        └─ 课堂管理能力是缩短新手教师入职适应期的关键

                              ┌─ 课堂管理的内涵与构成要素
                              ├─ 课堂管理的目标与功能
课堂管理基础 ── 课堂管理概述 ──┼─ 课堂管理的类型和影响因素
                              ├─ 课堂管理和课堂教学的关系
                              └─ 课堂管理、教学管理与班级管理

               课堂管理的变革 ┌─ 课堂管理的变革历程
                              └─ 当代课堂管理的变革走向
```

>>> **学习目标**

1. 理解学习课堂管理的意义，掌握课堂管理的内涵与构成要素。

2. 能用自己的话描述课堂管理的目标与功能。

3. 掌握课堂管理的类型，能说出影响课堂管理的诸多因素。

4. 能区分课堂管理、教学管理与班级管理。

5. 了解课堂管理的变革历程，能初步分析当代课堂管理的变革走向。

>>> **新手教师的困惑**

许多新手教师认为，教师天生就会管理课堂，根本不需要花费力气去学习；而且课堂管理非常简单，无外乎给学生下达指令，让学生按照指令去做。可是，真实的课堂打破了这些新手教师们的认知，甚至对他们而言，教学已经处于次要位置，主要的任务变成了如何让喧闹的课堂安静下来，如何让学生积极地学习。那么，课堂管理需要学习吗？需要学习什么呢？

课堂管理不仅是课堂教学顺利进行的基本保证，还是提高课堂教学质量的有效途径。课堂管理远非秩序和纪律的维持与控制，它还包含通过一系列规则、规范、计划、要求和期望等引导学生进行自我管理，最终实现辅助教学、促进学生学习的目的。课堂管理是课堂中各种教育教学活动得以组织和运行的基础，深入、全面地了解课堂管理的基本理论对于每位教师而言都至关重要。

第一节　为什么要学习课堂管理

人类是积极、主动地追求价值的生物。判断将要从事的活动是否有价值、价值有多大是人类思维的起点。那么，对于学校教育而言，课堂管理是否有价值、能产生多大的价值，将是我们首先要阐明的问题。

一、课堂管理是当代教学论研究的重要内容

课堂管理对课堂教学起着重要的促进作用，课堂教学的成功离不开课堂管理。随着班级授课制的出现，"课堂"进入学者们的研究视野，课堂中发生的种种活动开始受到关注。在所有的课堂活动中，教学活动始终是研究的核心，与教学相关的课堂管理则是人们在研究教学活动时顺便进行的一些朴素的经验总结。直到二十世纪五六十年代，课堂管理才成为一个专门的研究领域而受到学术界的关注。学者们以教育社会学、教育心理学、管理学、哲学、生态学的相关理论为基础构建了课堂管理的研究体系，并逐渐将其纳入教学论的研究范畴，如鲍里奇（Borich，G. D.）在《有效教学方法》中就用两章的篇幅讨论了课堂管理

的问题。①

新中国成立之初，我国的教学论研究几乎未将课堂管理的内容包含在内，原因在于当时的教学论聚焦于课堂教学，它的体系结构、内容选择始终围绕教学这一主要任务，对教学的目标、内容和过程，教学的原则、方法和组织形式等进行了较为全面而深入的探讨。这种模式虽然对教学研究具有重大意义，但是忽略了课堂管理对于教学的促进作用。

20 世纪 90 年代，我国的教学论著作中开始设置专门章节描述课堂管理的内容，如刘克兰主编的《现代教学论》、胡淑珍等编著的《教学技能》、田慧生和李如密著的《教学论》、施良方和崔允漷主编的《教学理论：课堂教学的原理、策略与研究》、王本陆主编的《课程与教学论》、李森和陈晓端主编的《课程与教学论》等。② 于是，课堂管理的重要性逐渐被人们接受，讲授课堂管理的技巧和策略、培养课堂管理的能力成为教师教育中必不可少的内容。

二、课堂管理是课程改革的应有之义

课堂活动主要表现为教师教的活动、学生学的活动、教学评价活动以及课堂管理活动四种形式。教与学的活动是课堂活动的核心，教学评价活动和课堂管理活动则融合于教与学的活动的全过程，这四种活动相互影响、相互促进，共同造就了良性循环、健康发展的课堂教学生态圈（见图 1-1）。作为课堂教学生态圈中必不可少的一环，课堂管理在促进教学、提高教学质量方面的积极意义不容置疑。

20 世纪以来，世界各国为提高教学质量而开展的基础教育课程改革如火如荼。教学改革始终是课程改革的重头戏和主战场，教学内容和教学过程、教学

---

① ［美］加里·D. 鲍里奇：《有效教学方法》，杨鲁新译，上海，华东师范大学出版社，2021。

② 刘克兰主编：《现代教学论》，重庆，西南师范大学出版社，1993；胡淑珍等编著：《教学技能》，长沙，湖南师范大学出版社，1996；田慧生、李如密：《教学论》，石家庄，河北教育出版社，1996；施良方、崔允漷主编：《教学理论：课堂教学的原理、策略与研究》，上海，华东师范大学出版社，1999；王本陆主编：《课程与教学论》，北京，高等教育出版社，2004；李森、陈晓端主编：《课程与教学论》，北京，北京师范大学出版社，2015。

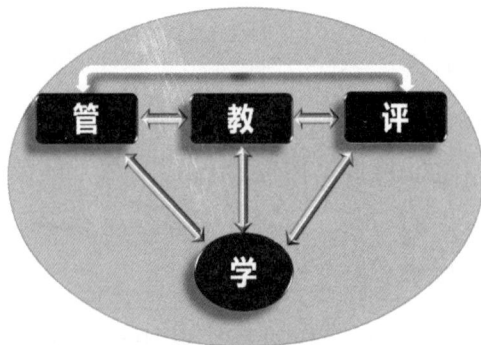

图 1-1 课堂教学生态圈

目标和教学设计、教学方法和教学手段、教学评价等均成为课程改革关注的重点。在这场改革中，与课堂管理相关的理论研究及实践探索却相对滞后。

我国于 2022 年实施了新一轮义务教育课程改革，要求以核心素养为导向，变革教与学的关系，从以教为主走向以学为主，建立学习中心课堂。实现学生的自主、合作、探究学习是课程改革的核心价值诉求，在教育教学实践中教师也积极探索各种方式，以促进学生的自主、合作、探究，但是并没有达到预期的效果。对此，人们经常从课程改革理念的落实情况、课程改革推进的力度、是否得到各方的支持等方面进行讨论。事实上，除了以上谈及的各种原因，作为课堂教学生态圈中不可缺少的一环，课堂管理也会影响课程改革的成效。

我国也在政策层面强调了课堂管理的重要性。2012 年 2 月，教育部发布的《小学教师专业标准（试行）》指出，一名合格的小学教师应该能够"建立良好的师生关系，帮助小学生建立良好的同伴关系"；应该能够"创设适宜的教学情境，根据小学生的反应及时调整教学活动"；应该能够"妥善应对突发事件"。该文件强调的是国家对合格小学教师的基本要求，也是小学教师课堂管理能力的基本标准。2021 年 4 月，教育部发布的《小学教育专业师范生教师职业能力标准（试行）》明确指出，一名合格的教师应"基本掌握教学组织与课堂管理的形式和策略，能够科学准确地呈现和表达教学内容，根据小学生课堂反应及时调整教学活动，控制教学时间和教学节奏，合理设置提问与讨论，引发小学生的主动学习和探究学习，达成学习目标"。

总之，课堂管理在课堂教学中具有十分关键的作用，不仅影响着课堂教学的氛围和效果，而且影响着学生的学习和发展，有效的课堂管理会成为教学方式变革的助推器。因此，我们在践行新一轮课程改革理念、深入推进课堂教学改革的同时，还应关注课堂管理的变革，改变过去一味强调权威、服从的倾向，充分尊重学生，积极营造能促进学生主动学习和自主管理的课堂环境。

三、课堂管理能力是缩短新手教师入职适应期的关键

每一个即将成为教师的人都会对未来的职业生活心怀憧憬，也多半会在心中描绘出一幅美好的画面：在宽敞明亮的教室里，教师讲课，从容不迫、游刃有余，学生学习，积极主动、认真投入；教室里时而是激情四溢的讲课声，时而是沙沙的写字声，时而是琅琅的读书声；上课铃起，学生礼貌问好；下课铃响，学生真诚感谢……

可惜的是，现实的情况和想象中的美好大相径庭。新手教师怀揣着美好的教育情怀走上讲台，希望和学生建立平等、和谐的师生关系。然而，由于小学生(尤其是低年级学生)纪律意识薄弱、自我控制能力较低，经常做出扰乱课堂秩序的行为。同时，新手教师经验尚浅，一心想按照教学计划顺利开展教学，一旦面对混乱的课堂秩序就会显得很被动，要么按照先前的经验使用强制管理手段，要么毫无对策、手忙脚乱。无论哪种情况，都极易打断课堂教学的进程，导致教学任务无法完成。这种困境给处于入职阶段的新手教师带来极大的心理压力，有的教师甚至会产生强烈的挫败感，产生逃离学校的念头。

课堂管理不仅涉及课堂的所有方面，而且贯穿课堂活动的始终，是影响课堂活动效率和质量的极其重要的因素。良好的课堂管理是保证课堂活动顺利开展、促进课堂不断生长的动力，不良的课堂管理则会阻碍课堂活动顺利开展，进而影响课堂活动质量。课堂管理是课堂教学中必不可少的一环，而新手教师都会面临课堂管理问题，因此，学习课堂管理策略、提高课堂管理能力对于新手教师而言就是缩短入职适应期、安然度过入职阶段的重中之重。

第二节 课堂管理概述

上一节讨论了课堂管理对教学论研究、课程改革及教师专业发展的重要意

义。那么，什么是课堂管理，它由哪些要素构成，它能发挥什么样的功能，哪些因素会影响课堂管理的成效，等等，这些问题我们将在本节一一说明。

一、课堂管理的内涵与构成要素

(一)课堂管理的内涵

关于什么是课堂管理，学者们的研究立场和研究视角各不相同，这使得他们对课堂管理的理解也呈现多样化态势。目前，学术界对课堂管理尚没有统一的界定，鉴于此，本节将对相关定义、表述进行梳理和分析，以进一步厘清此概念并明确其构成要素。

课堂管理本质上指在课堂这个特殊的情境中进行的各种管理活动。在此，我们首先要清楚课堂的含义。所谓课堂，大家一般将它理解为在学校中师生进行教与学活动的场所。但是，教育学意义上的课堂"不仅是教师和学生聚合的一个物理空间，而且是一个独特的社会组织，其中蕴藏着复杂多变的结构、情境与互动，是一个充满生机与活力的系统整体，具有鲜活的生命取向"[1]。课堂是一个具有"多维性、同时性、即时性、不可预测性、公开性、历史性"等特征的复杂场域，这使得其中发生的所有活动包括课堂管理活动，都变得复杂、多变且具有挑战性。[2]

【资料链接】

瓦特·杜勒(Doyle，W.)描述了课堂的六个特征，这些特征可以帮助我们理解课堂的复杂性和多变性，也可以帮助我们理解课堂管理所面临的巨大挑战。

第一，课堂具有多维性，即在课堂中许多事情可能在不同的层面或维度发生。任何人只要进入课堂就会发现它是一个多么繁忙的地方。学生为课堂以外的活动激动不已，所以在课堂上就会有与课堂内容无关的事情发生。教师能清楚地意识到每个学生都具有不同的需要、兴趣和能力，这种多维性给课堂管理

---

① 陈时见：《课堂管理论》，3页，桂林，广西师范大学出版社，2002。

② Wittrock，M. C. Handbook of Research on Teaching. New York：MacMillan & Co LTD，1986.

带来了挑战。

第二，课堂上不仅存在很多活动或事情，而且这些活动或事情还可能同时发生，杜勒把这种特征称为同时性（共时性）。如果你曾经备过三次或五次课，你就能感受到这个特征。你也可能在面对这种情况的时候感到难以应对。因为这种共时性，教师必须能够同时处理好各方面的事情。

第三，即时性。由于课堂活动的直接性，教师必须根据他们过去的经验和对学生的了解，快速地做出反应。因为课堂活动必须紧凑地进行，教师没有时间停下来思考。课堂事件的直接性和事件发生的速度需要教师做出快速的决策和行动。

第四，课堂本身具有不可预测性。课堂上发生的许多事情都很难预料。这种教学中的不可预料性需要教师具有灵活的管理和调节能力。

第五，公开性。课堂的公开性使得教师在与学生打交道的时候缺乏秘密性。学生能够看到教师所有的行为，听到他的每一句话。公开性给新手教师调节课堂带来困难。教师就像在舞台上表演一样，对一个学生的态度和做法都会被其他学生看到。教师对一个或几个学生的行为有时会极大影响教师与其他学生的关系。

第六，课堂又具有历史性。过去的课堂模式对现在和将来都会有影响。例如，学生了解教师的反应和期望，会逐渐理解教师处理事件的方式以及应对未知事件的方式，他们还知道接下来的程序安排。如果教师想使课堂的历史对自己有利，始终如一是很重要的。

国外学者对课堂管理概念的界定，比较有代表性的观点如下：

埃默（Emmer，E. T.）指出，课堂管理是"教师为了促进学生在课堂中的参与和合作，以及建立便于学习的环境所做的所有事情"。① 古德（Good，T. L.）和布罗菲（Brophy，J. E.）认为，课堂管理是"确立与保持有效的学习环境的过程"。② 莱蒙齐（Lemlech，J. K.）提出，课堂管理是"一种提供能够开掘学生潜在

---

① Anderson，L. W. International Encyclopedia of Teaching and Teacher Education. Bradford：Emerald Publishing，1996.

② Good，T. L. & Brophy，J. E. Looking in Classrooms. London：Pearson，2007.

能力和促进学生学习进步的良好的课堂生活，使其发挥最大效能的活动"。① 麦克卡斯林（Mccaslin，M.）和古德指出，课堂管理"远非诱导学生服从，它能够或者应当成为促进学生实现自我理解、自我评价和自我控制"的活动。② 埃弗森（Evertson，C.）和韦恩斯坦（Weinstein，C.）认为，课堂管理是一个广义的概念，它包括教师用来支持和促进课堂上的学术学习、社会学习和情感学习的预防策略和响应策略。③

我国学者关于课堂管理概念的界定，比较有代表性的观点如下：

田慧生和李如密指出，课堂管理是教师通过协调课堂内的各种教学因素有效地实现预定教学目标的过程。④ 施良方和崔允漷认为，课堂管理是教师为了保证课堂教学的效益和秩序，协调课堂中的人和事、时间、空间等各种因素及其关系的过程。⑤ 陈琦认为，课堂管理是鼓励课堂学习的教师行为和活动。⑥ 陈时见认为，课堂管理是创建良好课堂环境、维持积极课堂互动、推动课堂快速生长的过程。⑦ 李保强认为，课堂管理是在一种特殊的环境中，以教师为引导、以教学内容为中介组织的针对学生学习而形成的管理体系。⑧ 李祖寿认为，课堂管理是安排教学环境（包括物质的和精神的），以使学生能有效地利用其学习时间，在教师的指导与希望之下，从事其应有的及可能的学习。⑨

由于所持的价值取向不同、管理理念不同、涉及的研究范围不同，加之课堂管理本身所具有的复杂性和多变性，国内外学者对课堂管理的认知差别很大。

---

① Lemlech，J. K. Classroom Management：Methods and Techniques for Elementary and Secondary Teachers. Long Grove：Waveland Press，1991.

② Mccaslin，M. ＆ Good，T. L. Compliant Cognition：The Misalliance of Management and Instruction Goals in Current School Reform. Educational Researcher，1992(3).

③ Emmer，E. T. ＆ Sabornie，E. J. Handbook of Classroom Management. New York：Routledge，2015.

④ 田慧生、李如密：《教学论》，332 页，石家庄，河北教育出版社，1996。

⑤ 施良方、崔允漷：《教学原理：课堂教学的原理、策略与研究》，279 页，上海，华东师范大学出版社，1999。

⑥ 陈琦：《当代教育心理学》，297 页，北京，北京师范大学出版社，1997。

⑦ 陈时见：《课堂管理论》，3 页，桂林，广西师范大学出版社，2002。

⑧ 李保强：《教师课堂管理的结构性指标分析》，载《教学与管理》，2001(17)。

⑨ 李祖寿：《教学原理与技法》，169 页，台北，大洋出版社，1979。

从以上对课堂管理概念的界定来看，其侧重点有所不同：其一，从主体上看，有学者将课堂管理看作教师实施的行为，有学者则认为它是师生协作、共有的行为；其二，从目的上看，有学者将课堂管理看作对环境的控制，有学者将它看作对学生学习的促进，有学者将它看作教师顺利开展教学的保障，有学者将它看作实现课堂教学效益、维持良好秩序的保证，还有学者将它看作达成教学目标的手段和途径；其三，从内容上看，有学者认为课堂管理是对教学内容、学生及课堂环境的管理，有学者则认为它是对课堂中的人和事、时间、空间等各种因素的有效调控；其四，从性质上看，有学者认为课堂管理是为实现课堂活动目标所运用的一种程序，有学者认为它是协调课堂中个体和群体关系的一种策略，有学者认为它是处理课堂活动中各种矛盾与冲突的一种活动，还有学者认为它是促进课堂生长的一种特殊手段。

【资料链接】

课堂管理概念的概括性分类：

- 课堂管理是教师对课堂纪律或秩序的维持。
- 课堂管理是教师对学生课堂行为的控制。
- 课堂管理是建设有效课堂环境的过程。
- 课堂管理是促进课堂教学效率的策略。
- 课堂管理是师生共同建构课堂生活的活动。
- 课堂管理是促进学生潜能发展的运作模式。
- 课堂管理是促进课堂生长的历程。①

虽然上述阐释各不相同，但从总体上看，学者们对课堂管理的认识大致呈现以下几种取向：其一，目标取向，强调课堂管理围绕教学目标而展开，一切为了目标，目标是课堂管理的出发点，也是其归宿；其二，过程取向，强调课堂管理关注促进课堂教学顺利实施、促进学生投入课堂学习的全过程；其三，控制取向，强调教师通过调控课堂中的诸因素，最终实现对学生行为的控制和对课堂秩序的维持；其四，促进取向，主张一切从学生出发，以学生的需要和

---

① 陈时见：《课堂管理论》，8页，桂林，广西师范大学出版社，2002。

兴趣、学生对课堂的自觉参与为前提，强调课堂管理的目的在于促进学生实现自我理解、自我评价和自我控制。

综合以上的分析，我们可以这样理解课堂管理：课堂管理是教师有效组织和调控课堂中与教学相关的诸因素，同时引导和激励学生积极参与其中，以促进课堂中教与学的活动顺利进行，进而实现学生自主管理的动态决策过程。

(二)课堂管理的构成要素

课堂管理到底要管什么？课堂管理包括哪些要素？从日常的课堂教学中，我们可以观察到课堂管理所包含的一些要素，如规则、纪律、命令、问题行为等。对于这一问题，学者们也提出了各自的见解。

古德认为课堂管理主要是处理或指导班级活动所特别涉及的一些问题，如纪律、民主、参考资料的使用与保管、教室的物理环境、一般班务处理及学生社会关系等。

埃默认为课堂管理的要素包括物理环境的创设、课堂秩序的建立和维持、学生问题行为的处理、学生责任感的培养和学习的指导。

海拉彻(Harlacher)概括了课堂管理的五个组成部分：提出并教授期望和规则、建立程序和结构、强化期望、积极吸引学生、管理不当行为。[1]

塔勒比(Talebi，S.)和达沃迪(Davodi，S.)等认为课堂管理包括五个组成部分：学生无条件服从指令、尊重学生、语言和非语言沟通技巧、有意识的课堂开端管理、内部和外部协调。[2]

奥尼尔(O'Neill，S. C.)和斯蒂芬森(Stephenson，J.)认为课堂管理的要素包括：课堂的组织、课堂常规和期望、获得和保持学生的注意力、合作学习、保持尊重和秩序、一般课堂管理策略。[3]

---

[1] Burden，P. Classroom Management：Creating a Successful K-12 Learning Community. Hoboken：John Wiley & Sons，2012.

[2] Talebi，S.，Davodi，S. & Khoshroo，A. Investigating the Effective Component of Classroom Management in Predicting Academic Achievement among English Language Students. Procedia-Social and Behavioral Sciences，2015(9).

[3] O'Neill，S. C. & Stephenson，J. The Measurement of Classroom Management Self-efficacy：A Review of Measurement Instrument Development and Influences. Educational Psychology，2011(3).

斯特尔(Stough，L. M.)指出，课堂管理旨在确保建立和维护有利于有效教授和学习的积极和激励的环境，这意味着课堂管理要涉及"顺利地安排课堂活动，建立社会共享的期望，监控、防止干扰和不当行为，确保有尽可能多的时间以完成任务"等要素。①

弗农·琼斯(Jones，V. F.)和路易斯·琼斯(Jones，L. S.)指出，有效的课堂管理包含五个要素：奠定牢固的理论基础、人际关系、动机与教学、组织与管理、帮助学生评价和矫正消极行为。②

施良方和崔允漷、王本陆等认为课堂管理涉及对课堂中所有要素的管理，如人和事、时间、空间等。陈时见认为课堂管理包括常规事务的安排、课堂环境的建设、课堂秩序的维持、课堂活动的推进等诸多要素。李保强则认为课堂管理的要素包括对教学内容的管理、对学生的管理、教师的自主管理及对课堂环境的管理等。

综上，根据学者们的研究，我们可以将课堂管理所包含的要素概括为以下几类：其一，课堂常规、期望和秩序的管理；其二，课堂环境的管理；其三，课堂行为(包括问题行为)的管理；其四，课堂时间的管理；其五，合作学习的管理；其六，一般课堂管理策略等。

课堂管理涉及的要素多种多样，这使得课堂管理的内容也呈现多元化的特点。在本书中，课堂管理将涉及小学课堂"开端"管理、小学课堂教学规则管理、小学课堂学习管理、小学课堂行为管理、小学课堂问题行为管理、小学课堂心理学习环境管理、小学课堂物理学习环境管理和小学课堂合作学习管理等内容。

二、课堂管理的目标与功能

(一)课堂管理的目标

合目的性是人类实践活动的本质特征，解决的是"到哪里去"的问题。课堂

---

① Emmer，E. T. & Stough，L. M. Classroom Management：A Critical Part of Educational Psychology，With Implications for Teacher Education. Educational Psychologist，2001(2).

② ［美］弗农·琼斯、路易斯·琼斯：《全面课堂管理——创建一个共同的班集体》，方彤、罗曼丁、刘红等译，23页，北京，中国轻工业出版社，2002。

管理目标是课堂管理价值的集中体现，它规定着所有课堂管理活动的方向。课堂管理目标的确定是课堂管理工作的关键。

课堂管理远远超出了单纯的行为控制的范围，必须把目光从关注学生行为的规范转向关注教师的设计，以适应创设并保持能支持各种学习与生活的环境的需要。课堂管理的目的也不只是控制学生的行为，正如古德和布罗菲所强调的那样，课堂管理重在培养学生的自控能力。所以，课堂管理本质上是教师为创造有益于学生学习的课堂环境所作出的决策和所采取的行动。

美国教育心理学家伍尔福克（Woolfolk，A.）指出，要创设良好的学习环境，促进学生有效地学习，需要把课堂管理分解为三个具体的目标：增加学生的学业学习时间，增加学生参与学习活动的机会，帮助学生形成自我管理能力。[①]陈时见则指出："课堂管理目标通常表现为两种取向，一是规范性目标，一是促进性目标。规范性目标常常从对学生的负向估价出发，关注学生的不良品性和问题行为，所确立的管理措施通常是强制性的，主要用来管束或控制学生，尤其是对有问题行为的学生，使他们受到约束或惩罚，从而规范学生在课堂中的行动，维持课堂秩序，确保课堂活动正常进行。促进性目标常常从对学生的正向估价出发，相信学生在课堂中的行为和表现，所确立的管理措施通常偏重激励，立足于激发学生内在自主的要求和自我管理的动机状态。"[②]目前，随着理念的更新，课堂管理从重视规范性目标逐渐转向关注促进性目标，并通过促进性目标达成规范性目标，实现二者的统一。

综上，课堂管理是一个包含多样性目标的复杂概念，具体表现出如下三个层次的目标。

第一，课堂管理的直接目标是维持良好的课堂纪律和秩序。课堂教学氛围是教师和学生即时心理活动的外在表现，是在师生的情绪情感、教与学的态度、教师的威信、学生的注意力等因素共同作用下所产生的一种心理状态。学生的思想、思维、行为活动都受到课堂环境的影响。在课堂管理中，教师要善于创设舒服而又适宜的课堂氛围，以使学生安心、静心学习。

第二，课堂管理的基本目标是促进教学活动的顺利进行。课堂教学和课堂

① Woolfolk，A. Educational Psychology. London：Pearson，2011.
② 陈时见：《课堂管理论》，158 页，桂林，广西师范大学出版社，2002.

管理，相互依赖又相互影响。课堂教学是教师实现教育目标的重要手段。课堂管理是为课堂教学服务的，课堂管理的有效开展能够保障教师课堂教学任务的完成。

第三，课堂管理的终极目标是促进学生的学习和成长。现代课堂管理坚持"以人为本"，尊重学生的个性差异，着力培养学生的自主管理能力，通过服务教学、提高教学质量，实现促进学生健康发展和全面发展的终极目标。

【资料链接】

普雷特明确地指出了教师帮助学生形成自我管理能力的步骤：

(1)鉴别和限定出相关的行为，亦即明确自我管理的对象和目标。(2)为学生创设包含着检查表、提示和资料收集的自我管理程序。(3)教授自我管理程序。教师首先向学生解释、示范自我管理程序，其次用角色扮演的方法显示出这类行为的正例和反例，再次是为学生提供练习实践的机会，最后检查、评估学生应用这一程序的准确性。(4)执行自我管理程序。学生根据教师的指导和训练，力求独立地对行为进行自我管理。(5)促进保持和泛化。在这一过程中，教师逐步撤销对学生的提示，学生跨越不同的时间、情境应用该程序。(6)评价自我管理程序。对自我管理的效果进行评估，如有必要，修改该程序。[1]

课堂管理的目标决定着课堂管理工作的进度，影响着课堂管理的效果。在确定课堂管理目标时，要以学生为中心，一切为了促进学生的学习和成长；要让学生积极主动地参与课堂管理，以提高其责任意识，引导其最终实现自主管理。

【问题思考】

课堂是谁的课堂？课堂由谁来管理？为什么要进行课堂管理？

---

[1]　参见赵湘轶：《促进学生自主学习的课堂管理策略》，载《当代教育科学》，2006(15)。

(二)课堂管理的功能

课堂管理是有效教学的重要组成部分,它不仅涉及课堂的方方面面,而且贯穿课堂活动的始终。关于教师效能的调查指出,课堂管理技能足以决定教学的成败。总的说来,课堂管理的功能主要表现在以下几个方面。

1. 组织和协调功能

组织和协调功能是课堂管理所具有的最基本的功能。它主要指教师通过对课堂诸要素的全面考虑、组织、安排、协调和管理,给教学活动创设适宜的课堂秩序和课堂环境,以激发学生学习动机,保证教学活动系统、有序地进行。

课堂教学要有效地进行,教师必须通盘考虑学生、环境、设备、时间等与课堂教学有关的各种因素,并在有限的时间内采用最合适的方式对这些因素进行合理的安排、组织、监控和管理。这样才能协调好课堂中各种要素之间的关系,才能形成良好的课堂秩序和氛围,实现良好的师生互动和交流,才能让环境、设备、资源、规则等充分发挥作用,教学活动才能系统、有序地进行。总之,课堂管理所具有的组织和协调功能,能够促使课堂诸要素形成一股合力,共同为课堂教学服务。

2. 维持和促进功能

维持和促进功能是课堂管理表现出的最直接的功能。它主要是指教师通过制定相应的规则、使用必要的奖惩手段、创设适宜的课堂环境等,维持良好的课堂纪律,促进课堂活动的顺利进行。

维持良好的课堂纪律和秩序是令很多教师特别是新手教师感到头疼的事情。学生在课堂中的不良行为不仅妨碍课堂活动的正常进行,还是很多教师工作压力和职业倦怠的来源。前面已讨论过,课堂是一个复杂多变的场域,在这个场域中,问题行为、冲突与矛盾频频发生,它们会影响课堂活动的正常进行。为了维持良好的纪律和秩序,需要制定相关的规则和制度来规约学生的行为,同时配合必要的奖惩手段来激发学生的学习动机和积极性,及时排除干扰课堂活动的各种不利因素。需要注意的是,规则和奖惩仅是外在的控制手段,并不一定能带来预期的效果,因此教师还需创设良好的课堂环境,促进外在控制向内在控制转化,为学生实现自我管理创造条件。课堂管理通过调动学生参与课堂活动的积极性来创设良好的课堂环境,同时又通过良好的课堂环境促使学生主动遵守规则、实现自主管理，最终达到促进学生学习的目的。

3. 激励和发展功能

激励和发展功能是课堂管理要实现的核心功能。它主要指教师通过有效的课堂管理，鼓励和引导学生学会自我激励和自我管理，进而积极主动地参与学习，最终真正实现全面发展。

从本质上而言，课堂管理是为了创建和维持有利于学生学习的课堂环境而进行的管理活动。课堂管理的根本目的就是创设良好的学习环境、提供有效的支持条件，实现学生的自我激励和自我管理。指导学生进行自我管理，有利于帮助他们尽早脱离对成人的过分依赖，进而独立地应对各种情境，解决各种问题。尽管外部奖励在一定程度上能促进学生自主学习，但是它首先要经过学生的认知、评估和调节才能改变其学习行为。所以，除了常规的奖惩之外，教师应该有意识地指导学生学会自我激励，促进其自我发展。

【案例分享】

王老师指导学生用如下方法进行自我激励：第一，为自己每天或每堂课的学习设置具体可行的目标；第二，对照目标密切监控自己的学习活动；第三，评估自己是否达到既定的目标、达到目标的程度；第四，每达到目标一次，给自己计 1 分，等累积到 10 分，给自己安排喜欢的食物、活动或物品。

三、课堂管理的类型和影响因素

(一)课堂管理的类型

课堂管理并没有固定的类型。每位课堂管理者都有自己的管理风格，于是就形成了不同的课堂管理类型。实践中比较常见的课堂管理类型有民主型课堂管理、权威型课堂管理、专制型课堂管理、放任型课堂管理和行为型课堂管理。

1. 民主型课堂管理

在民主型课堂管理中，教师和学生一起进行课堂管理，教师对学生的行为不再是绝对的控制，而是通过各种教与学的规则和管理的规则对学生的学习行为进行引导、监督和调控，为学生的学习提供必要支持。民主型课堂管理的特征主要表现为：其一，教师指导学生积极参与课堂管理；其二，课堂管理的目的是实现学生的自我管理；其三，课堂规则具有一定的弹性，学生也参与规则的制定和修改；其四，师生关系较为融洽、和谐。民主型课堂管理既维护教师的尊严，又重视学生的自觉，把教师的责任和学生的自律有效地结合了起来。

2. 权威型课堂管理

在权威型课堂管理中，课堂由教师控制。教师负有控制学生课堂行为、维持课堂秩序的责任。教师对学生行为的控制是通过要求学生遵守课堂规则来实现的。权威型课堂管理的特征主要表现为：其一，课堂管理过程被视为教师对学生课堂行为控制的过程；其二，强调教师建立课堂规则和维持课堂秩序的重要作用；其三，课堂规则一般约束多而弹性少；其四，教师和学生之间是权威与服从的关系。权威型课堂管理强调规则、指令与要求，注重惩罚和控制。

3. 专制型课堂管理

在专制型课堂管理中，课堂完全由教师控制。教师负有控制学生课堂行为、维持课堂秩序的绝对责任。教师通过课堂规则来约束和控制学生的行为，不允许学生有任何的反对意见。专制型课堂管理与权威型课堂管理既有相同之处，也有不同之处。相同之处在于二者都是教师控制课堂，学生遵守规则、服从指令。不同之处在于，在权威型课堂管理中，教师能够理性地考虑教育目标、学校基本要求、学生的实际情况等因素，制定较为合理的课堂规则；而在专制型课堂管理中，教师完全按照自己的主观好恶来制定课堂规则，彻底忽视教育目标、学校基本要求和学生的实际情况，而且规则没有任何弹性，教师的要求也极为严格，不允许学生有丝毫违反，否则便要施以惩罚。

4. 放任型课堂管理

在放任型课堂管理中，教师允许学生按其兴趣和需要做他们想做的事情，课堂由学生自行管理，教师对其行为不予以干涉，也不提供任何指导和帮助。放任型课堂管理强调学生的个人自由和个人选择，学生完全凭借自己的意愿来做决定，对自己的行为全权负责；教师的作用在于促进学生的自由、自治和自然发展；课堂规则的存在不在于约束和控制，而是让学生拥有较多的行为空间和较高的自由度。放任型课堂管理曾被看作促进学生行为自由发展、开发其潜能的模式，但是在实践中，教师对学生的行为特别是问题行为不做任何的引导和约束，可能会导致学生失去明确的学习目标、学习动机和学习热情，学习效果不佳，问题行为频发。

5. 行为型课堂管理

行为型课堂管理基于行为心理学原则，认为无论是良好行为还是不良行为，都是通过学习而获得的。学生之所以有不良行为，要么是因为他已经习得了不良行为，要么是因为他尚未习得正常行为。行为型课堂管理强调榜样力量、行为强化和心理辅导。在行为型课堂管理中，教师的注意力主要放在如何通过强化来促进学生产生积极的课堂行为上，希望通过积极强化和消极强化，鼓励期望行为，削弱非期望行为；课堂规则弹性较大，侧重鼓励和激励；教师注重通过心理辅导来使学生发现其问题行为及其产生的原因，并与学生一起商讨改正问题行为的计划和方法，因此，师生之间的关系也较为融洽、和谐。

【资料链接】

在课堂管理实践中形成了各种各样的管理类型，它们各具特色，教师可以根据特定的认识寻求相应的解答，并据此提供一种相对合理的选择。

课堂管理的类型及特征①

项目	民主型管理	专断型管理	放任型管理
教师角色	领导者	监督者	好先生
声音/态度	和善	严厉	宽恕
对待学生方式	邀请、尊重	指挥、命令	无为而治
使用的力量	影响力	权力	无任何约束力
推动学习方式	给予激励	施加压力	随学生自由
师生合作态度	赢得合作	要求合作	自由合作
说话方式	鼓励、赞许	批评、指责	中立、放纵
说话内容	我将怎样做	你该做些什么	你想做什么
师生讨论方式	引导、帮助、建议	统治、强迫接受	自由行动
责任方式	团体分担责任	教师单独负责	学生单独负责

---

① 陈时见：《课堂管理论》，146 页，桂林，广西师范大学出版社，2002。

(二)课堂管理的影响因素

如前所述，课堂管理的类型多种多样，每种课堂管理都有其各自的优势和局限。因此，在课堂实践中，教师充分考虑各种影响因素、优化课堂管理模式，对于提高课堂管理效果、实现教学目标以及促进学生自主学习和成长具有重要的意义。

梳理国内外相关研究成果，我们发现学者们一般从两个方面来分析课堂管理的影响因素：一是内部制约因素，即课堂管理系统的内部构成要素带来的影响，如教师的专业水平、个人素质、工作能力、组织管理经验和管理风格等，学生的经历、个性特征和需要、人格特质、学习风格等，班级规模、班集体性质、班风学风、课堂规范、师生行为、课堂心理气氛等，课堂中的座位安排、活动空间、光线强弱等，教学活动的设计和组织以及课堂管理策略等；二是外部制约因素，即独立于课堂管理系统之外施加影响的要素，如社会意识形态，学校的管理哲学、管理制度、办学理念和校风，教师之间、教师与校领导之间的关系，流行的课堂管理理念，等等。

前面已经讨论过课堂管理理念、课堂教学等因素对课堂管理的影响，本节重点探讨影响课堂管理的其他几个重要因素，包括教师、学生、课堂规则、课堂环境、班级规模等。

1. 教师

教师是课堂活动的主要组织者，是直接影响课堂管理效果的重要因素之一。教师的专业水平、个人素质、工作能力、组织管理经验和管理风格都直接决定着课堂管理的水平。此外，师德、师风，以及教师的自我效能感、归因、注意的分配、情绪的调节等心理因素也影响着课堂管理的成败。

2. 学生

学生是课堂活动的直接参与者，既是课堂管理的对象，也是课堂自我管理的主体，因此自然也是影响课堂管理效果的重要因素。学生的经历、个性特征和需要、人格特质、学习风格等都决定了课堂管理效果的好坏。

3. 课堂规则

课堂规则是教师期望学生表现出何种行为以及需要达到何种未来图景的表达。课堂规则详细规定了学生在课堂上该做什么事情、不该做什么事情。一套具体且行之有效的规则是课堂管理所必需的，它有利于规范学生的课堂行为，营造积极向上的课堂气氛，维持良好的课堂秩序，最终促进课堂教学有序进行。

4. 课堂环境

广义的课堂环境包括课堂中教师教的环境和学生学的环境。在课堂管理的研究范畴中，课堂环境指的是课堂学习环境，主要包括课堂物理学习环境和课堂心理学习环境。课堂物理学习环境，如空气、温度、光线、声音、颜色、气味、座位的排列等，会直接影响师生的身心活动，如对学生的学习动机、课堂行为甚至整个课堂的心理气氛产生影响。课堂心理学习环境，包括课堂人际环境和课堂心理气氛等，良好的课堂心理学习环境能够强化学生对教师的认同，促使学生自觉遵守课堂中的各种规则和制度，有利于减少师生隔阂和学生同伴间的对立行为。课堂环境的调控、优化对于课堂管理意义重大。

5. 班级规模

班级规模是一个特定班级所容纳的学生人数。班级规模不仅影响课堂教学的效果，而且影响课堂管理的效果。一般而言，班级规模越大，学生交往的频率就越低，同伴之间的合作就越不易进行，对教师课堂教学和课堂管理技能的要求也越高。相比之下，人数越少的班级越便于管理，教师能够较快地熟悉每个学生的情况，如脾气性格、学习态度、学习方法等，教师的课堂管理难度降低，学生的问题行为减少，班级凝聚力就容易形成，师生关系就更为融洽。所以，班级规模是影响课堂管理的一个重要的客观因素。

四、课堂管理和课堂教学的关系

在课堂教学实践中，很难把教学和管理隔离开来，二者之间是互相促进、互相影响、彼此融合的关系。

首先，课堂管理与课堂教学二者互相促进。一方面，如果教师实施的是有效的课堂教学，那么学生就会专心于学习活动，不容易产生问题行为。另一方面，如果学生能够遵守课堂规则，积极投入学习，那么课堂教学就能顺利进行，效果良好。有效的课堂教学和课堂管理互相促进，形成良性的课堂教学生态。

其次，课堂管理与课堂教学二者互相影响。一方面，如果教师的课堂教学组织欠佳，不能吸引学生注意力，无法使学生全身心投入学习，那么学生在课堂上就容易产生不良行为或问题行为。另一方面，如果学生不能遵守课堂规则，则会扰乱课堂秩序，影响课堂教学的正常进行。如果课堂管理与课堂教学之间存在消极的影响关系，其结果就是课堂教学走向失败。

最后，课堂管理与课堂教学二者彼此融合。一方面，课堂教学离不开课堂管理。教师教学的对象是活生生的、有独特个性的人，他们有着不同的学习兴趣和动机，在学习过程中表现出不同的学习行为，教师必须通过一定的规则、手段和措施来管理学生的兴趣、动机和行为。因此，课堂教学离不开课堂管理。例如，有经验的教师在进行课堂教学时，能通过具体、易于操作的课堂规则来激发学生的学习兴趣和动机，有效吸引学生的注意力；能通过对课堂学习和课堂行为的管理，使学生清楚地了解其要求和期望及学习的标准和应达到的目标，使学生的活动能一直围绕着教学有序展开。另一方面，课堂管理也不是孤立存在的，它必然是在课堂教学过程中实施的管理，没有课堂教学也就无所谓课堂管理，课堂管理是对课堂上的教与学的活动的管理，课堂管理贯穿课堂教学的全过程。

总之，有效的课堂管理是课堂教学能够顺利进行的根本保障，而组织良好、有序的课堂教学则是预防课堂问题行为产生的重要措施。传统意义上的课堂管理理论强调课堂管理的控制性和应对性，其核心是对学生问题行为的管理，重点是告诉教师学生在课堂上捣乱时应该怎么应对。这种传统的课堂管理理念令很多教师特别是新手教师对课堂管理的本质产生了误解，他们常常认为只有当课堂安安静静、学生完全处于教师控制之下时才能开展正常的教学，于是很多教师花费大量精力来控制学生的行为以让课堂保持安静，却忽略了最重要的一点，即对教学的有效组织和安排才是课堂管理之本。维持课堂纪律和秩序的最佳方式就是通过管理学生的学习和行为等为学生提供必要的支持，吸引学生积极参加课堂活动。

此外，还有一点需要教师们注意：课堂管理仅仅是促进课堂教学顺利进行的一种手段和方式，不能夸大课堂管理的作用，也不能将课堂管理绝对化，维持课堂秩序、管理学生的问题行为绝不能以牺牲课堂教学为代价。

五、课堂管理、教学管理与班级管理

在教育实践中，教学管理和班级管理是最易与课堂管理相混淆的两个概念。教学管理是指教师运用管理科学和教学论的原理与方法，充分发挥计划、组织、协调、控制等管理职能，对构成教学过程的各要素加以统筹安排，使之有序运行，提高效能的过程。宏观层面的教学管理是教育行政部门和学校对教学工作的管理，涉及教学计划管理、教学组织管理和教学质量管理等基本环节；微观层面的教学管理是学科教师对课堂教学活动的管理，涉及课堂教学的计划和组织、学生学习活动的组织和评价，以及对课堂教学过程的各个阶段和各个环节的管理。我们此处讨论的是微观层面的教学管理。

班级管理是指班主任根据教育目的以及学校的相关要求，通过计划、组织、协调、控制、指导等方法和措施，带领全班学生建设班集体的活动过程。

课堂管理、教学管理与班级管理三个概念在管理者、管理目标和管理内容上都存在不同。（见表 1-1）

表 1-1　课堂管理、教学管理与班级管理的区别

维度	课堂管理	教学管理	班级管理
管理者	学科教师和学生	学科教师	班主任
管理目标	维持良好的课堂秩序，促进课堂教学的顺利进行，培养学生的自我管理能力	调动教师和学生的积极性，提高教与学的效率，保证课堂教学目标的实现	建设良好的班集体，促进班级全体学生的全面发展
管理内容	课堂教学规则制定、课堂学习管理、课堂行为管理、课堂环境管理、课堂合作学习管理等	课堂教学的计划和组织、学生学习活动的组织和评价，课堂教学过程的各个阶段和各个环节的管理等	班级组织建设、班级制度管理、班级日常规则管理、班级活动指导等

第三节　课堂管理的变革

一、课堂管理的变革历程

课堂管理的变革是教育变革的组成部分，是在教育变革的驱使下发生的。从总体上说，20 世纪 60 年代以来，课堂管理的变革主要经历了咨询取向、行为矫正取向、教师有效法取向三个阶段。[①]

----

① 陈时见：《论当代课堂管理的变革》，载《广西师范大学学报（哲学社会科学版）》，2002(1)。

(一)20世纪60年代：咨询取向阶段

20世纪60年代，随着课堂教学改革的深入，人们越来越意识到课堂管理对课堂教学的重要影响，于是围绕课堂管理方法和管理模式的系统研究迅速展开，其中比较有影响力的包括格拉塞（Glasser，W.）的现实疗法、德雷克斯（Dreikurs，R.）的目标导向法和高尔顿（Gordon，T.）的教师有效训练法。现实疗法认为学生问题行为的改变主要取决于学生的主观意愿而非教师的强力控制，因而它强调学生应对自己的行为负责，而教师则应关注学生的兴趣和动机，并应提供更多的支持来帮助学生有计划地改变其问题行为。目标导向法认为学生的行为有其特定目的，教师的主要作用在于分析学生的问题行为，并通过自然后果发展学生的自我纪律性。教师有效训练法认为教师必须放弃其作为权威人物的角色，通过与学生进行明确而友善的交流，控制或减少学生的问题行为。这些方法或模式整体上表现出咨询取向。当时人们关注的焦点虽然还是课堂纪律和学生的问题行为，但对待课堂纪律和问题行为的方式发生了转变，他们从借助教师的权威与控制转而采用咨询手段。大多数方法表现出对学生问题行为的理解，重在帮助学生更好地了解其行为的利弊，鼓励他们与教师合作，从而养成良好的行为习惯。

(二)20世纪70年代：行为矫正取向阶段

20世纪70年代中后期，行为主义方法广泛运用于课堂管理中，这使得课堂管理从整体上表现出强烈的行为矫正取向，其中影响较大的是坎特（Canter，L.）的果断纪律法。它强调教师在面对学生的课堂行为特别是问题行为时，态度要坚决果断，不能含糊其词、犹豫不决。教师应明确而果断地对学生的课堂行为提出相应的期望和要求，清晰地告诉学生什么行为是可以被接受的、什么行为是不能被接受的，并通过群体强化提供一套规划完整的步骤，从而实现对学生问题行为的控制。

(三)20世纪80年代：教师有效法取向阶段

20世纪80年代以后，课堂管理倾向于采取教师有效法。教师有效法关注的重点是教师课堂管理技能的提高。持这一取向的研究者认为，课堂管理主要取决于教师的管理技能，通过培训提高教师的课堂管理技能可以达到改善课堂管理质量的效果。代表性的研究者有库林(Kounin, L.)、布罗菲、埃默等,他们的研究主要集中在对学生行为具有较大影响的三个方面,即教师组织课堂活动的技能、教师的教学和教师与学生的关系。当教师在这三个方面有良好作为时,教师便成为有效教师。有效教师可以更好地激发学生的积极动机和学习积极性,因而不仅能更顺利地消解学生的问题行为,而且还能有效地预防学生的问题行为。

二、当代课堂管理的变革走向

传统的课堂管理理念将课堂管理看作对良好课堂纪律和秩序的绝对追求,并主张对学生表现出来的问题行为进行控制和惩罚。这种课堂管理理念会导致紧张的师生关系,甚至是学生的逆反情绪,因此不仅不能维持良好的纪律和秩序,还会在一定程度上影响课堂教育目标的实现以及课堂教学活动的顺利实施。随着世界范围内课程与教学改革的深入发展,当代课堂管理研究更加关注学生这一主体,产生了许多新的课堂管理理念和管理模式。总的来说,当代课堂管理变革呈现出以下四种转向。

(一)课堂管理的机制由他律转向自律

"他律"指的是课堂管理中的教师控制,"自律"指的是学生的自我控制、自我管理。传统的课堂管理理念认为教师才是教育的权威,教师是全面课堂管理的主体,学生只能服从和遵守由教师制定的课堂规则。当代课堂管理理念则认为最有效的课堂管理是学生在课堂中的自我管理。学生具有自我管理的潜能,随着年龄的增长,他们的自我意识逐步增强,教师应该关注学生自律品性的形成,提高他们的自我管理能力。正如高尔顿所说,唯一有效的管理方法,是学生个人发自内心的自制。教师的主要任务是帮助学生发展这套自制功夫,使他们依靠自己去做适当的决定,去约束个人的行为。

(二)课堂管理的目的由控制和惩罚转向激励和引导

传统的课堂管理理念认为,课堂管理的本质在于对学生的控制,即通过既定的规则、制度来约束学生的行为,让学生在课堂上保持安静并完全服从教师的指令。当代课堂管理理念则强调以学生为中心,认为要调动学生在课堂活动中的主动性、能动性和创造性，就必须使学生愉快地而不是被迫地接受教育，应使用各种激励手段，激发学生内在自主的要求，引导学生对自己的行为进行评判，进而强化积极行为、改进不良行为。

(三)课堂管理的方式由外在控制转向内在促进

"外在控制"指的是课堂管理中对学生外在行为的控制。"内在促进"指的是促进学生主动发展。传统的课堂管理理念坚持认为，课堂管理的主要内容就是对学生不良行为的控制和矫正。当代课堂管理理念则认为，学生的行为包括违纪行为都受其内在需要的影响，学生的问题行为主要是课堂环境不能满足其归属、认同和爱的需要而造成的，所以课堂管理应坚持以学生为中心，创设积极的课堂环境，满足其内在需求，促进其实现主动发展。

(四)课堂管理的内容由维持课堂纪律转向为学生学习提供支持

传统的课堂管理理念重视良好的课堂纪律和秩序对课堂教学的重要意义，所以，持此观点的学者们认为，课堂管理对学生行为的规约和控制是实现和维持良好课堂纪律的根本保证。当代课堂管理理念则认为，良好的纪律并非良好的教学效果的必要条件。教学的成功与否取决于学生能否积极地参与到自己的学习中；而学生一旦投入自己的学习中，学习的动机和兴趣被激发，其在课堂上的不良行为会大大减少，良好的课堂纪律也因此得以维持。所以，课堂管理应重视创设有利于学习的环境，给学生提供多样的学习支持。

时代的变革迫使教育制度随之变化，2022年新一轮义务教育课程改革的实施也对教师提出了前所未有的挑战。教师必须摒弃固守的传统的课堂管理理念和组织方式，秉承新的、与时俱进的课堂管理理念，为学生的自主学习和自主管理提供外在支持，从而引导学生学会如何应对社会的变化，学会如何思维、如何解决问题，学会如何变得富有创造性和洞察力。如果不能很好地适应这一变革，课堂管理必将成为知识时代学习的障碍。相反，如果能够跟上时代发展的步伐，课堂管理便能成为激励教育变革的重要因素，加快推进新一轮义务教育课程改革的有效实施和教育事业的繁荣发展。

【内容概要】

1. 课堂管理是教师有效组织和调控课堂中与教学相关的诸因素，同时引导和激励学生积极参与其中，以促进课堂中教与学的活动顺利进行，进而实现学生自主管理的动态决策过程。

2. 课堂管理在课堂教学中具有十分关键的作用，不仅影响着课堂教学的氛围和效果，而且影响着学生的学习和发展。有效的课堂管理会成为教学方式变革的助推器。

3. 课堂管理涉及的要素多种多样，这使得课堂管理的内容也呈现多元化的特点。课堂"开端"管理、教学规则管理、课堂学习管理、课堂行为管理、课堂环境管理、课堂合作学习管理等都属于课堂管理的范畴。

4. 课堂管理是一个包含多样性目标的复杂概念，具体表现出如下三个层次的目标：维持良好的课堂纪律和秩序是其直接目标，促进教学活动的顺利进行是其基本目标，促进学生的学习和成长是其终极目标。课堂管理不仅涉及课堂的方方面面，而且贯穿课堂活动的始终，它发挥着组织和协调、维持和促进、激励和发展的重要功能。

5. 课堂管理并不存在固定的类型，每个课堂管理者都有自己的管理风格。比较常见的课堂管理类型有民主型课堂管理、权威型课堂管理、专制型课堂管理、放任型课堂管理和行为型课堂管理。

6. 20 世纪 60 年代以来，课堂管理的变革主要经历了咨询取向、行为矫正取向、教师有效法取向三个阶段。随着世界范围内课程与教学改革的深入发展，当代课堂管理变革呈现出四种转向，即课堂管理的机制由他律转向自律、课堂管理的目的由控制和惩罚转向激励和引导、课堂管理的方式由外在控制转向内在促进、课堂管理的内容由维持课堂纪律转向为学生学习提供支持。

【思考题】

1. 如何理解课堂管理？它由哪些要素构成？

2. 如何理解课堂管理的目标？

3. 课堂管理的功能主要表现在哪些方面？

4. 有哪些因素可能会影响课堂管理的效果？

5. 简要说明课堂管理与课堂教学的关系。

6. 当代课堂管理的变革走向主要体现在哪些方面？

【补充阅读】

1. 魏亚琴:《从控制、惩罚到激励、引导——谈课堂管理理念的更新》,载《辽宁教育研究》,2004(3)。

2. 张东、李森:《课堂管理创新:内涵、方向、策略》,载《教育探索》,2005(10)。

3. 蔡辰梅:《我国中小学课堂管理制度的审视——制度伦理学的视角》,载《教育学报》,2006(2)。

4. 王丽娟、王志彦:《社会转型视域下教师课堂管理伦理诉求》,载《当代教育科学》,2010(15)。

5. 于丽君、傅淳华:《课堂管理视域从控制到关怀的转换》,载《教学与管理》,2020(3)。

6. 张社争、王鸿伟:《从外延式到内涵式:新时代课堂管理的思路转变》,载《教育理论与实践》,2020(17)。

【自我反思】

通过本章学习,我对如下问题有了新的认识:

1. _____

2. _____

3. _____

关于本章内容,我对下列问题还有疑惑:

1. _____

2. _____

3. _____

第二章 小学课堂"开端"管理

>>> **内容结构导图**

```
                                    ┌─ 什么是"开端"
                     ┌─ 对"开端"的正确认识 ─┤
                     │                    └─ 良好"开端"的意义
                     │
                     │                    ┌─ 教师需要为新学期做哪些准备
  小学课堂           │   规划新学期        │
  "开端"管理 ────────┼─ 课堂管理路线图 ────┼─ 课堂管理系统的内容框架
                     │                    │
                     │                    └─ 新学期课堂管理路线图的规划
                     │
                     │                    ┌─ 开学第一天活动核查表
                     └─ 为开学第一天 ──────┤
                         做好准备          └─ 开学第一天的课堂活动
```

>>> **学习目标**

1. 明白什么是"开端"以及良好"开端"的意义。

2. 掌握课堂管理系统的内容框架，学会如何规划新学期课堂管理任务。

3. 知道教师应为新学期做好哪些准备，学会设计课堂管理路线图。

4. 学会设计开学第一天活动核查表以及促进师生认识的破冰活动。

5. 了解教师在开学第一天需要完成的基本任务，知道如何正确地表明期望和要求。

>>> **新手教师的困惑**

老教师的课堂从新学期第一天开始就一直保持井然有序的状态。反观我的课堂，学生不听话，吵吵闹闹，规则讲两三遍他们也记不住。都过了半个学期了，学生还没走上正轨，家长都不乐意了，说我太年轻，不会管学生，要求更换教师。说实话，我也为新学期做了很多准备，为什么效果不好？问题出在哪里？我又忽略了哪些问题呢？

对于教师而言，教学工作有个良好的开端非常重要。良好的开端能够为接下来的所有工作奠定一个主基调，让教学变得相对顺利，课堂管理也会随之变得容易很多。那么，在这个重要的开端阶段我们都需要做哪些事情呢？本章将重点讨论这个问题，同时也给大家提供一些可以借鉴的行动方案。

第一节 对"开端"的正确认识

万事开头难，好的开始是成功的一半。新学期伊始是课堂管理的重要时期，它决定了接下来整个学期的教学工作能否顺利开展。对于新手教师而言，这个"开端"更是意义非凡，它决定了他们能否安然度过职业生涯中的"幸存阶段"。

一、什么是"开端"

国外有关课堂管理的教科书或著作将入职初期的教师在新学年伊始应该做好的各种教学和管理准备统称为"开端"准备。所谓"开端"，可以从四个层面来理解其内涵：

第一，从教师专业发展的角度来说，"开端"指的是新手教师入职的初期，持续1～2年。

第二，从具体的时间角度来说，"开端"指的是新学年伊始，它不是一个瞬时的时间点，而是跨越新学年的第一天、第一周甚至第一个月的一个时间段。

第三，从教师课堂管理的角度来说，"开端"指的是教师树立个人权威形象、设立各种课堂规则、赢得学生心理认同的初始阶段。

第四，从学生发展的角度来说，"开端"指的是学生的态度和行为、学习方式和学习习惯等的初步形成阶段。

【问题思考】

1. 回顾一下你的学习经历，说一说你对"开端"的认识。

2. 你认为对教师而言"开端"重要吗？请举例说明。

二、良好"开端"的意义

【真实案例】

我是王宏，2022 年新入职的语文教师，明天就要开学了，我有点激动，又有点忐忑不安。

今天晚上我得为明天第一次上课做好准备。看看我的书包，课本、教参、练习册、点名册、U 盘都在里面，都准备好啦，可以放心睡觉了。

第二天，一睁眼，竟然 7 点了！最晚 7 点 45 到校，要迟到啦！来不及吃早饭，奔跑着下楼，骑上电动车，风驰电掣般到了学校。终于在上课铃响之前，狂奔着进了教室。下面就要上课了，首先打开多媒体设备。糟糕，竟然忘了问开机密码。看到我急得满头大汗却无法打开多媒体设备，有学生偷偷地笑起来。忽视学生"看热闹"的表情，赶快偷偷在手机上问问级部主任，还不敢说是这节的课，只告诉她"我上午有课，想提前问问开机密码……"。①

读完上面的案例，你有没有发现，做教师、讲好课，还有这么多细节需要注意。设想一下，如果身处同样的情境，你会怎样处理？事实上，类似的事情一旦发生，其结果很多是无法逆转的，如"急得满头大汗却无法打开多媒体，有学生偷偷地笑起来"，第一堂课就出现这样的情况一定会影响新手教师的形象，削弱其权威性，甚至会留给学生"老师好笨，根本没资格教我们"这样的消极印象。这些不良因素层层叠加，最终可能产生意想不到的严重后果：你的课堂上学生永远不听从指令，你讲授的内容学生永远在质疑，整整六年这个班的学生都认为你是个不合格的"笨老师"，六年的时间，和你一起来的教师已经从新手

---

① 此案例摘自新手教师王宏的反思日志。

教师成长为熟练教师，而你还背着"笨老师"的名号……

在课堂管理实践中，良好"开端"的意义主要体现在以下两个方面：其一，在课堂教学的开端阶段，教师不光要知道教学理念、儿童心理学理论，熟悉教学内容，还要考虑周全课堂管理的各种细节。如果这些细节处理不当，最终会影响有效教学的实施；其二，学生的态度、行为和学习方式会在"开端"阶段形成并得到强化，而学生在这个阶段形成的态度、行为和学习方式可能会影响他们接下来整整一个学期甚至更长时间的学习。

良好"开端"对师生意义重大，关于如何才能平稳度过"开端"阶段，本章主要从规划新学期课堂管理路线图和为开学第一天做好准备两个方面来介绍。

第二节　规划新学期课堂管理路线图

有很多关于"准备"的表述，如有备而来、有备无患、不打无准备之仗……做任何事情都要提前做好准备，做教师更是如此，他们要为新学期所有工作做好准备。准备得越充分、越细致，教师就越能预见和应对未来出现的种种挑战。

一、教师需要为新学期做哪些准备

所有教师都赞同要为新学期的工作做好准备的理念。至于要准备什么，每位教师都有自己的想法、做法或经验。在继续学习之前，请根据认知和先前经验，列出你认为教师应该做哪些准备，并填写在图 2-1 中。

那么，新手教师应该为新学期做好哪些方面的准备呢？师范院校的教师以及教科书上强调了教学设计和教学计划的重要性，同时还要求新手教师把应该讲授的内容熟练、一字不落地记住。此外，先前的经验还告诉我们，除了教学内容方面的准备之外，还得准备好教科书、点名册等和上课有关的材料。以上所说的这些方面都准备好了，顺利上好一堂课应该万无一失了吧？实际情况是否如我们所期望的那样？下面是一些教师对他们刚入职时工作经历的回忆和描述，你可以在读完这些内容之后再做出结论。

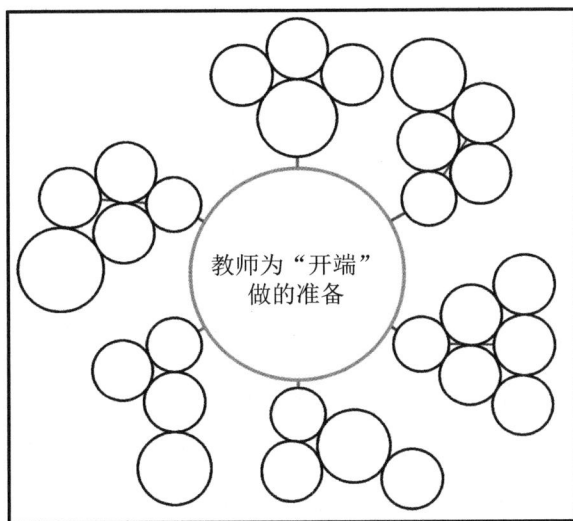

图 2-1 教师为"开端"做的准备

【真实案例】

· 我用某办公软件做的课件，第一天上课，发现班里电脑上竟然没有安装相关软件，课件根本打不开！我只能靠前几天备课时的印象讲了讲。原本想在第一节课上惊艳四座，却丢了脸，偷偷瞄了一眼级部主任，发现她的脸阴沉沉的。

· 不知什么原因，上课时我的 U 盘打不开了。

· 第一天上课，我 U 盘中所有的文件都变成了快捷方式，后来听说，电脑有病毒。

· 开学第一天早上，我发现长筒袜上有一个破洞，导致没法穿准备好的漂亮裙子，于是随便找了一套衣服就去学校了。

· 我的电子手表，不知是不是碰触了某个按钮，显示的时间比正常时间晚了一小时，导致上课迟到。

· 我提前看了点名册，认为学生的名字都会读了，上课时却发现把学生名字读错了。

· 我宣布了几条课堂纪律，但学生根本不遵守。

· 学生们说我太凶，是"狼外婆"，没有隔壁班的老师温柔。

· 学生们说我只会读课本，什么也不会。隔壁班的王老师会唱歌，会画画，还会讲故事，什么都知道。我一个数学老师，讲好计算题就行了，会这些有什么用？

·我布置的数学作业，学生做的时候老是步骤不全，丢三落四的。该交作业的时候也不交作业，我要惩罚他们，就说我专制。

·一节课35分钟，维持纪律花费20分钟，每天一想到要去上课就头疼。

从第一节的案例以及上面的这些教师反馈中可以看到，每位教师特别是新手教师必须为新学期做好全面准备，包括教学上的准备和课堂管理上的准备，以减少各种意想不到的事情的发生。那么，教师到底应该为新学期做好哪些准备呢？通过上面的案例不难发现，这些准备涉及教学工作的方方面面，虽然无法一一列举，但是可以归纳出一些常见的类型，如教学类、课堂管理类、衣着搭配类、交通出行类等。

【实践操作】

请绘制一个思维导图，分析新手教师应该为良好"开端"做好哪些类型的准备及其具体内容。

二、课堂管理系统的内容框架

教师需要构建一个运行良好的课堂管理系统，以实现师生共同参与的、有效的课堂管理，这是一个非常复杂且十分耗时的过程。前面一章已经讨论过课堂管理系统的构成要素、目标、功能、影响因素等问题，本节主要从微观的课堂层面介绍课堂管理系统的内容框架，目的是帮助大家对如何做好课堂管理的规划和设计，以及需要做好哪些方面的准备有一个整体的、全面的认识。至于在实践中如何具体操作，后续章节将分别予以详细说明。

一般而言，课堂管理系统的内容框架包括设立目标、规定内容、创设环境、开发资源和提供支架五个方面。

(一)设立目标

在第一章中我们讨论过课堂管理的目标体系——直接目标、基本目标和终极目标。教师在构建自己的课堂管理系统时，首先要设立并清晰表述授课班级的课堂管理目标，其次要给学生解释课堂管理目标，确保每个学生都能充分理解这些目标。

(二)规定内容

为了确保课堂管理目标的实现，教师首先应该对课堂的教学规则、学习规则、课堂行为规则、小组合作学习规则等进行初步的设计；其次应该在开学伊始将这些规则的具体内容传达给学生，并邀请学生进行补充、修改和完善；最后在师生达成一致意见后，这些规则将作为师生必须共同遵守的课堂行为的标准和规范。

(三)创设环境

适宜的学习环境是教学顺利进行的必要条件。因此，首先要营造积极向上的课堂气氛，形成融洽的师生关系和生生关系；其次要创设能够促进学习的物理环境。

(四)开发资源

"教无定法，贵在得法"，课堂管理也是如此，"管无定法"，没有在所有时间、所有场合适合所有教师和所有学生的课堂管理策略。教师可以直接使用教科书中介绍的课堂管理方法和课堂管理策略，但更需要根据自己的教学风格、所教学生的具体情况来开发新的课堂管理资源，通过对已有课堂管理策略的借鉴、调适和修正，探索适合自己的课堂管理策略。

(五)提供支架

课堂管理旨在实现学生的自我管理。要实现学生的自我管理不是简单的事情，必须给学生提供"支架"或"把手"，即具体的、可以模仿的行为模板或行动步骤和行动方案。例如，教师可以利用可视化教学图(参见第四章第二节)让学生学会自主学习，利用 KWL 表格和 KWLD 表格(见表 2-1、表 2-2)指导学生实现对学习的自我反思和自我监控。

表 2-1　KWL 表格

K (known) 我先前知道	W （want） 我想要学习	L (learned) 我学会了
1.… 2.… 3.…	1.… 2.… 3.…	1.… 2.… 3.…
C (conclusion) 总结	1.… 2.…	

表 2-2　KWLD 表格

K (known) 我先前知道	W （want） 我想要学习	L (learned) 我学会了	D （don't） 我还没学会
1.… 2.… 3.…	1.… 2.… 3.…	1.… 2.… 3.…	1.… 2.… 3.…
Q (more questions) 更多问题	1.… 2.…		
C (conclusion) 总结	1.… 2.…		
R (reflection) 反思	1.… 2.…		

【资料链接】

　　新手教师在新学年开始之前需要处理许多事情，其中有五件事情尤为重要：

　　第一，教师需要准备好所教年级的教科书、课程标准、练习册、教案、课件和其他各种对教学有帮助的辅助教学资源或材料。

　　第二，教师应该为一学年制定一份试验性的教学日历，并为开学后的前两周或三周制订具体详细的教学计划。随着课程的进行，新手教师会发现教学计划需要进行大量的修改，这通常也是大多数教师的做法。

第三，教师需要组织和布置教室环境，包括灵活的座位排列方式，方便存取教材的便利学习区，科学角、电脑区、查阅中心等教学专用区，教材设备存放区，等等。

第四，教师需要考虑他们希望在班级中建立和维持什么样的社会心理环境，应该设计哪些教学程序来帮助学生建立这样的环境。

第五，教师应该熟悉学校的各种设备，尽可能多地了解学校的工作人员，包括管理人员、办公室工作人员和设备保管员以及其他教师，并能够在适当的时候主动把自己介绍给他人。[①]

三、新学期课堂管理路线图的规划

在掌握了课堂管理系统的内容框架之后，下一步需要做的就是统筹规划新学期课堂管理路线图，这是对未来整个学期课堂管理工作的全景设计，对教师而言意义重大。

课堂管理涉及的维度多、内容多、规则多、要求多，加之教师面对的是活生生的具有复杂心理活动的学生，因此课堂上随时都有可能出现意料不到的问题。如果对课堂管理不能进行全面统筹规划，教师将永远处于"头痛医头，脚痛医脚"的被动状态。所以，建议每位教师都提前规划好一个完整的、可操作的课堂管理系统。为此，我们将管理领域常用的管理路线图引入课堂管理领域，并提供行动方案供大家学习和借鉴。

(一)什么是课堂管理路线图

路线图是一种能使人们快速达成目标的说明性图片或者文档，用来指引人们到达某个地点，或说明从甲地到达乙地的方式，它能够将达成预期目标所需要的各个步骤和阶段以浅显易懂的、形象化的方式表达出来。当前，在管理领域中，人们经常使用路线图来达到可视化管理的目的。"可视化"源于英文"visualization"，原意是"可看得见的"，也可以译为"图示化"。可视化管理是一种极为高效的管理方法，对于管理方而言，能帮助他们快速厘清有效信息，直

---

① 参见[美]查尔斯、森特：《小学课堂管理》，吕良环、史清泉、南美善等译，9～10页，北京，中国轻工业出版社，2003。

观清晰地呈现管理流程、标准和要求，避免无效或低效管理；对于被管理方而言，通过直观的管理流程、标准和要求，他们可以更容易地明白管理方的目标、期望和诉求。

课堂管理路线图就是用可视化的方式呈现课堂管理系统的内容框架。可视化管理是一种极为高效的管理方法。课堂管理路线图可以让教师的课堂管理要求变得更具体、更浅显易懂、更形象化，更易于小学生阅读、理解和遵守。

课堂管理路线图的价值体现在三个方面：首先，对于教师而言，能帮助他们快速厘清有效信息，直观清晰地呈现管理流程、标准和要求，避免无效或低效管理；其次，对于学生而言，通过直观的管理流程、标准和要求，他们可以更容易明白教师课堂管理的目标、期望和诉求；最后，可视化的方式能够促进师生之间的沟通和交流，能够增强学生对课堂管理流程、标准和要求的认同感，从而使学生积极参与到课堂管理过程中，达到既定的课堂管理目标。

【资料链接】

(1)制度管理的可视化。管理制度是学生共同的行为准则，它能捍卫公平，聚拢人心，形成力量。为了强化制度的力量，我在刚接手班级的头两个星期里，通过与班里学生交流、讨论，确立了班级基本规章制度，形成了"班级个人诚信考评方案"，制定了各种考核登记表，如"考勤表""作业情况登记表""日常提问次数登记表""阅读次数登记表""劳动卫生考勤表""资料上交速度考勤表""日常行为情况登记表"等。每天各类考核表由各班干部负责实时更新，学生可直观地看到进退情况。每月汇总一次，形成考核评价表和评价图片，除了及时在教室布告栏张贴外，也在班级博客、微博、家长群进行同步更新。

(2)课堂管理过程的可视化。①课堂行为可视化。为了营造班级学生的竞争氛围，全班学生每节课的课堂表现通过大组之间的竞争晋级榜进行可视化公示。每个大组从早晨到校后开始评比，一直持续到放学。课堂情况由上课教师决定，每天的评比结果实行实时播报公示，每月评选出最优大组和最佳大组长。②考勤可视化。每一个学生从早晨到放学，在全天各个时段进行出勤晋级榜评比公示。每月将全月的出勤情况以图文的形式呈现，在班会课上进行通报公示。③学业可视化。在带班的过程中，我们发现，教师的苦口婆心很多时候并不能直接激发学生的学习内驱力。为了将这种在学生看来比较"啰唆"的提醒转化为有效的激励,我对每个学生的学习和作业情况进行可视化呈现,即将每一个学生的课堂表现、课后作业等综合拟成"班级个人学业每日学习进步/优秀榜",做成广告牌,贴在教室后门旁,每天进行更新,让学生一眼就能看出自己的进退。④成果可视化。为了让学生看到累计成果,在每月的月底对学生进行一次全面评比,并由教师推荐评选出班级正能量之星、学习晋级冠军、背诵之星、乐于助人之星等。由推荐教师写推荐理由和勉励性话语,然后将这段文字与学生的照片一并贴在班级之星光荣榜上进行公示。同时每半个学期,根据班级制度考核统计,对全班学生进行一次评比,评选出德育之星、学习之星等。同时将学生照片、姓名和获得的荣誉等做成广告牌,张贴在教室走廊外墙上进行公示,树立榜样。⑤课堂提醒可视化。对学生的要求不再简单地停留在口头表达上,而是将学生们共同确定的课堂自我约定形成"班级课堂温馨提醒",可视化后,张贴在班级墙面上,时刻提醒大家遵守。

(二)课堂管理路线图的规划

一般而言,新学期课堂管理路线图的规划包括如下三个阶段。

第一,规划阶段。教师在该阶段要做的工作主要有:其一,确定想达成的课堂管理愿景和目标;其二,选择向学生呈现的课堂管理的核心内容;其三,选择合适的可视化路线图,该路线图不仅要能够展示课堂管理的各个流程、阶段或步骤,还应该符合小学生的审美水平,图形清晰醒目,能吸引学生的兴趣和注意力。

第二,制作阶段。教师在该阶段要做的工作主要有:其一,选择和确定路线图的颜色、模板;其二,呈现设计的所有课堂管理的内容,如课堂教学规则、学习要求、行为规范、学习评价标准等;其三,文字和信息的表述应做到简洁明了。课堂管理路线图目的是在学期"开端"阶段给学生展示教师的期望和目标,不宜承载过多细节。至于具体要求,则需要教师在接下来的课堂管理过程中慢慢提出来。

第三,完善阶段。对于已制定的课堂管理路线图,教师需从以下四个方面进行评估:其一,是否体现了愿景和目标;其二,期待和要求是否一目了然;

其三，是否体现了师生的合作；其四，是否体现了对学生的鼓舞和奖励。最后教师根据评估结果修改和完善课堂管理路线图。

需要注意的是，在课堂中，教师应与学生充分讨论，赋予学生修改路线图的权利，让学生参与课堂管理，最终达到学生自我管理的目的。

图 2-2 是学习本课程的师范生绘制的课堂管理路线图。

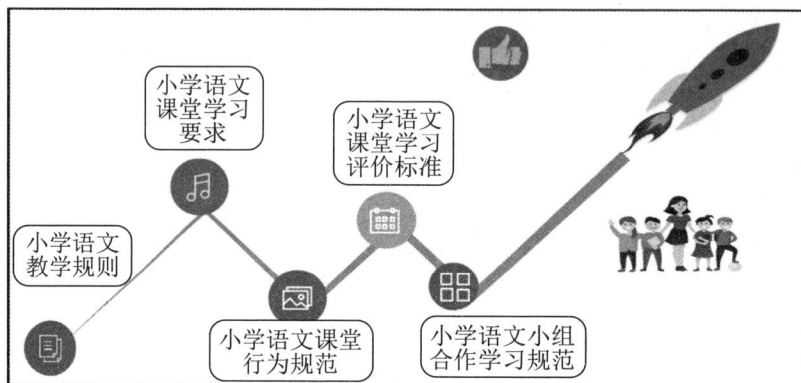

图 2-2　小学三年级语文课堂管理路线图

【实践操作】

首先，绘制一份课堂管理路线图，并与同学进行分享，向大家阐明你的设计理念。其次，请同学就你的课堂管理路线图进行评价，如有不同意见，可以进行解答和辩论。最后，根据同学的评价对自己的课堂管理路线图进行反思和修改，并形成一份新的课堂管理路线图。

第三节　为开学第一天做好准备

在了解了构建课堂管理系统的一般步骤之后，教师需要做的第一件事情就是为开学第一天做好准备。为了顺利度过开学第一天，教师应该提前做好哪些准备？在开学的第一节课上应该做些什么？本节主要围绕这两个问题展开。

一、开学第一天活动核查表

(一)什么是开学第一天活动核查表

对教师而言，开学第一天无疑是非常重要的。教师在这一天的表现有可能决定了此后的一整个学期、一整个学年或更长时间里学生对其所持的态度。下面是几位教师对开学第一天的看法：

教师 A：成功取决于你的意愿和计划。你为开学所做的所有努力最终都将转化为学生的满意度，进而为整个学期的教学和管理定下基调。

教师 B：第一印象是持久的，所以要充分利用开学的第一天。

教师 C：开学第一天，是师生博弈的开始，师生双方都在试探、了解对方的想法和底线。亲其师才能信其道，所以教师要为开学第一天做好充分的准备，以获得学生的认同，从而拿下这场持久战的主动权。

新手教师在开学的第一天难免情绪紧张，行为慌乱，正如前面的案例中所描述的那样，无论考虑得多么细致，总会有一些难以预料的情况发生。这也符合墨菲定律：任何可能出错的事情最终都会出错。如何有效应对开学第一天，一些有经验的教师提出如下建议：

- 第一天早晨尽量提前到校，留出足够的时间以免手忙脚乱。
- 做好各种准备，如果能站在教室门口迎接学生的话，效果会非常好。
- 穿上得体的衣服，这有助于塑造良好的职业形象，增加学生对你的信任感。
- 一开始就要明确提出你的课堂管理标准，如果开始时容忍某种行为的发生，以后再想更正就很困难了。

很多关于课堂管理的著作都强调"开学第一天"的重要性，认为它是整个学期教学工作能否顺利进行的基础。似乎教师在这一天里所做的每件事情都将为整个学期的教学工作奠定基调。其中，不少著作都提及了核查表的使用，即教师将开学第一天想要完成的所有事情提前列一张清单以备核查。开学第一天活动核查表的意义在于：一是帮助教师整理思路，避免遗漏一些意想不到的细节；二是帮助教师核查是否做好了相应的准备。

(二)开学第一天活动核查表的特点

表 2-3 为开学第一天活动核查表范例。

表 2-3 开学第一天活动核查表

类型	清单	是否做好准备
1. 教学类	1.1 课本、练习册	☑
	1.2 以 doc 格式保存的课件	☑
	1.3 两个 U 盘	✕购买一个有加锁功能的 U 盘
	1.4 校对好时间的手表	✕开学前一天晚上再校对
	1.5 核对学生名单上每个名字的发音	☑
	……	……
2. 课堂管理类	2.1 课堂管理路线图	✕尽快完成课堂管理路线图
	2.2 3～5 条简单的课堂教学规则	☑
	2.3 欢迎标语	☑
	2.4 空白的学生名签	☑
	2.5 关于自己强项的故事或视频	✕尽快制作一个视频
	2.6 用于奖励的贴纸	☑
	……	……
3. 衣着打扮类	3.1 确定发型、妆容	☑
	3.2 试穿衣服，确保合体、无瑕疵	☑
	3.3 鞋子方便走路	✕购买一双低跟的鞋子
	3.4 袜子无破洞	☑
	……	……
4. 其他	4.1 查看开学第一天的天气情况	☑
	4.2 确定合适的出行方式，如乘坐公交车，骑自行车、电动车等	☑电动车
	4.3 检查出行工具	☑电动车已充满电
	……	……

从表2-3中，我们可以看出，合格的开学第一天活动核查表应该具有以下四个特点：

第一，分类清晰。例如，把开学前的准备分为教学类、课堂管理类、衣着打扮类、其他等不同类别，不仅内容全面，而且方便教师进行准备。

第二，具有良好的操作性。例如，"1.3 两个 U 盘"，在"是否做好准备"一栏中，写上"购买一个有加锁功能的 U 盘"，因为有的公用电脑会有病毒，所以准备有加锁功能的 U 盘很有必要。

第三，具有个性化特点。除了教材、教具、学生名单等共性的内容之外，新手教师还应该充分考虑自己的实际情况和需求以及学校和学生的实际情况，制作出符合自己习惯和风格的开学第一天活动核查表。

第四，考虑到所有可能性。例如，"3.3 鞋子方便走路"。之所以列出这一条，是因为调查中有教师谈道："开学第一天我穿了一双漂亮的高跟鞋，没想到在教学楼门口，我的鞋跟卡到推拉门底部的两条门框中，卡得死死的，根本拔不出来。"虽然这是小概率事件，但是鉴于别人的教训，我们有必要做好这方面的准备。

有些教师认为，表中罗列的内容过于烦琐，没有必要。然而我们需要认识到，开学第一天活动核查表是针对新手教师而设的训练，它包含的内容越全面，就越能给予新手教师必要的提醒，就越能帮助他们做好全面的、详尽的准备，以应对各种意想不到的情况；同时，详尽的准备能够增加教师的自信心，使他们更从容地面对复杂的课堂情境。当然，随着教学经验的增加，核查表中需要准备的内容会逐渐减少。

【案例分享】

克服第一天的紧张[①]

开学第一天，有的学生可能因为走错教室而在上课很久后才出现。此外，教室内也可能没有足够的课本、桌椅及其他用品。努力保持平和与镇定。记住，

---

① 参见［美］汤普森：《从教第一年——新教师职场攻略》，赵丽、卢元娟译，69～70 页，北京，中国轻工业出版社，2007。

第一天里，学生正在考验你的勇气，如果轻易被击败，你将失去学生的信任与尊敬。真正训练有素的教师可以应付各种情况，即使事情未按照原计划发展。要有耐心，为第一天多做一些准备，将第一天要完成的事情提前列一张清单，这不失为一个明智的选择。

即使是超级自信、训练有素的专业人士，当开始一个新职业时也会感到惊慌。为了应对这种紧张不安的状态，你有许多事情可以去做。冷静下来，试试下列提示：

- 接受你在开学第一天会感到紧张的事实。即使是有经验的教师也会紧张。
- 通过适宜的装扮增强你的自信心。
- 在开学之前布置好教室，做好上课的准备。这样，第一天你走进教室就不用操心张贴海报或到处搬桌子的事情，你会更放松一些。
- 可能的话和一位同事一起乘车上班。第一天在同一节车厢共处的经历会使你有机会与其分享你的紧张并获得彼此的支持。
- 在头天晚上就整理好你的公事包并放在门边，以便第二天你可以直接拎起走人。
- 在开学前一晚最后复习一遍学生的名单。如果能准确念出它们，你会感觉好一些。
- 为学生设计有趣的任务和作业，并在你认为学生能完成的量的基础上多准备一些。
- 放松一点！发生严重破坏行为的概率相当小，学生在头几天里都倾向于表现得最好。
- 试试录像法。如果你因为紧张而表达不好，录像会帮助你在学生面前展现一个快乐和放松的教师形象。
- 多准备一些学习用品，使每个学生都能无后顾之忧地完成任务。
- 准备一张座次表。一个简易方法就是在花名册上给每个学生的名字编号，然后在课桌或座椅上贴上号码。你可以用这种方法迅速将学生的面孔和名字对上号。
- 在感到苦恼的时候，你也要保持微笑。有时候，一个简单的自信举动都会帮你拾回所需的信心。

•早点到校。当然你没必要早到帮管理员打开教学楼的地步，早到的概念应该是，自己不至于冲进教室匆忙完成所有在最后一刻需做的琐事。

二、开学第一天的课堂活动

开学伊始，教师要做的事情非常多，如介绍课程内容和教学要求，传达课堂规则和期望，明确课堂行为规范和奖惩措施，阐述学习标准和评价方式，等等。当然，教师不可能在开学第一天就完成以上提到的所有的事情，有些事情也许需要一周、一个月甚至一个学期才能全部完成，这些内容将在后面几章中逐一探讨。现在，着重讨论开学第一天需要完成的课堂活动。

设计开学第一天课堂活动的意义在于：一是能够帮助学生清楚地了解整个学期的教学工作安排，了解教师的要求和对学习目标的总体期望；二是能够帮助教师阐明自己的规则和要求，确定课堂教学和课堂管理的主基调；三是能够帮助教师给学生留下良好的第一印象，瞬间拉近师生关系，为后续课堂教学的展开和融洽师生关系的构建打下基础。

一般而言，教师需要在开学第一天完成三个重要任务：师生相互认识、表明期望和要求、激发学生学习的热情和兴趣。

(一)师生相互认识

师生相互认识是新手教师在开学第一天要完成的第一个任务，它包括两个方面的内容：介绍自己和认识学生。

1. 介绍自己

作为教师，我们与学生的第一次见面是非常重要的，这是我们的形象和行为遭遇来自学生的评定和挑战的过程，也是学生形成对我们的第一印象的过程。因此，在介绍自己时，我们需要做到自信而又稳重，愉快而又坚定，不要让学生感受到强制、威胁或过于明显的焦虑，自我介绍是拉近师生关系的关键步骤。

【问题思考】

请回忆一下，你的老师是如何介绍他自己的？

①概括说明教师的自我介绍一般涉及哪些方面。

②有没有哪位教师的自我介绍给你留下了深刻印象？

③他的自我介绍中的哪些方面给你留下了深刻印象？

④你认为教师如何介绍自己才能让学生印象深刻？

⑤你认为教师如何介绍自己才能给学生留下好的第一印象？

⑥你认为教师给学生留下的第一印象对后续的教学和管理有影响吗？举例说明。

教师自我介绍的质量将关系到后续师生关系构建的质量，关系到后续教学和管理开展的顺利程度。教师在做自我介绍时，需要注意以下几个方面的问题：

其一，自我介绍一般需要涉及一些基本的个人信息，如专业、兴趣、爱好等，内容不宜面面俱到、过于繁杂。

其二，自我介绍的时间以 2~3 分钟为宜，不宜过长，以免让学生感到烦躁不安。

其三，自我介绍一定要有亮点，要呈现出自己最精彩、最引人注目的地方。例如，可以给学生展示自己的各种证书或奖状，展示唱歌、跳舞、绘画等特长。

其四，可以使用多种方法（或技术）进行自我介绍，如录制自我介绍视频，通过讲故事、做游戏进行自我介绍，等等。

其五，自我介绍的语言要通俗易懂，符合小学生的心理特点和理解能力。

其六，自我介绍中可以用一两句话强调，希望与学生构建良好、融洽的师生关系，以及会尽全力带领他们走向成功。

自我介绍的内容因人而异，教师可以根据自己的情况灵活规划其内容和呈现的形式，总之要做到内容精练、亮点突出、引人注目等。

【案例分享】

在学习了教师自我介绍的相关内容之后，根据以往的学习经历以及在教育见习和实习中获得的经验，师范生们设计了"新学期教师自我介绍方案"并拍摄了视频。这些设计既有优点也有不足，下面分享其中的一个方案供大家参考、分析和反思。

（一）自我介绍的方案设计（视频内容）

我是你们本学期的语文老师刘老师。欣涓是我的名字（把名字写在黑板上）。我的名字源于陶渊明《归去来兮辞》中的"木欣欣以向荣，泉涓涓而始流"。这两句大致的意思是树木繁茂生长，泉水奔流不息，呈现出生机盎然之态。我也同样想把这两句送给大家，希望你们像树木一样充满生机朝气。我还给大家准备了小卡片，是我根据每个同学的特点准备的，卡片上面写了对每个同学的独家祝福和期冀，下面我念到名字的同学依次上来拿。

（二）我的设计初衷

1. 教师在黑板上写下自己的名字，能够开门见山，给学生们留下深刻的印象。

首先，教师的名字是教师与学生之间最初连接的纽带。当教师在黑板上写下自己的名字时，那个名字就像一颗种子，在学生们的心中生根发芽，让他们对教师产生了初步的亲近感。其次，这也是一种教育方式的体现。教师通过书写，向学生们展示了自己的专业素养和教学态度。不仅让学生们感受到了教师的认真和负责，也激发了他们对学习的热情和兴趣。最后，教师的字规范、美观，这也会对学生产生潜移默化的影响，让他们更加注重书写。

2. 教师引用古文阐释自己的名字，搭建学科桥梁。

首先，这种介绍方法可以展示教师的文化底蕴和艺术修养。其次，这种介绍方法可以强化学生的记忆和理解。当教师用古文来解释自己的名字时，学生会更容易记住这个名字，并且对这个名字背后的含义有更深刻的理解。最后，这种介绍方法能够激发学生的想象力和创造力。古文中的意象往往具有多义性和开放性，能够引发人们无尽的联想和想象。当教师用古文来解释自己的名字时，学生会根据自己的理解和感受来解读这个名字，从而激发出想象力和创造力。

3. 教师将古文赠给学生，培养他们的学科兴趣。

首先，这种方式可以让学生感受到自己的独特之处和内在力量。用"木欣欣以向荣"来形容学生的朝气，是说他们如同茂盛的树木，充满生机与活力，正在茁壮成长。这样的比喻会让学生感到自己与众不同，具有独特的价值和魅力。他们会更加相信自己有能力面对挑战、克服困难，从而在学习和生活中表现出更加积极的态度和行为。其次，这种方式有助于营造良好的师生关系。当教师用诗意的方式夸赞学生时，学生会感受到教师的用心和关爱，从而更加尊重和信任教师。这种良好的师生关系有助于提高教学效率，让学生在轻松愉快的氛围中学习、成长。

4. 教师分发写着独家祝福的卡片，拉近师生距离。

首先，每一张卡片上的祝福都是教师用心写下的，能让学生感受到教师的关怀与期待，让他们在新学期伊始就充满信心和动力。这样一种正面的激励，会对学生的学习产生积极的影响。其次，这种方式还可以加深师生之间的情感。通过卡片上的祝福，学生可以感受到教师的性格、价值观和对自己的期望，这有助于加深学生对教师的理解和尊重，促进师生之间的良好互动。

【实践操作】

1. 请撰写一份自我介绍，注意要做到内容精练、亮点突出、引人注目。

2. 与班内同学分享自我介绍，请同学进行评价或提出建议。

3. 根据同学的反馈进行修改，形成一份新的自我介绍。

2. 认识学生

认识学生涉及两方面的内容：教师了解学生和学生之间彼此了解。这类活动的作用在于：第一，能让学生感受到教师和同学对自己的关注；第二，能帮助学生与其他学生迅速建立联系；第三，可以帮助学生获得更多的安全感；第四，可以增强班级凝聚力。

在开学第一天的课堂上，教师可以通过一些简单的破冰活动来获得学生的信息，同时让学生们初步获得彼此的信息。①

【案例分享】

A 小学的王老师为开学第一堂课设计了旨在帮助学生认识彼此的破冰活动。

---

① 注：师生、生生之间的互相认识是一个持续性的过程，他们无法做到在一次课上完全熟悉彼此。他们之间的了解可能要持续一周、一个月甚至更长的时间，因此，初识阶段的认识活动可以在开学第一天实施，也可以在开学初的前几周进行，教师可以根据自己任教班级学生的具体情况灵活选择。

在这个破冰活动中，王老师给每个学生分发了提前准备好的"我喜欢"任务卡，要求他们在 10 分钟内完成以下任务，并比一比，看谁收集到的签名最多。

喜欢小猫 签名：＿＿＿＿	喜欢＿＿＿＿ 签名：＿＿＿＿	喜欢＿＿＿＿ 签名：＿＿＿＿
喜欢＿＿＿＿ 签名：＿＿＿＿	我最喜欢 ＿＿＿＿	喜欢＿＿＿＿ 签名：＿＿＿＿
喜欢＿＿＿＿ 签名：＿＿＿＿	喜欢＿＿＿＿ 签名：＿＿＿＿	喜欢＿＿＿＿ 签名：＿＿＿＿

任务要求：

1. 在任务卡最中间的方框中填入你最喜欢做的事情；

2. 在其他八个方框中填上你想写的内容，如"喜欢小猫""喜欢吃蛋糕"等；

3. 请同学们把他们的名字填入合适的方框内。

初识阶段的认识活动不仅有利于打破师生之间、生生之间的沟通僵局，而且有利于快速拉近彼此之间的关系。对于新手教师而言，形式新颖、活泼有趣的破冰活动可以让学生迅速对其产生认同感，这对于日后的课堂教学和管理工作有着积极的促进作用。此外，还有一点需要提醒新手教师注意，即作为学科教师，我们的关注点应更多地放在如何将学科知识和破冰活动结合在一起上，从而为我们的学科教学而服务。以下是小学一线教师提供的破冰活动实例，供大家参考和反思。

【案例分享】

1. 数字猜猜看

我是小学数学老师，我在讲授第一堂课的时候，常常会使用"数字猜猜看"的游戏来吸引学生的注意力，以缓和紧张、生疏的气氛。下面的这三种数字游戏，操作简单，可以让学生在做游戏的过程中感受到数学的魅力以及数字带来的乐趣。

(1)猜一猜，下面的数字在镜子里呈现的是什么数字。

12:58

（2）猜一猜，下面的图形是由哪两个对称的数字组成的。

（3）根据算式猜一个成语。如果是低年级学生，可以展示右面框中的成语，但要打乱顺序让他们选择。对于高年级的学生，可以先给出一个例子，如"1×1＝1"就是"始终如一"，然后让他们猜其他成语。

1. $1×1=1$		1. 始终如一
2. $0+0=1$		2. 无中生有
3. $2/2$		3. 合二为一
4. $\dfrac{7}{8}$		4. 七上八下
5. $1=365$		5. 度日如年

2. 成长之路

我是一名小学数学教师，我希望从第一节课开始就让学生们喜欢上数学，不要有害怕数学的心理。为此，我使用了"成长之路"这个活动。首先，在墙上粘贴下面的这个图，图中的1、2、3、4代表第一周需要掌握的四个重点知识。然后，发给全班学生每人五个身份牌。在这节课上学生仅需要在其中一个身份牌上写上自己的姓名，画上简笔画，再写上"加油、认真、努力"等词语，其他的身份牌在课下完成。接着，指导学生把自己的身份牌一个挨一个整齐地粘贴在图中"新的起点"线后面。等所有学生粘贴好身份牌并回到座位后，我会给大家说明，这周完成第一个学习任务后，大家可以把自己的身份牌移动到数字1后面的跑道上，我希望大家都能完成任务，不要掉队。之后，每完成一个任务，就把自己的身份牌粘贴在任务后面的跑道上，直至完成这周的所有任务。第二周，我们将重启赛道，大家继续努力完成任务。我认为"成长之路"这个活动给了小学生明确的学习目标，同时还用直观的形式鼓励他们要跟上全班同学的步伐，不能掉队、不能落后。事实也证明它的效果还是很不错的，我班的学生非常喜欢我，也很喜欢上数学课。

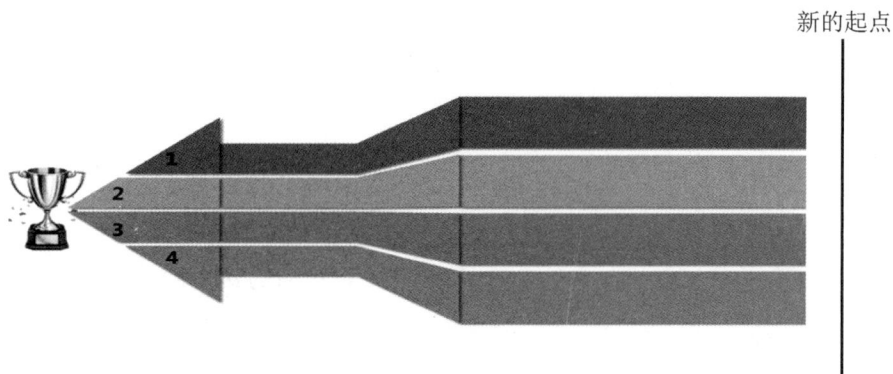

新的起点

3. 漂流瓶

我会使用"漂流瓶"活动，它不仅适应学生年龄小的特点，而且能让他们快速互动起来。首先，老师说"漂流瓶"，全班同学回答"漂到哪里去"。老师可以根据班里的实际情况来确定具体的口令，也可以使用某个学生的特征或教室里的某个物品，比如可以说"漂到第二排长头发的女生那里去"，等等。老师说完口令后，漂流瓶从第一个学生处传到第二排长头发的女生那里。该学生拿到漂流瓶后，从里面抽出一个纸条，按上面的要求完成任务，如介绍自己，讲一件趣事，背一首古诗，等等。完成任务后，由该学生说出一个口令，活动继续。

【实践操作】

1. 分析上面的三种破冰活动，谈谈你对它们的看法。

2. 假如你是一名小学数学(或其他学科)教师，请设计一个用于开学第一天师生互相认识的破冰活动，并详细描述或演示该活动是如何进行的。

3. 说一说你的设计理念。

【资料链接】

为第一天而设计的 15 项活动①

1. 一起填写表格。当你阐述期望的时候，你的学生应该将信息填写在一本

---

① ［美］汤普森：《从教第一年——新教师职场攻略》，赵丽、卢元娟译，70～71页，北京，中国轻工业出版社，2007。

你已经准备好的印刷小册子上，而不只是做做笔记。

2. 为穿上新校服的学生照张相。这是开始制作班级剪贴簿的一个好方法。

3. 举例给学生呈现他们所需的用品。

4. 分发一些小纸条，让每一个人告诉你，为了让班级变得更好，自己能作出什么贡献。

5. 发放课本，让学生完成你在这章后面将会看到的课本调查表格。

6. 让学生与伙伴一起学习，告诉对方他们能做好的一件事和他们乐意学做的一件事。让家长在全班同学面前彼此介绍，并分享这个信息。

7. 让学生在便条上写出三件你需要了解的事情，使你能更好地教育他们。

8. 在墙壁上贴一张大的纸。给学生一些旧报纸和杂志，让他们撕下能描述他们优点和才能的词语及图片。关注学生共同的特征。用胶水将图片和词语贴在相应的位置上，创造出一个对每名学生而言都十分有趣的即兴装饰品。

9. 让学生粗略写下他们对你所教的科目已经知道了什么，然后让他们在班里分享这条信息。

10. 让学生填写其中的一个学生目录(见第五章)，挑选一个最适合你学生的格式。

11. 让学生在教室里四处找寻他们的共同点。考查的方面可以包括家乡、业余爱好、最喜欢的电影、宠物、目标和运动项目等。

12. 让学生创作书签，上面写有对年轻学生具有启发意义的教训。

13. 邀请年长的学生讲述他们早年刚入校的回忆。

14. 把与这天课程内容相关的一句引言或与众不同的单词写在黑板上，让学生告诉你他们对此的想法。

15. 让学生离开之前写一张纸条，说明一下自己在第一天的课堂上学到了什么。

(二)表明期望和要求

期望和要求所发挥的导向作用对课堂管理的意义毋庸置疑。我们都曾经遇到过他人(如父母、教师、朋友等)对我们的期望和要求不清晰，我们不知如何动手做事情的情况。学生也是如此。如果教师没有设定管理的期望，没有提出具体的要求，或者对期望和要求的表述不清晰，那么学生就很难达到教师的要求。此外，教师表明期望和要求的方式不同，课堂管理的效果也不相同。

一般而言，所有学生在开学伊始都是想成为教师心目中的好学生的，而个别学生逐渐产生不良行为，其中部分原因可能要归结于教师的期望和要求不够明确和清晰。

下面列举了一些我们非常熟悉的教师指令或要求：

①现在上课了，请大家坐好，保持安静。

②大家要提前做好课前准备。

③上课时要认真听讲，重要内容做好记录。

④做作业要态度认真。

⑤要认真完成预习作业。

围绕上述教师指令，请大家完成四个任务：

①回顾你的求学经历，分别说一说面对这些指令或要求，作为学生你一般是怎么去执行的。

②根据你的求学经历（或实习期间的教学经历），描述一下这些指令或要求的效果。

③如果你是教师，通过这些指令或要求，你希望学生如何去做？

④比较一下学生表现出来的行为和教师期望的行为，你有什么发现？你认为问题出在哪里？

通过分析，我们应该能够意识到清晰、准确的期望和要求对课堂管理所产生的导向作用。下面将具体讨论教师如何在"开端"阶段表明对学生的期望和要求。

1. 阐明目标和期望

教师在阐明目标和期望的时候，需要注意以下几个问题：

第一，开学第一天教师可以利用课堂管理路线图，向学生解释本学期他们需要达成的目标，并提出对他们的期望，这将有助于整个学期的教学和管理工作的顺利开展。

第二，教师一定要用积极和鼓励的话语来提出期望。例如，"只要努力就有收获。加油！老师相信你们一定能做到最好，不断取得进步！！"

第三，给予学生参与修订目标和期望的机会。课堂管理路线图虽然是由教师设计的，但是如果教师能提供机会让学生参与路线图的修订，则会大大提高学生的积极性和自觉性，培养他们的自我管理能力，同时也对良好师生关系的形成有促进作用。

2. 提出要求

教师在开学第一天提出要求时需要注意以下几个问题。

第一，教师提出的要求数量不宜过多，一般2~3条即可。开学第一天不可能介绍完所有的要求，可以选择2~3条最重要的介绍给学生。例如，在你的课堂中能否说话和走动，明天需要准备哪些学习用品和必需品，等等。其他要求可以在后续的课堂教学中逐步提出。

第二，教师在介绍要求的同时，须向学生简要说明相应的行为后果以及奖惩措施。

第三，教师提出的要求一定要具体，具有可操作性。

第四，考虑到学生的年龄和心理特征，有些要求教师须亲身示范，以确保学生能够理解并执行。

第五，有些要求，教师须多次强调，并带领学生练习和复习。

第六，教师提出的要求须始终保持一致。

【案例分析】

对于课堂教学中的具体要求，教师务必要明确说明。例如，如果教师没有说清楚希望一年级学生在上课时如何安静地坐着听课，那他们就不会安静地听课。因此，教师必须向学生解释什么才是最好的表现，这样学生就会清楚适当的课堂行为和不适当的课堂行为之间的区别。

王老师和李老师在同一个班级任教。王老师认为这个班级的学生不遵守纪律，行为散漫；李老师却认为这个班级的学生表现非常好。起因是，该小学为了方便学生，为每个班级配备了一把削笔刀，就放在讲桌上。王老师对学生说，如果有需要，上课的时候可以从讲桌上拿削笔刀用。于是，王老师的课上，学生不顾教师是否在讲课，可能随时离开座位跑到讲桌前拿削笔刀，一个学生这样做，另一个学生接着也会这样做，导致课堂秩序混乱，教学无法顺利进行。

王老师大发脾气，责备学生不遵守纪律。李老师也告诉学生，如果有需要，上课的时候可以从讲桌上拿削笔刀用。但她同时规定，有需要时，首先要举手告知教师，得到允许后必须慢慢地离开座位，然后沿着规定的路线（李老师事先在教室中规划了一条路线，并且自己走了一遍，同时告诉学生这就是规定的路线）走到讲桌前，用完后按原路线尽快返回座位。李老师还强调，在整个过程中，如果没有发出声音，没有干扰其他同学，就会奖励给该学生一朵小红花。

案例中，王老师和李老师的要求是相同的，为什么学生的行为却大相径庭呢？你认为是什么导致了二者间的差异？

（三）激发学生学习的热情和兴趣

学生学习的热情和兴趣属于内部动机，对学生个体的行为和活动有引发、指引和激励功能。课堂管理的目的之一就是激发学生的内部动机，实现学生的自我管理，进而实现教和学的顺利进行。影响学生学习热情和兴趣的因素众多，如教师的教学风格和教学策略、学生自身的性格特点和兴趣爱好、学习氛围和学习环境、师生关系等。教师利用这些影响因素来激发学生学习热情和兴趣注定是一个长期的、循序渐进的过程。那么，如何在开学第一天的活动中就开始激发学生学习的热情和兴趣呢？

对于这个问题，很多有经验的教师给出的建议就是使用奖励特别是物质奖励的方式。他们认为，对于小学生而言，奖励能引发他们愉快的情绪。任何学生都希望得到他人的赞赏，这是一种普遍的心理状态。奖励分为物质奖励和精神奖励。物质奖励具有比较明显的即时激励效果，但长久使用，学生对它的期盼程度就会变得越来越低，其激励效果也会越来越弱，这时就需要精神奖励发挥作用了。

奖励一般由四个层级组成（见图2-3），最低层级是有形奖励，它们是实实在在的物品，如常用的贴画、本子、小红花、奖状等。第二个层级是活动奖励，主要是通过活动来强化学生的良好行为。例如，学生的良好课堂行为能够为他们赢得周末免做作业的权利、自由选择座位的权利等，这些活动奖励对小学低年级的学生尤其有效。第三个层级是社会奖励，主要通过传达感激、赏识、赞同的方式来给予激励，如表扬、微笑、轻拍背部等。第四个层级是自我激励，属于奖励的最高层级，是个体内在的强化，是自发形成且可以自我控制的，如学生的自我反思以及一些创造性的自我展示等都属于自我激励的层次。这四个层级的奖励在教育中发挥的作用是不同的。其中，有形奖励是最外显的，发挥着即时激励作用；自我激励是隐性的，发挥着长效激励作用。

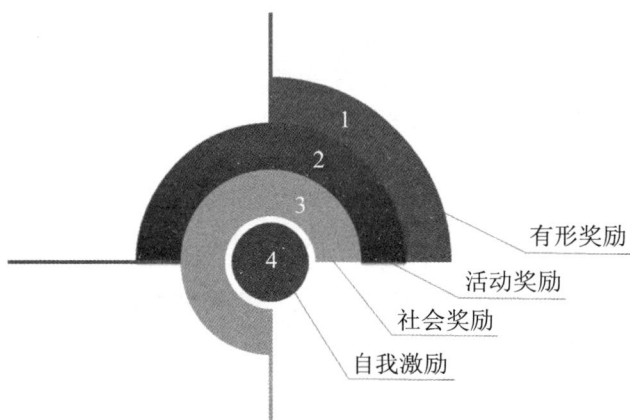

图 2-3　奖励层级图

【参考范例】

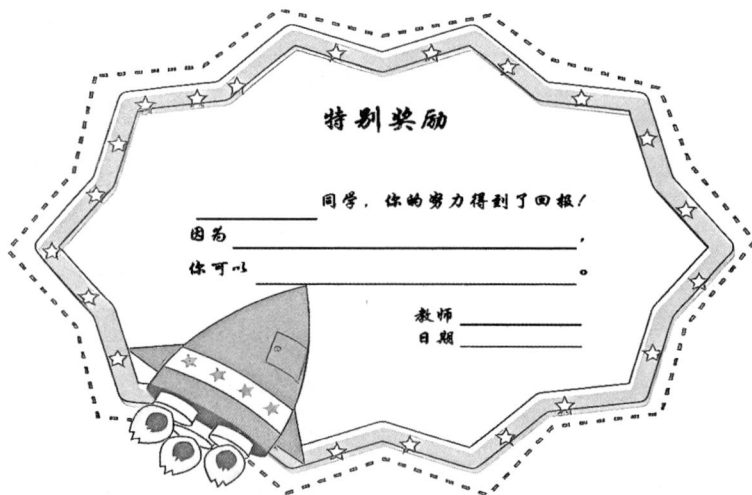

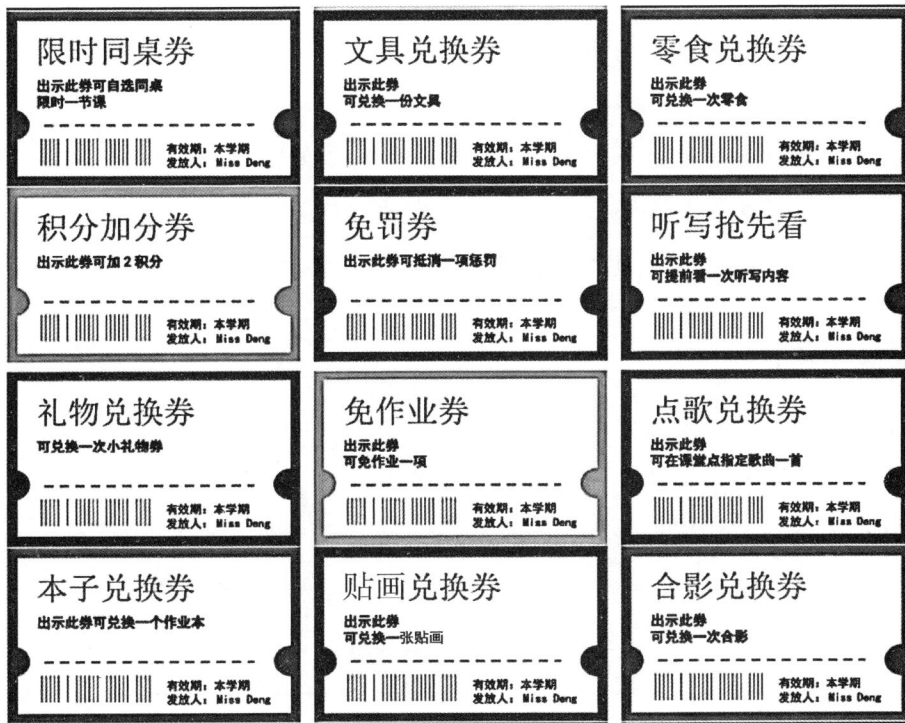

家庭作业通行证

因为 _____

奖给 _____

持有该证书的同学可以任当天晚上不做家庭作业，
第二天交作业的时候上交此证书。

日期 _____   教师 _____

限时同桌券
出示此券可自选同桌
限时一节课

|||||||||| 有效期：本学期
发放人：Miss Deng

文具兑换券
出示此券
可兑换一份文具

|||||||||| 有效期：本学期
发放人：Miss Deng

零食兑换券
出示此券
可兑换一次零食

|||||||||| 有效期：本学期
发放人：Miss Deng

积分加分券
出示此券可加 2 积分

|||||||||| 有效期：本学期
发放人：Miss Deng

免罚券
出示此券可抵消一项惩罚

|||||||||| 有效期：本学期
发放人：Miss Deng

听写抢先看
出示此券
可提前看一次听写内容

|||||||||| 有效期：本学期
发放人：Miss Deng

礼物兑换券
可兑换一次小礼物券

|||||||||| 有效期：本学期
发放人：Miss Deng

免作业券
出示此券
可免作业一项

|||||||||| 有效期：本学期
发放人：Miss Deng

点歌兑换券
出示此券
可在课堂点指定歌曲一首

|||||||||| 有效期：本学期
发放人：Miss Deng

本子兑换券
出示此券可兑换一个作业本

|||||||||| 有效期：本学期
发放人：Miss Deng

贴画兑换券
出示此券
可兑换一张贴画

|||||||||| 有效期：本学期
发放人：Miss Deng

合影兑换券
出示此券
可兑换一次合影

|||||||||| 有效期：本学期
发放人：Miss Deng

【内容概要】

1. 新学期伊始是课堂管理的重要时期，它决定了接下来整个学期的教学工作能否顺利开展。对于新手教师而言，这个"开端"更是意义非凡，它决定了他们能否安然度过职业生涯中的"幸存阶段"。

2. 课堂管理系统的内容框架包括设立目标、规定内容、创设环境、开发资源和提供支架五个方面。

3. 新学期课堂管理路线图是对未来整个学期课堂管理工作的全景设计，对教师而言意义重大。

4. 开学第一天十分重要，它是整个学期教学工作能否顺利进行的基础。教师在这一天里所做的每件事情都将为整个学期的教学工作奠定基调。教师可以通过开学第一天活动核查表来整理思路，避免遗漏一些意想不到的细节；还需要为开学第一天设计一些必要的课堂活动。

【思考题】

1. 如何理解课堂管理中的"开端"？良好开端的意义体现在哪些方面？

2. 教师如何规划新学期课堂管理路线图？

3. 课堂管理系统包括哪些内容？

4. 教师为什么需要为开学第一天做准备？需要做哪些准备？

5. 教师在开学第一天可以组织哪些课堂活动？

6. 如何认识教师的期望和要求对课堂管理的意义？

【实践操作题】

1. 制作一份新学期课堂管理路线图。

2. 制作一份教师开学第一天活动核查表。

3. 下面是一名师范生制作的开学第一天活动核查表，请从内容层面、操作层面、准备的完备性、如何改进等角度谈谈你对这份核查表的看法。

开学第一天活动核查表

请在已准备好的项目前面画上√。
- □ 教材、教具
- □ 班级学生花名册
- □ 熟悉学校的建筑和所教班级的具体位置
- □ 欢迎标语
- □ 空白学生姓名签
- □ 用于奖励的文具

4. 请为开学第一天的课堂教学设计三项破冰活动。

5. 举例说明在新学期开始时，你将如何向学生介绍自己，如何让学生认识彼此。

6. 列出新学期你将给学生提出的五项期望和要求。

7. 你想如何奖励表现良好的学生？列出你想使用的奖励物，并设计三个有趣的奖励图(表格)。

【补充阅读】

1. 周小宋、李美华：《透视"行为窗"：问题归属、技能集合与人文课堂管理思想》，载《全球教育展望》，2004(6)。

2. 刘浪飞：《"KWL"教学模式凸显人文关怀价值》，载《中国教育学刊》，2015(9)。

3. 董立、王维：《学习分析结果可视化在班级管理中的作用》，载《中国教育技术装备》，2018(4)。

4. 赵衍珩：《新手型教师第一课存在的问题与对策》，载《山东行政学院学报》，2018(5)。

5. 董艳、聂静雨、蔡翔英：《关联新旧知识的 KWL 教学模式发展研究》，载《电化教育研究》，2020(8)。

6. 李健、陈琳琳：《新手教师课堂领导力不足的分析与强化路径》，载《教学与管理》，2021(24)。

【自我反思】

通过本章学习，我对如下问题有了新的认识：

1. _____

2. _____

3. _____

关于本章内容，我对下列问题还有疑惑：

1. _____

2. _____

3. _____

第三章 小学课堂教学规则管理

>>> 内容结构导图

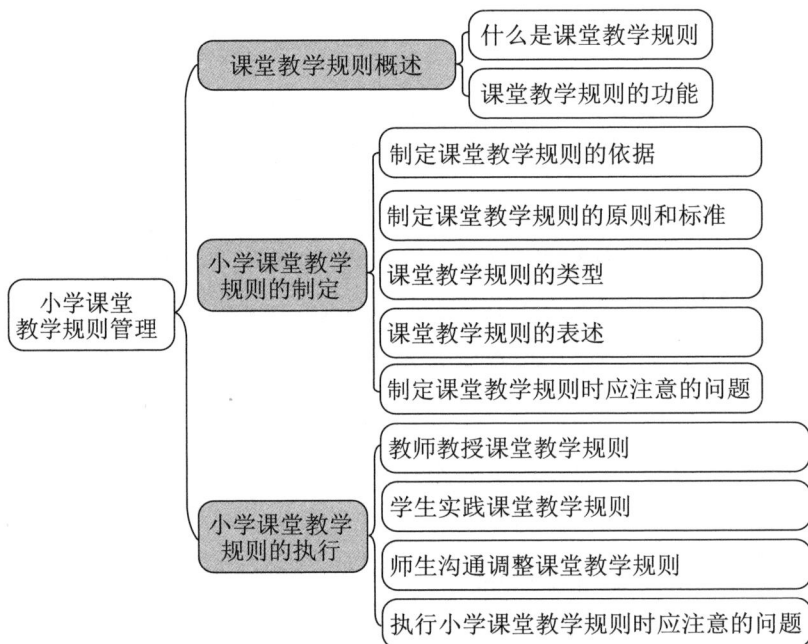

```
                                        ┌─ 什么是课堂教学规则
                    课堂教学规则概述 ─┤
                                        └─ 课堂教学规则的功能

                                        ┌─ 制定课堂教学规则的依据

                                        ├─ 制定课堂教学规则的原则和标准
                    小学课堂教学
小学课堂          规则的制定      ├─ 课堂教学规则的类型
教学规则管理
                                        ├─ 课堂教学规则的表述

                                        └─ 制定课堂教学规则时应注意的问题

                                        ┌─ 教师教授课堂教学规则

                    小学课堂教学      ├─ 学生实践课堂教学规则
                    规则的执行      ├─ 师生沟通调整课堂教学规则

                                        └─ 执行小学课堂教学规则时应注意的问题
```

>>> 学习目标

1. 理解课堂教学规则的含义和功能，能够区分课堂教学规则、班级规则及课堂常规。

2. 掌握制定课堂教学规则的依据、原则和标准。

3. 能够对课堂教学规则进行分类，能够正确地表述课堂教学规则。

4. 能够制定一套合理的、可操作的课堂教学规则，学会使用多种方法帮助学生执行课堂教学规则。

为什么在王老师的课上学生们都能够安静认真地学习，而在我的课上永远吵闹喧嚣？我也制定了课堂教学规则，为什么效果不好？为什么学生们不能遵守这些规则？我该怎么办？

制定课堂教学规则，依据规则实施管理，是现代课堂管理的基本要求，也是组织课堂教学的基础性工作。

第一节　课堂教学规则概述

一、什么是课堂教学规则

(一)课堂教学规则的含义

在学习课堂教学规则这一概念之前，我们先了解一下规则的含义。规则是多门学科的研究对象和分析范畴，尽管不同学科对规则的论述存在不同的视角，但从最一般的意义上说，规则是指对行为的某种规定。《哲学概念辨析辞典》将规则界定为人们在活动中必须遵守的具体要求。规则在本质上是为协调个体、自然、社会之间的各类关系以维护共同利益而形成的基本约定。规则具有制约性，使得各种关系变得更有条理。规则也不是一成不变的，会随着成员需要的变化而不断完善。

课堂教学规则指的是在学校教育场域中，教师(或教师集体)根据教学规律制定的一套教学和学习的期望或标准，是学生在课堂上参与各项学习活动所必须遵守的学习行为准则和规范。关于课堂教学规则的理解，需要把握以下四个要点：第一，课堂教学规则详细地告诉学生在学科学习时该做什么、不该做什么、该如何去做，以及需要完成的学习任务的标准等；第二，不同的课堂教学规则之间既有共性，又有不同；第三，课堂教学规则具有相对制约性，一般对学生在某学科教师课堂上的学习行为具有相应的约束力；第四，课堂教学规则具有动态生成性，会随着教学内容、教学方式以及学生需求的变化而发生变化。

课堂教学规则没有固定的模板，它以不同的形式存在，有些课堂教学规则可能是全国统一的，有些可能是区域性的，有些可能是学校根据具体实际或传统自行制定的，有些可能是某个班级的教师和学生自行约定的……因此，课堂教学规则既有共同性，也因区域、学校、特定课堂及学生的不同而呈现出差异性。课堂教学规则的制定旨在通过为学生提供学习行为的基本范例，促进学生的自主学习和自主管理。

(二)相关概念辨析

在实践中，我们经常会遇到一些和"课堂教学规则"相近、相似或相关的概念，它们的内容所指与"课堂教学规则"不尽相同，非常容易混淆。辨别"课堂教学规则"与这些概念的异同，是准确掌握课堂教学规则含义的方式之一。

1. 班级规则

班级规则，是班级管理中采用的规章制度，又称班级管理规则、班级常规、班级规约、班级守则、班级公约等。班级规则的核心一般涉及纪律、学习、出勤、卫生、安全等诸多方面。班级规则的宗旨是更好地规范班级成员的行为，形成健康向上、团结互助的集体氛围。

【案例分享】

××小学三年级一班班级规则

总则

第一条：班级规章制度的制定是为了使全班同学形成良好的学习、生活习惯，提高学习、生活的自觉性，自觉遵守班级纪律，积极参加班级各类文体活动，为班级争荣誉，以期通过全班同学共同努力，塑造优良的班级风貌；

第二条：作为班级一员，必须无条件遵守班级规章制度；

第三条：本规章制度自公布之日起开始执行。

班级规章制度细则(一)

一、纪律

(一)考勤纪律

第一条：所有同学必须按照学校的规定，准时进班参加早自习、晚自习、上课等。

第二条：班长对全班同学每天的出勤情况进行汇总，并提交班主任。

（二）上课前纪律

第一条：上课铃响后，全体同学要立即进入班级，做到"快、静、齐"，做好上课前的准备。

第二条：如因特殊情况班级纪律混乱，班长要及时提醒大家保持安静，等待任课教师上课。

（三）上课纪律

第一条：课上不得交头接耳，不得看课外书，不得睡觉，以及不得做其他与学习不相关的事情。

第二条：组长要对自己小组同学的纪律负责，如有同学违反班级纪律，而组长不及时予以制止，将追究组长以及违反纪律的同学的责任。

第三条：如若课中有突发事件，各同学应保持镇定，应听从教师的安排，不能擅自行动。

二、文明礼貌

第一条：上课时，班长喊"起立，敬礼"，全体同学说"老师好"，当教师说"请坐下"后，方可坐下。

第二条：下课时，班长喊"起立，敬礼"。全体同学说"老师再见"，当教师离开教室后，方可离开教室。

第三条：进入办公室前，或者上课迟到时，要喊"报告"，经教师批准后，方可进入。

第四条：在路上遇见教师时要问好，同学间碰面也要相互问好。

三、学习

第一条：全体同学要自觉遵守班级学习纪律，并注意优良学习氛围的营造与保持。

第二条：同学间可以就学习难题进行讨论，但不得抄袭作业。如任课教师反映班级中有抄袭作业的现象，或有同学在考试中作弊，或有同学成绩下降较快，班主任要找该同学谈话，并督促该同学尽快改正错误或弥补不足。

第三条：课堂上教师提出的问题，如自己知道如何做时，要积极发言。

2. 课堂常规

课堂常规即在课堂中经常实行的规矩，是规定学生在课堂上的言行举止的标准，是每个学生都必须遵守的最基本的日常课堂行为准则和规范。课堂常规的作用在于规范学生的课堂学习行为，保证课堂教学的顺利开展。课堂常规一般涉及课前、课中、下课及课间等方面的要求。

从理论上说，每位教师的课堂都应该有适合自己教学内容和教学风格的特定的课堂常规，但事实上，为了便于学生遵守，在同一所学校内，不同教师制定的不同课堂常规中的大部分要求都趋向于一致，即与班主任制定的班级规则的相应要求保持一致。所以，从所涵盖的内容上看，课堂常规和班级规则有交叉重叠的部分。

【案例分享】

××小学三年级一班课堂常规

（一）课前准备的要求

1. 上课预备铃响后，学生即进入教室。

2. 准备好各种学习用具，如课本、笔记本、字典、作图工具等。

3. 保持安静。

（二）上课过程中的要求

1. 上课铃响，教师登上讲台后，班长或值日生喊"起立"口令，教师答礼后，班长或值日生喊"坐下"口令，学生快速坐下。

2. 学生要专心听讲，积极思考，发言先举手，答问要起立，不随便说话，不做小动作。

（三）下课及课间的要求

1. 下课铃响，教师宣布下课，班长或值日生喊"起立"口令，教师答礼后，学生才能离开教室。

2. 课间不得在教室或走廊里追逐打闹。

（四）课堂整洁的要求

1. 要保持教室清洁，值日生要认真负责。

2. 不准随意移动座位或随便调换座位。

【问题思考】

1. 请比较课堂教学规则、班级规则、课堂常规这三个概念并完成下面的表格。

	课堂教学规则	班级规则	课堂常规
制定者			
目的			
内容范围			
功能作用			

2. 除了上面讨论的三个概念，还有没有其他与课堂教学规则类似的概念？通过利用中国知网、万方数据知识服务平台等查找相关论文，在见习、实习过程中进行课堂观察、咨询小学教师等方式，搜集相关或相似的概念，并按照上述表格的方式进行比较，分析这些概念之间的异同。

二、课堂教学规则的功能

课堂教学规则是实现有效课堂教学的重要保证，是学生获得学业成功首先要遵守的行为准则和规范。积极正向的课堂教学规则具有导向、维持、激励和促进的功能。

(一)导向功能

课堂教学规则详细地告诉学生该做什么、不该做什么、该如何去做，以及需要完成的学习任务的标准，旨在引导学生如何表现，为学生的课堂学习行为提供方向指引和标准参照。因此，导向功能是课堂教学规则的木质功能。

(二)维持功能

课堂教学规则通过规范学生在课堂中的学习行为，维持课堂教学秩序。教师从一开始就对学生的学习行为进行规范和约束，能够在一定程度上防止潜在问题行为的发生，能够及时纠正正在发生的问题行为，有助于建立良好的课堂内部环境，维持良好的课堂教学秩序，为课堂教学的顺利开展提供保证。

(三)激励功能

积极正向的课堂教学规则被学生慢慢接受，并逐步内化为他们的自觉行为之后，便能够唤起他们内在的自主要求，激发他们自我管理的欲望，引发他们的成就动机与进取心，最终激励他们养成良好的课堂行为。

(四)促进功能

课堂教学规则通过规范学生课堂学习行为，实现促进学生有效学习的目的。适宜的课堂教学规则有助于师生、生生之间相互合作、和谐相处，有助于建立良好的情感关系，形成团结愉快的群体机制、和谐活跃的课堂气氛，以及井然有序的课堂学习环境，从而减少维持纪律和秩序的时间。这样师生就能最大限度地利用课堂有限的学习时间，提高学习的效率和质量，促进有效学习的实现。

第二节 小学课堂教学规则的制定

制定课堂教学规则的目的是指引、规范学生的学习行为，使课堂中的各种教学活动得以顺利开展，从而使学生在和谐活跃的集体环境中积极主动地学习，提高学习效率。要达到这一目的，教师需要统筹规划、全盘考虑，以制定积极、正向的课堂教学规则。

一、制定课堂教学规则的依据

在制定课堂教学规则时，不同教师会有不同的视角和出发点，也会综合考虑多种影响因素。一般来说，制定课堂教学规则需要以相关法令与规章制度、教学目标和学习规律、学生及其家长的期望以及课堂风气等为依据。

(一)法令与规章制度

制定课堂教学规则必须以国家有关的法律法规，以及学校的规章制度、学生守则、学生行为规范条例等为依据。一方面，这些法律法规、规章制度和规范条例等是所有学生都必须遵守的；另一方面，课堂教学规则绝对不能与这些法律法规、规章制度和规范条例等相悖，绝对不能侵犯学生的人身权利和损害学生群体的利益。

【问题思考】

教师在制定课堂教学规则时，必须依据哪些相关的法律法规？请查询资料后，逐一列出它们的名称。

(二)教学目标和学习规律

课堂管理的主要目的是保证课堂教学工作的顺利开展。教师在制定课堂教学规则时一定要考虑这些规则是不是与课堂教学目标一致，是不是符合学习规律，能不能促进学生的学习。此外，不同学科有不同的教学特点和要求，因此教师还需考虑课堂教学规则能不能满足特定学科的教学特点和要求。

(三)学生及其家长的期望

学生是课堂教学规则的执行者，教师在制定课堂教学规则时，应重视学生的意愿和期望，增加学生的参与度。当然，由于小学生的心智尚未成熟，他们的意愿和期望有时不够合理，因此教师首先需要辨别学生的意愿和期望是否合理，然后采纳那些积极的、正向的意愿和期望。此外，教师在制定课堂教学规则时也需要考虑学生家长的一些合理的期望和建议。总之，教师需要综合多方面建议方能制定出比较符合班级学生实际的课堂教学规则。

(四)课堂风气

不同的班级会形成不同的课堂风气。在积极而活跃的课堂风气中，学生学习热情高涨，注意力集中，积极主动发言，配合度非常高；处于消极而沉闷的课堂风气中，学生情绪压抑，心不在焉、无精打采，注意力分散，学习态度敷衍，很少主动发言，配合度较低。没有适用于所有教学情境的万能的课堂教学规则，随着班级课堂风气的变化或班级新问题的出现，课堂教学规则也要随之改变，因此，教师在制定课堂教学规则时一定要充分考虑任教班级的课堂风气。

【实践操作】

1. 在见习或实习过程中，选择一位教师 A，首先通过课堂观察记录他的课堂中出现的所有课堂教学规则；其次对该教师进行访谈，讨论制定这些课堂教学规则的依据。

2. 选择另外三位教师：教师 B 与教师 A 任教同一班级，但讲授不同学科；教师 C 与教师 A 讲授同一年级的同一学科，但任教不同班级；教师 D 与教师 A 讲授同一学科，但任教不同年级。首先通过课堂观察记录他们的课堂中出现的所有课堂教学规则；其次逐个对教师进行访谈，讨论制定这些课堂教学规则的依据；最后比较四位教师课堂教学规则的异同，并尝试分析课堂教学规则存在差异的原因。

二、制定课堂教学规则的原则和标准

(一)制定课堂教学规则的一般原则

其一，以人为本的原则。课堂教学规则的制定要着眼于激发学生的主动性和积极性，要着眼于发挥学生的主体作用。

其二，科学性原则。课堂管理归属于教学范畴，课堂教学规则的制定应遵循教学规律、儿童心理发展规律和管理学研究成果，坚持按科学规律办事。

其三，教育性原则。课堂教学规则的制定要充分体现立德树人的要求，体现社会主义核心价值观的要求。

其四，民主性原则。课堂管理要充分体现参与管理、自主管理的要求，要让学生广泛参与课堂教学过程的管理，参与课堂教学规则的制定，让每一名学生都承担一定的课堂管理责任。

其五，集体性原则。课堂教学规则的制定旨在建立以集体管理为主的管理机制，以促进合作学习，并通过集体建设调动学生的学习主动性、积极性，实现学生的主体性学习。

(二)合格的课堂教学规则的标准

其一，课堂教学规则应该是合理的。合理的课堂教学规则须满足以下五个条件：与法律法规、规章制度和规范条例一致，与学生的年龄和心理特点一致，与固有的教学规律一致，与教学目标一致，与学习规律一致。

其二，课堂教学规则应该是有必要的。教师在制定课堂教学规则时，为确保每项规则的必要性，需要考虑以下问题：这项规则能不能营造良好的学习氛围？这项规则能不能为学生提供支持性的学习环境？这项规则能不能促进学生学习？……

其三，课堂教学规则应该是清晰明确的。课堂教学规则既不能笼统抽象，也不能模棱两可，要清晰明确，易于学生理解，同时需要说明具体的操作方式，必要时还需教师进行示范。

其四，课堂教学规则应该是可操作的。课堂教学规则中的要求必须能够在课堂情境中被学生实施或表现出来，可观察、可实施、可测量是合格的课堂教学规则的重要指标。

其五，课堂教学规则应该是正向引导的。课堂教学规则应该告诉学生做什么、怎样去做，而不是禁止学生做什么。规则重在强调积极的方面。积极的、正向的语言表现出教师对学生的尊重与期望，能够给学生提供积极的行为目标和方向指引，从而产生正强化的作用。

【案例分析】

下面是王老师制定的小学三年级英语课堂教学规则，请谈谈你对它们的认识，如哪些规则是合格的，哪些规则不合格。对于那些不合格的规则，你打算如何修改和完善？

××小学三年级英语课堂教学规则

1. 朗读英语课文时要大声，要有感情。
2. 英语单词的书写要认真。
3. 上课不能随便讲话，有话要说时，需要举手示意。
4. 上交的课堂作业，名字要写在纸张的右上角。
5. 上课不能随便离开座位。

三、课堂教学规则的类型

课堂教学规则是一个动态的规则系统，涵盖了课堂教学的方方面面。主体不同，视角不同，目的不同，用途不同，课堂教学规则的分类也就不同。例如，教育行政部门更多地关注规则的统一规范性，倾向于宏观的课堂教学规则分类；教育实践工作者则更多地关注规则的具体操作性，倾向于微观的课堂教学规则分类。我们的课程内容主要是为一线教师特别是新手教师设置的，因此此处讨论的是微观层面的课堂教学规则分类。

(一)教师制定的规则、师生合作制定的规则和家校合作制定的规则

根据制定的主体，可将课堂教学规则分为教师制定的规则、师生合作制定的规则和家校合作制定的规则。

教师制定的规则是由教师一人单独制定的课堂教学规则，未考虑、询问或参考学生及其家长的意见，因此可能具有一定的强制性和专断性。

师生合作制定的规则指的是教师在制定好课堂教学规则之后会征询学生的意见，如让学生选择奖惩的时间、范围、形式等。师生合作制定的规则具有一定的民主性，同时因为学生也参与了规则的制定和修改，因此相比教师制定的规则，师生合作制定的规则实施效果较好。

家校合作制定的规则指的是教师、学生、家长三方合作制定的规则。教师在制定好课堂教学规则之后，不仅会征询学生的意见，还会通过家长会、调查问卷等形式征询家长的意见，然后根据学生及其家长的意见修订课堂教学规则。家校合作制定的规则不仅具有师生合作制定的规则的民主性的优点，而且由于它得到了家长的认同，所以在执行力度和执行效果方面要优于师生合作制定的规则。

(二)道德性规则、组织性规则和程序性规则

根据性质，可将课堂教学规则分为道德性规则、组织性规则和程序性规则。

道德性规则主要规范学生的课堂道德、意识和行为礼节等，有较强的平等性、规约性和稳定性。有些道德性规则是外显的、明确的，学生能清楚地知道其要求，如上课时应向老师问好，下课时应向老师道谢。有些道德性规则是内隐的、模糊的，学生对其要求并不十分清楚，如"上课时应认真听讲"这一规则，就需要教师对其进行深入的解释和说明。

组织性规则主要体现在课堂教学的组织形式及实施要求方面。例如，上课前的准备，包括规定学生应该准备好哪些学习材料和学习工具，以及文具的数量、摆放位置等；上课时如何回答问题，包括举手示意，在得到教师允许后回

答，或不会回答时应如何回复教师，以及回答问题时声音的大小等；去卫生间的问题，包括能不能去卫生间，何时能去卫生间，怎么去卫生间等；还有如何上交课堂作业；等等。组织性规则有较强的平等性和规约性，同时还具有一定的动态调整性，即当某些组织性规则不再符合学生实际情况时要及时调整，或者当学生已经学会某些组织性规则时，规则体系中的规则数量和内容也要及时调整。

程序性规则规定的是课堂上学生的学习活动应遵循的具体程序和步骤。例如，小学语文的预习要求（标出不认识的生字，划分段落并写出段落大意，圈出描写人物表情的词语等），小学数学计算题改错的格式，小学语文作文的写作规范，以及各学科作业的格式，等等。程序性规则也具有平等性和规约性。此外，道德性规则和组织性规则是人们主观判断和选择的结果，而程序性规则具有自身的话语体系及相应的实践要求，这些要求是不以人的主观意志为转移的，所以说，相比道德性规则和组织性规则，程序性规则还具有一定的客观性。

(三)纪律类规则、学习类规则和活动类规则

根据内容，可将课堂教学规则分为纪律类规则、学习类规则和活动类规则。

纪律类规则主要规范学生在课堂上的各种行为，如听课时不能东张西望，要看着老师、看着黑板；要坐直，不能乱说话；要认真听讲，认真记笔记；不能翻看与学习无关的课外书，更不能吃东西；等等。

学习类规则主要规范学科教学中学生应严格遵守的格式、程序、步骤、标准和要求等，如小学数学中作图的规则、小学语文中给字词注音的格式、小学英语中句子开头的首字母大写等。

活动类规则主要包括学生在课堂上进行各种活动时应遵守的规则，如学生之间课堂交流的规则（何时可以交谈，如何进行交谈，交谈多长时间，交谈的结果如何呈现等），请求教师帮助的规则（是离开座位找老师，还是举起代表寻求帮助意义的指示牌），以及同伴讨论的规则，小组合作学习的规则，等等。

(四)课前规则、课中规则和课后规则

根据覆盖时间，可将课堂教学规则分为课前规则、课中规则和课后规则。

课前规则主要规定学生在上课前应做好何种准备，如准备好哪些学习材料和学习工具，文具的数量、摆放位置，预备铃响后在座位上坐好，把课本翻到

该学习的那一页，等等。但在教育实践中，"课前"覆盖的时间范围较大，只要是在某门课程开始之前的时间都算"课前"，所以课前规则还常常包括预习规则、自主学习规则、小组合作学习规则，等等。

课中规则主要规定学生在课堂上应遵守的规则，如前面所提的纪律类规则、学习类规则和活动类规则等。

同课前规则一样，课后规则覆盖的时间范围也较大，某门课程结束之后到它再次开始之前的这一段时间都属于"课后"，常用的课后规则包括课后复习要求、家庭作业要求等。事实上，在教育实践中，课后规则与课前规则中有一部分规则是重合的，如（课前或课后）自主学习规则，（课前或课后）自主小组合作学习规则等。

【实践操作】

根据自己的学习经历，以及在教育见习、实习过程中获得的经验，说一说作为小学教师，你的课堂教学规则系统中将包含哪些类型的规则，同时完成以下表格。如果还有其他类型的课堂教学规则，也可以填入表格中。

课堂教学规则的类型	具体规则及其表述
	1.
	2.
	3.
	…
	1.
	2.
	3.
	…
	1.
	2.
	3.
	…
…	…

四、课堂教学规则的表述

课堂教学规则是学生在课堂上参与各项学习活动时所必须遵守的学习行为准则和规范，在本质上具有一定的概括性。但是，在现实的课堂教学和管理中，概括性较强的规则表述不利于学生理解和执行。因此，教师在表述课堂教学规则时，需要将概括性的期望、标准和要求进一步分解成可观察、可实施、可测量的具体行为或步骤。具体而言，可以按照如下模式来表述课堂教学规则："概括性规则＋补充性描述（行为＋结果/具体内容）"。实践证明，"行为＋结果/具体内容"的描述形式有助于实现行为的可观察、可实施、可测量的目的。此外，教师在描述课堂教学规则时还须注意，要多使用正向的、肯定的、积极的语言，较少或避免使用消极的、具有威胁含义的语言。

面对小学中高年级学生，教师可以先提出一条概括性的课堂教学规则，然后邀请学生参与该条规则的讨论，引导他们提出具体的行为建议，最后教师总结、选择、完善、决定该条课堂教学规则的详细行为规范和标准。在此过程中，教师也要秉承实现行为可观察、可实施、可测量的基本原则，并将此原则告知学生。

下面讲述了发生在某小学一年级课堂上的真实案例。阅读此案例之后，请你解答一下李老师的疑惑：明明提出了课堂教学规则，学生为什么不遵守？你认为问题出在哪里？如果你是该班级的教师，你将如何做？

【真实案例】

在某小学一年级的课堂上，教语文的李老师在周一时告诉了学生"上课前要做好准备"的课堂教学规则。但是，在周二上课时，李老师发现，学生们做的准备各异：有的学生书桌上放着 5 支笔、1 把尺子、2 块橡皮、1 把削笔刀，上课时放下这支笔又拿起那支笔；有的学生书桌上放着包括英语练习本在内的 3 个本子，让在笔记本上做笔记的时候，学生们手忙脚乱，一顿乱翻；有的学生书桌上空空如也，什么也没有，问他为什么没有准备，他还振振有词："老师您让拿什么，到时候我马上从书桌抽屉中拿就行"；有的书桌上堆了满满的东西，上课时一会儿铅笔掉到地上，一会儿水杯掉到地上……李老师又生气又纳闷："明明提出了课堂教学规则，学生们为什么不遵守？我该怎么办啊？"

【实践操作】

1. 按照"概括性规则＋补充性描述(行为＋结果/具体内容)"的模式，写出五条小学课堂教学规则。

2. 具体说明这五条课堂教学规则如何体现了可观察、可实施、可测量的特点。

五、制定课堂教学规则时应注意的问题

(一)尽早制定课堂教学规则

尽早制定课堂教学规则，对教师而言，就是将其所期望和设想的规则尽早传递给学生，让学生从一开始就明了其意图和期望；对学生而言，就是需要从一开始就获得关于他们行为的要求，以顺利地适应课堂的学习。

(二)确保课堂教学规则聚焦学生的学习

课堂教学规则是为教学而服务的，毫无疑问，它应聚焦于学生的学习。因此，教师在初步制定了课堂教学规则之后，为确保其有效性，必须进行全面的核查，核查的内容主要涉及课堂教学规则是否围绕学生的学习而设置，是否明确、合理、可操作。具体而言，教师可以从以下六个方面来核查制定的课堂教学规则：

其一，重要的课堂教学规则是否已列出？有无遗漏？

其二，课堂教学规则是否规定了学科教学的基本要求？要求是否明确、合理、可操作？

其三，课堂教学规则是否规定了学科学习的基本要求、步骤、格式？要求是否明确、合理、可操作？

其四，课堂教学规则的内容是否为正向引导？

其五，课堂教学规则的表述是否具体、明确？

其六，课堂教学规则是否包含相应奖惩措施？奖惩措施是否合理？

【案例分析】

下面是小学二年级的李老师制定的数学课堂教学规则。这些规则是否符合标准？请谈一谈你的意见。

1. 教材上的概念、定理、公式是数学学习的重要基础，大家需要牢固掌握。

2. 每天必须花费 10 分钟左右的时间练习计算，需要用计时器来计时。

3. 由你们当小老师来讲解教材中的例题。

4. 课本中的例题和课后习题是所有题型的母题，需要反复练习。

(三)让学生参与课堂教学规则的讨论和修订

课堂教学规则首先是由教师规划和制定的，这时，教师主要基于自己教学的需求来制定规则，对学生的需求考虑较少。因此，开学后应提供机会让学生参与课堂教学规则的讨论和修订。学生参与的过程正是他们认识课堂教学规则、了解课堂教学规则和认同课堂教学规则的过程。这是一个自我教育、自我内化的过程，有利于学生产生归属感、自觉遵守课堂教学规则，并乐于承担责任。

【资料链接】

对于学生和教师来说，富有创造力的课堂教学规则是非常有意义的，它有助于形成积极的课堂氛围。参与课堂规则的制定有助于调动学生参与课堂活动的积极性，使他们更加自觉地遵守课堂教学规则。参与课堂规则的制定还可以提升学生的集体意识、主人翁意识，以及通过协商解决问题的能力、合作能力、逻辑推理能力。[1]

需要注意的是，让学生参与课堂教学规则的修订，并不等于要完全听从学生的意见，因为学生的心智尚不成熟，提出的一些意见和建议可能缺乏合理性和可行性。因此，当师生对某条课堂教学规则存在分歧时，教师既要尊重学生，

---

[1]　Castle，K. & Rogers，K. Rule-creating in a Constructivist Classroom Community. Childhood Education，1994(2).

不要直接否定学生，也不能完全按照学生的意见实施，可以委婉地给学生提供几种方案以供他们选择。

(四)数量应适宜

课堂教学规则所涉及的范围非常广泛，几乎涵盖课堂教学和管理的各个方面，有时候说是面面俱到也不为过。但是，这些规则不能在同一时间全部告知给学生，一是数量太多，学生在情感上难以接受，甚至可能产生畏难情绪和逆反心理；二是教师难以操作、难以控制。因此，教师需要对数量众多的课堂教学规则进行筛选、划分，确定在当前一段时间内(如一周之内、一个月之内)最重要的、最迫切需要学生遵守的课堂教学规则。等学生理解、掌握了这些规则，或形成了自动化的行为之后，教师再逐步增加其他的课堂教学规则。

(五)辅之以必要的奖惩措施

课堂教学规则一旦制定好，就是全班同学都必须遵守的学习行为准则。如果学生对课堂教学规则的遵守情况较好，教师可以给予必要的奖励，以强化他们的积极行为。教育的目的是促进学生的全面发展，在尊重学生的前提下，适当惩罚也是必要的。适当的惩罚不仅可以引导学生改正不良行为，而且可以督促其他学生认真地遵守课堂教学规则。

【实践操作】

选择一位小学教师，调查当前小学课堂教学规则的现状。

1. 对该教师进行访谈，了解他制定课堂教学规则的目的、具体内容，以及这些课堂教学规则的成效。

2. 观察该教师的课堂教学，记录其课堂教学规则的类型、具体要求，以及学生对这些教学规则的反应。

3. 结合访谈和课堂观察的结果，分析该教师制定的课堂教学规则的成效，探究存在的问题及原因。

4. 如果你是该教师，你将制定哪些课堂教学规则？为什么？

5. 谈一谈从上述研究中你得出何种结论。

第三节　小学课堂教学规则的执行

要塑造良好的课堂行为，确保良好的课堂秩序，促进课堂活动的有效展开，仅有课堂教学规则是不够的，教师还须重视课堂教学规则的执行。课堂教学规则的执行不是一个瞬间动作，而是包括教师教授、学生实践、师生沟通调整三个阶段的活动在内的动态过程。

一、教师教授课堂教学规则

如前面所说，课堂教学规则具有一定的概括性，有些概念或要求对学生而言是抽象的、难以理解的，有时甚至会使学生感到迷惑或混乱。因此，为了帮助学生尽快了解课堂教学规则，教师应该像讲授课程内容那样，尽可能认真、清晰、全面地讲授课堂教学规则。

一些新手教师认为，开学后马上就应该进入课程内容的讲授阶段，教授课堂教学规则完全是在浪费时间。事实上，成功教师的经验表明，开学第一周教师和学生在课堂管理问题上所用的时间可能会多于课堂教学时间，投入在教授课堂规则上的时间看起来似乎不合理，但接下来当课堂能够顺利运转时，教师的前期投入就得到了回报。[1]

教师教授课堂教学规则包括两个方面：解释和示范。

(一)解释

仅仅简单陈述课堂教学规则，就期望学生能够理解、记牢并按这些规则做事，是不现实的。因此，教师需要清楚地定义、详尽地描述并使用具体实例来解释各条规则。

例如，"上课要认真听讲"，是每位教师都会使用的一条课堂教学规则。通过课堂观察以及对相关教师进行访谈，我们发现，其规范效果并不尽如人意。

---

① Cameron，C. E. & Morrison，F. J. Effects of Variation in Teacher Organization on Classroom Functioning. Journal of Social & Clinical Psychology，2005(1).

究其原因在于，认真听讲是一个抽象的、概括性的概念，对不同的人而言，其标准并不相同。在教师心目中，认真听讲可能意味着学生需要"身体坐直，眼睛看着教师或黑板"，或者是"注意力集中，专心听老师讲课"，或者是"跟随老师讲课的思路，及时做好笔记，写下重点内容"，或者是"积极回答老师的问题"，又或者是"不与其他同学说无关的话""不做小动作""不东张西望"……不同教师给出的标准不同，无法穷尽。对学生而言也是如此，认真听讲就是"上课不打瞌睡""不吃东西""不玩铅笔""不喝水""不乱跑"……有多少学生就有多少种答案。因此，教师需要解释清楚在其课堂中"上课要认真听讲"的具体要求。同时为了促进学生，特别是小学低年级学生的理解，教师还可以举一些反例来说明哪些情况是不认真听讲的表现；而对于小学中高年级的学生，教师则可以要求他们自己举出相应的正例和反例。

(二)示范

示范是教师教授课堂教学规则时必要的一环。眼见为实，虽然教师可以用语言清楚地描述课堂教学规则，但是如果能亲身示范，那么留给学生的印象会更深刻。小学低年级学生年龄小，理解能力有限，这时候，教师亲身示范所传递的信息量远比语言传递的信息量要多。此外，如果某条规则较为复杂，就更需要教师将其分解，一步一步加以演示。

【案例分享】

教授课堂教学规则——我是这样做的

我是一名小学数学老师，已经在××小学工作六年了。今年我带一年级(3)班的数学课。开学第一天我就告诉学生，在我的数学课上，他们讲话要小声，要努力学习。根据这些年积累的经验，我认为这一届的学生肯定也不明白这些要求是什么意思。但是，规矩还是要提前说的，而且他们回家还得给家长汇报今天数学老师的要求，要是我什么规矩都不提，家长们该对我不放心了。

毫无意外，第二天上课时我就抓住了一个机会。小红跟同学借尺子，声音大到我都听到了。就是这个时刻，我该讲讲什么是"小声说话"了。做了六年的教师，我现在也明白"小声说话"这个要求有多模糊，多难操作。所以，我得给学生讲清楚多小的声音才算是"小声"。

于是，我非常大声地说了一句："我这里有尺子，你要用吗？"瞬时，包括小红在内的很多学生受到"惊吓"，抬起头来。我说："对不起，吓到你们了，我刚才的声音是不是太大了？""对，对，吓死了。"我接着说："课堂上用这么大的声音会吓到大家，也会影响别的同学听课，这样对不对啊？""不对。""那老师该怎么做啊？""你应该小点声。"等的就是这句话，我马上说："谁能给我演示一下用'小声'怎么说'我这里有尺子，你要用吗？'"于是，学生们纷纷用最小的声音说起来。我挑了几名学生到讲台上来演示，并让大家记住这就是"小声说话"。

想让一年级的学生在课堂上一句话也不说，保持绝对安静，是不现实的。我能做的应该是一步步引导他们按我的要求去做。通过上面的一番"折腾"，学生们都知道了上课时应该如何小声说话。虽然用了差不多 10 分钟，但是效果很好。开学一个多月了，除了偶尔的窃窃私语，我的课堂还是比较安静的，学生们与我的配合也很好，讲课也很顺利。

但是，上课时窃窃私语也不是好习惯。期中以后，我得教给他们另一条规则——"上课时尽可能不说与学习无关的话"。当然，要给一年级学生解释清楚"与学习无关"也得费一番功夫。我打算用上我的"道具"——一套卡片。一张张卡片上面写着"大点声""说清楚些""静音"等词语，还配有图画，如"静音"卡上画着🔕。当有学生窃窃私语时，我就朝他举起"静音"卡片，提示他不要再讲话。

六年的时间很长，我要用这种方式慢慢教给学生各种规则。

二、学生实践课堂教学规则

教授有助于理解，但仅限于认知层面，要想让认知转变为期望的行为，必须经过大量的练习，特别是一些复杂的规则，往往需要多次练习才能被铭记在心。学生实践课堂教学规则时，练习可以起到两个作用：一是帮助学生学习和掌握符合规则的行为，二是便于教师了解学生是否已经掌握并能正确地遵守这些规则。对小学低年级学生而言，练习尤为重要。

因此，教师必须为学生提供反复练习的机会，以确保学生经过多次实践形成自动化的行为，达到遵守课堂教学规则的目的。此外，把规则打印出来张贴在教室墙上并让学生经常朗读、通过模拟特定情境让学生进行角色扮演等方式对学生掌握课堂教学规则也大有裨益。

【资料链接】

单纯的规则练习容易让学生感到枯燥乏味，美国学者弗农·琼斯和路易斯·琼斯指出，教师应使用多种趣味练习帮助学生熟悉和掌握课堂教学规则。[①]

规则练习的形式	主要的程序和内容
木偶剧	用木偶扮演某些课堂行为，让学生讨论哪些行为是恰当的，哪些是不恰当的；哪些规则与这些行为相关，哪些行为可以被另一些行为取代。或者将学生分成几组，每个小组通过表演木偶剧向全班讲授一项规则。
张贴规则	把规则张贴在教室里显眼的地方，或者制作成漂亮的规则海报，让学生很容易就能看到，以加深学生对各种规则的印象，提醒学生遵守规则。
剧本创作	学生创作关于课堂教学规则的剧本，演给本班同学或其他班级同学看。
规则游戏	将写有课堂教学规则的卡片摆放在每个方格里，然后随机拿出一张卡片让学生演示卡片上的规则所要求的行为，当演示的行为与该规则要求一致时，可将这个规则所在的方格盖住。直到盖住所有方格，游戏结束。
错误纠正	让学生扮演某种错误的行为，其他学生指出其中什么地方做得不对，并说出正确的做法。
签订契约	让学生给家长写一封信，信的内容包括课堂教学规则清单、学生计划如何遵守这些规则以及如何对自己进行约束。让学生把这封信带回家和家长一起阅读。要求所有人都签订保证认真遵守规则的合同，第二天将合同带回学校。
图片信号	图片信号是一种无声的管理，如用耳朵来代表"认真听讲"，用椅子来代表"在座位上的正确姿势"，它不需要在上课时特别停下来指出学生不适当的行为。如果学生没有做到这些，教师就可以用图片来提醒他们。
藏起来的规则	将纸对折，在里面写上课堂教学规则，外面写上该规则的相关提示。要学生通过提示来猜是什么规则，然后打开折纸检查猜得是否正确。这种活动还可以在大屏幕上进行。
给规则编号	给每一个课堂教学规则编一个号码。当某个学生遵守了正确规则时，要求学生举手示意代表该规则的数字。还可以给出某个具体规则的线索，让学生举手示意代表该规则的数字。
规则辨别	提供一份课堂行为清单，清单上的行为有的符合课堂教学规则，有的违背规则。要求学生阅读清单后，将正确的行为与不正确的行为区分开来。

在学生反复练习课堂教学规则的过程中，教师要及时给予具体的反馈。某

---

① 参见［美］弗农·琼斯、路易斯·琼斯：《全面课堂管理——创建一个共同的班集体》，方彤、罗曼丁、刘红等译，225～226页，北京，中国轻工业出版社，2002。

个学生认真遵守规则或课堂行为符合既定的规范，教师需要及时告诉学生他的行为是正确的，同时予以表扬，或号召其他学生向他学习，或让他将自己的经验讲述给同伴；某个学生违反了规则或课堂行为不符合既定的规范，教师则应该根据学生不良行为的程度，通过暗示、直接提示等方法警示该学生，并再次向学生强调应该遵守的规则或正确的行为规范。教师及时的评价和反馈可以帮助学生真正地接受课堂教学规则，并逐步实现自我内化从而自觉地遵守规则。

如果大多数学生未能正确地遵守某条规则，教师应再次讲授，重点强调它的规范或操作步骤，然后让学生再次反复练习，直到都能够遵守该条规则。当然，学生的行为有时候还会出现反复，前一周还能很好地遵守的规则，这一周就可能违反，从而产生不良的课堂行为。所以，教师要时刻监控学生的课堂学习行为，并及时给予适当的提醒和反馈。

【案例分析】

如何教会学生执行课堂教学规则

二年级的史蒂文老师向班上的学生解释，她希望学生上课时能够快速、安静地从一个活动转换到下一个活动。她向学生展示了定时器，并告诉学生，当听到铃声时，每个人都应尽快收拾好手中正在使用的物品并进入下一个活动。史蒂文老师说："阅读活动结束后，我会摇响铃铛，所有人要尽快将阅读材料放到自己的课桌中，然后离开座位来到小地毯上，准备上西班牙语课。大家有问题吗？"一名学生提问在西班牙语课上是否也会摇响铃铛，史蒂文老师给予了肯定的答复。

接着，史蒂文老师让学生进行练习。"现在大家桌上都有用于故事写作的纸和笔，稍晚一点我会给大家时间来完成故事的写作。现在，我摇响铃铛，请大家将桌上的材料放到课桌中，然后快速、安静地来到小地毯上。"话音刚落，史蒂文老师便摇响铃铛，学生立即开始收拾物品并来到地毯上。但是，有一部分学生却在排队喝水，还有一名学生去了卫生间。当所有学生都来到地毯上，围着史蒂文老师坐成一圈后，史蒂文老师指着墙上的时钟对学生说："大家从收拾物品到坐到地毯上共花了3分钟。你们现在都是二年级的学生了，我认为你们可以更加快速地完成这项任务，下次希望大家能够在 1 分钟内快速收拾好物品并围坐在地毯上。另外，现在不是喝水或者上卫生间的时间，除非情况特别紧急。大家明白了吗?"学生们郑重地点了点头。

史蒂文老师让学生重新坐回座位上，从课桌中拿出作业纸和笔，准备再次练习。学生快速回到座位上并拿出物品。史蒂文老师再次摇响铃铛，学生按照之前的流程快速收拾起来，这一次大家的动作更迅速了。当每个学生都安顿下来后，史蒂文老师微笑着表扬学生："大家这次表现得很棒，只花了 1 分钟所有人都坐到了地毯上，我为你们感到骄傲!"

读完上面的案例，请大家分析、讨论以下几个问题：

1. 案例描述了一个什么样的课堂教学规则？它包括哪些步骤和内容？

2. 史蒂文老师是如何教授该规则的？

3. 在学生进行练习时，史蒂文老师给予了哪些反馈？

4. 第一次练习，学生的行为没有达到预期的效果，你认为问题出在哪里？第二次练习，学生的行为达到了教师的要求，你认为成功的经验是什么？

5. 通过史蒂文老师的案例，你能总结出教师在教授课堂教学规则时应注意哪些问题吗？

三、师生沟通调整课堂教学规则

制定课堂教学规则的目的是维持良好的课堂教学秩序和促进学生的学习。在执行课堂教学规则的过程中，如出现如下情况，则需要师生通过深入沟通和协商来调整课堂教学规则。第一，学生已经将某些规则转化为自觉行为，师生可以在沟通之后在原规则的基础上补充新的内容，使其更加完善；第二，某些规则未能发挥预期作用，师生在讨论此规则失效的原因后，对其内容进行调整或直接删除；第三，随着教学方式的变化，某些规则在一定程度上无法适应现有的要求，这时也需要师生沟通对其内容进行调整。

调整课堂教学规则时应坚持以下原则：

第一，规则的调整应以促进学生的学习为出发点。

第二，规则的调整应建立在师生协商的基础之上，应首先获得学生的认同，并给予学生相应时间去练习调整后的规则。

第三，规则调整的频率不宜过高，数量不宜过多，否则学生会感到无所适从。

第四，规则的调整应从最重要的一两项开始。

四、执行小学课堂教学规则时应注意的问题

(一)执行规则的标准应始终如一

无论什么时候，执行课堂教学规则的标准都是一样的。首先，执行规则不能时宽时严，以免学生感到迷惑，无所适从。其次，对待每个学生都要使用相同的标准，以免学生误以为教师偏心，从而影响师生关系。

(二)执行规则的态度应坚决果断

规则一旦确立，就要坚决果断地贯彻执行。学生如果较好地遵守了课堂教学规则，教师应果断地给予相应的肯定或奖励；如果违背了课堂教学规则，教师也需要立即指出，并提醒学生改正。

(三)执行规则的方法应正向积极

鼓励、赞许、表扬等对积极行为的强化作用已不言而喻。如果学生遵守课堂教学规则，表现良好，教师的鼓励、赞许、表扬等会促使大部分学生倾向于以后争取表现得更好。课堂中大部分的不良行为都是一些诸如小声说话、注意力不集中、吃东西等影响不甚严重的行为。对于这类违反课堂教学规则的行为，教师应尽可能采用正向鼓励和榜样示范的方式，让所有学生当然也包括违反规则的学生去关注良好的、理想的行为方式，以引导违反规则的学生改正错误、纠正不良行为。

【资料链接】

课堂规则行动指南①

1. 规则尽可能经由课堂成员讨论而成；

---

① 陈时见：《课堂管理论》，190～191页，桂林，广西师范大学出版社，2002。

2. 规则按其重要性顺序排列；

3. 规则清楚、明确、具体；

4. 规则尽可能控制在 10 项以内；

5. 规则应正面陈述并且简明扼要；

6. 规则要始终一贯地呈现，涵盖全体学生；

7. 规则要灵活而适宜地运作；

8. 不断向学生提醒、解释、探讨规则；

9. 将规则传递给每一名学生，并让他们理解与配合；

10. 注重对规则实施的检查和反省。

【内容概要】

1. 课堂教学规则指的是在学校教育场域中，教师（或教师集体）根据教学规律制定的一套教学和学习的期望或标准，是学生在课堂上参与各项学习活动所必须遵守的学习行为准则和规范。

2. 课堂教学规则的制定旨在通过为学生提供学习行为的基本范例，促进学生的自主学习和自主管理。积极正向的课堂教学规则具有导向、维持、激励和促进的功能。

3. 制定课堂教学规则需要以相关法令与规章制度、教学目标和学习规律、学生及其家长的期望以及课堂风气等为依据，坚持以人为本、科学性、教育性、民主性以及集体性的原则。合格的课堂教学规则应符合合理、必要、清晰明确、可操作以及正向引导五个标准。

4. 课堂教学规则有不同的分类标准。根据制定的主体，可将课堂教学规则分为教师制定的规则、师生合作制定的规则和家校合作制定的规则；根据性质，可将课堂教学规则划分为道德性规则、组织性规则和程序性规则；根据内容，可将课堂教学规则划分为纪律类规则、学习类规则和活动类规则；根据覆盖时间，可将课堂教学规则划分为课前规则、课中规则和课后规则。

5. 教师在表述课堂教学规则时，要将概括性的期望、标准和要求进一步分解成可观察、可实施、可测量的具体行为或步骤；要多使用正向的、肯定的、积极的语言，较少或避免使用消极的、具有威胁含义的语言。

6. 教师应尽早制定课堂教学规则，确保课堂教学规则聚焦学生的学习，提供机会让学生参与课堂教学规则的讨论和修订，制定的课堂教学规则的数量应适宜，可辅之以必要的奖惩措施。

7. 要塑造良好的课堂行为，确保良好的课堂秩序，促进课堂活动的有效展开，教师还须重视课堂教学规则的执行。课堂教学规则的执行不是一个瞬间动作，而是包括教师教授、学生实践、师生沟通调整三个阶段的活动在内的动态过程。执行课堂教学规则时应注意：执行的标准应始终如一，执行的态度应坚决果断，执行的方法应正向积极。

【思考题】

1. 什么是课堂教学规则？它发挥着何种功能？

2. 制定课堂教学规则的目的是什么？对此你是如何理解的？

3. 制定课堂教学规则的依据和原则有哪些？

4. 什么样的课堂教学规则才是合格的规则？

5. 课堂教学规则有哪些类型？

6. 如何执行课堂教学规则？

7. 制定和执行课堂教学规则应注意哪些问题？

【实践操作题】

1. 下面是陈老师制定的××小学三年级一班英语课堂教学规则。

××小学三年级一班英语课堂教学规则

	具体环节	课堂教学规则
授课之前	A. 课前准备	上课前要做好课前准备，预备铃响之后，朗读所学课文
	B. 上课仪式	教师宣布上课，师生相互问好
教学活动	A. 听讲	上课认真听讲，当教师讲课或其他同学发言时，要认真听
	B. 发言	要积极发言，课堂发言要先获得许可，举手等待教师点名。当教师要求全班集体回答时，不需要举手
	C. 课堂练习	完成课堂练习时，举手示意
	D. 寻求帮助	对教学内容有疑问，或因其他情况需离开教室时，要举手示意

续表

	具体环节	课堂教学规则
教学活动	E. 小组活动	要积极参与小组活动，活动开始前保持安静，听教师讲活动规则；活动中只使用英语交流；听到活动结束指令时，要停止交谈，迅速归位
结束课	A. 布置作业	抄记当天作业
	B. 下课仪式	教师宣布课堂表现良好的学生名单及奖励情况；宣布下课，师生道别
	C. 交作业	要按时交作业；上交作业时，将作业翻到当天的页码，从后往前传，传递作业时保持安静

(1)陈老师使用了哪些类型的课堂教学规则？

(2)你认为这些课堂教学规则合格吗？为什么？如不合格，请指出并给予修改。

(3)你对这些课堂教学规则的表述有何看法？请举例说明。

2. 假如你是一名小学五年级的数学教师，你想制定哪些课堂教学规则？把这些规则写下来，确保它们符合我们前面所讨论的各种原则和标准。

3. 借鉴前文史蒂文老师教授课堂教学规则的模式，请先制定一条课堂教学规则，说明它的主要内容和要求；然后谈一谈你准备如何教授该条规则；想一想学生练习该规则时，可能会出现哪些问题，你准备如何给予他们反馈。

【补充阅读】

1. 刘家访：《课堂管理中纪律的问题与运用》，载《教育理论与实践》，2002(4)。

2. 康颖卿：《新课改下课堂规则的重建》，载《成都教育学院学报》，2006(4)。

3. 黄文芳：《班级规约：课堂管理有效性的诉求》，载《教育理论与实践》，2013(12)。

4. 郑丽萍：《小学英语课堂规则的设置与执行：专家教师和新手教师的比较》，载《基础外语教育》，2016(1)。

5. 何芳：《合法性与强制性——课堂规则的两难困境研究》，载《教育科学》，2017(3)。

6. 王文萱：《视觉提示策略培养孤独症学生遵守课堂规则行为效果研究》，硕士学位论文，辽宁师范大学，2022。

【自我反思】

通过本章学习，我对如下问题有了新的认识：

1. _____

2. _____

3. _____

关于本章内容，我对下列问题还有疑惑：

1. _____

2. _____

3. _____

第四章 小学课堂学习管理

>>> 内容结构导图

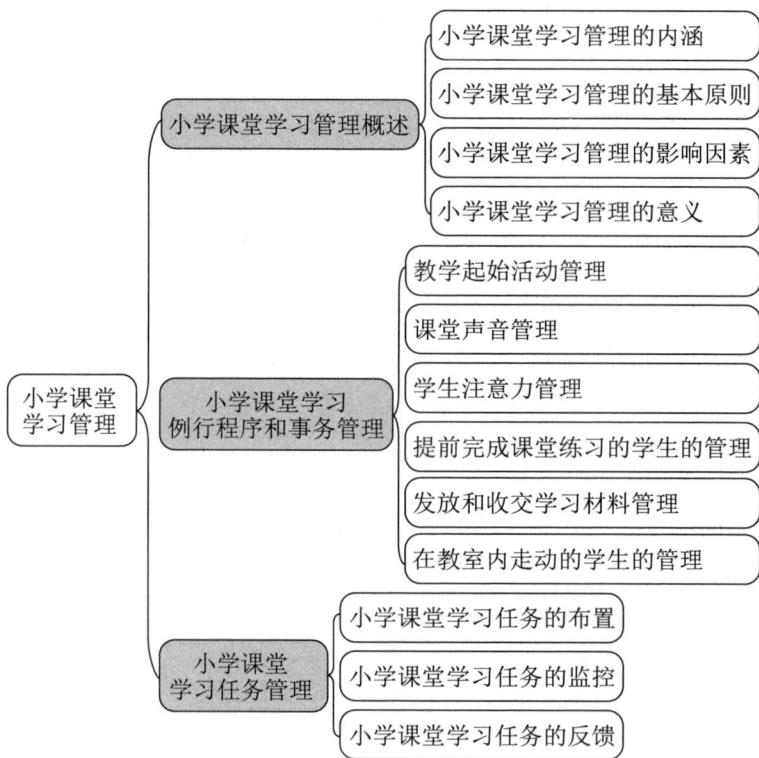

```
                                              ┌─────────────────────────┐
                                              │ 小学课堂学习管理的内涵      │
                                              └─────────────────────────┘
                                              ┌─────────────────────────┐
                          ┌──────────────┐    │ 小学课堂学习管理的基本原则   │
                          │ 小学课堂学习管理概述 ├──┤                         │
                          └──────────────┘    ├─────────────────────────┤
                                              │ 小学课堂学习管理的影响因素   │
                                              ├─────────────────────────┤
                                              │ 小学课堂学习管理的意义      │
                                              └─────────────────────────┘
                                              ┌─────────────────────────┐
                                              │ 教学起始活动管理           │
                                              ├─────────────────────────┤
                                              │ 课堂声音管理              │
                                              ├─────────────────────────┤
  ┌──────────┐            ┌──────────────┐    │ 学生注意力管理            │
  │ 小学课堂    │          │ 小学课堂学习     │    ├─────────────────────────┤
  │ 学习管理    ├──────────┤ 例行程序和事务管理 ├──┤ 提前完成课堂练习的学生的管理 │
  └──────────┘            └──────────────┘    ├─────────────────────────┤
                                              │ 发放和收交学习材料管理      │
                                              ├─────────────────────────┤
                                              │ 在教室内走动的学生的管理    │
                                              └─────────────────────────┘
                                              ┌─────────────────────────┐
                          ┌──────────────┐    │ 小学课堂学习任务的布置      │
                          │ 小学课堂       │    ├─────────────────────────┤
                          │ 学习任务管理    ├──┤ 小学课堂学习任务的监控      │
                          └──────────────┘    ├─────────────────────────┤
                                              │ 小学课堂学习任务的反馈      │
                                              └─────────────────────────┘
```

>>> 学习目标

1. 理解小学课堂学习管理的内涵、基本原则、影响因素和意义。

2. 掌握小学课堂学习例行程序和事务管理策略。

3. 掌握小学课堂学习任务的布置、监控和反馈的基本方法。

4. 学会设计可视化教学图和学习任务检查表。

>>> **新手教师的困惑**

我是一名今年刚参加工作的小学二年级数学教师。今天讲的是整数加减法的运算步骤，讲完后，我问学生："学会了吗，记住了吗？"他们异口同声地回答："都记住啦！"我很高兴，看来教学也没有传言中的那么难嘛！可是，第二天上课时我发现，第一天讲的运算步骤学生要么全都忘了，要么漏了某些步骤。于是不得已我又重复教了一遍运算步骤。我想，这次应该没问题了。第三天一检查，有些学生还是记不全步骤或搞错步骤。我都讲了三遍了，还要继续重复吗？我不想再重复讲了，可是如果不再讲一次，学生又不能全部掌握。我该怎么办啊？

小学课堂学习管理的核心是管理学生的课堂学习活动，其目的是引导和促进学生自主学习。通过学习管理，教师能够引导学生建立正确的学习态度和学习习惯，培养自主学习能力。此外，学习管理也有助于维持课堂秩序，确保教学顺利进行。

第一节　小学课堂学习管理概述

一、小学课堂学习管理的内涵

(一)学习管理

何谓学习管理？研究视域不同，对它的理解也不尽相同。教育学视域中的学习管理是指学习活动的组织形式，包括反映学习活动的整体性、学习活动总量的合理确定和分配以及劳逸安排的节奏性。① 教学论研究视域中的学习管理主要指的是为达到学习目标，学习管理的参与主体通过不断优化教和学的方法，在课前预习、课堂学习、课后复习的各个环节，采用更为高效的策略，提升学

---

① 参见傅道春：《教育学——情境与原理》，327~331 页，北京，教育科学出版社，1999。

习效果，使教学内容得以有效落地、学生学习更为高效而进行的管理。[①] 而在管理学的研究视域中，援引欧洲促进教育和培训领域多媒体发展组织（Promoting Multimedia in Education and Training in European Society）的表述，学习管理是覆盖学习过程中不同的学习活动，从基本的程序管理功能到高复杂度的个人学习计划。

虽然目前关于学习管理的研究视角多样，对它没有统一明确的概念界定，但从上述解释中可以看出，学习管理的核心内容是学生的学习活动，学习管理的目的是引导和促进学生的学习。

(二)小学课堂学习管理的概念

小学课堂学习管理指的是，为促进学生自主学习，提高教学质量，教师制定和使用特定策略，在课堂教学过程中引导学生对课堂学习活动进行计划、管理、监控和反馈的动态过程。

理解小学课堂学习管理的内涵，关键是把握以下四个要点：第一，小学课堂学习管理始终围绕学生，以学生为中心，为学生的成长服务，其终极目的是促进学生的自主学习；第二，小学课堂学习管理的主体不只是教师，还应关注学生在学习管理中的主体地位；第三，小学课堂学习管理不仅是教师管理课堂纪律和课堂秩序的过程，而且是在教师引导下学生学会对课堂学习活动进行计划、管理、监控和反馈的动态过程；第四，小学课堂学习管理的本质不是管理和控制，而是为学生提供帮助和支持。

(三)小学课堂学习管理的内容

广义的小学课堂学习管理包括学习秩序管理、学习活动管理、学习行为管理、学习环境管理和学习评价管理等。狭义的小学课堂学习管理指的是促进学生课堂学习的学习秩序管理和学习活动管理。学习秩序管理主要是通过对课堂学习中例行程序和事务加以规范，让学生的课堂行为有章可循，为学生的学习提供有效的外部支持；学习活动管理主要是通过制定课堂上的如听讲、集中注意力、讨论问题、做练习等的规则，对课堂学习活动进行计划、管理、监控和

[①] 蒋艳芳：《高效学习法在城市普通中学学习管理中的应用研究——以 HG 初中为例》，硕士学位论文，宁夏大学，2021。

反馈，从而激发学生学习兴趣，提高其学习积极性和主动性，引导其自主学习。

本书中的小学课堂学习管理指的是狭义上的学习秩序管理和学习活动管理。至于学习行为管理和学习环境管理等内容，将在后续章节中专门讨论。

(四)小学课堂学习管理与小学课堂教学管理

正确理解小学课堂学习管理的内涵，则需要将它与另外一个概念——小学课堂教学管理区分开来。

小学课堂教学管理是对课堂中教师的教学活动进行计划、监控、维持、促进的活动，以调动师生的积极性，保证课堂教学目标的有效实现。小学课堂教学管理具体包括课堂教学的段落管理、学生学习活动的组织与管理、教师对教学活动本身的组织与管理。

从管理的目的上来看，小学课堂教学管理是以教师为中心的，首先为教师的教学而服务；小学课堂学习管理则围绕学生，以学生为中心，为学生的自主学习提供支持。从管理的主体上来看，小学课堂教学管理是由教师实施的管理活动，小学课堂学习管理则是由师生共同执行的管理活动。从管理的内容上看，小学课堂教学管理主要是教师对各种教学活动的管理，小学课堂学习管理则是学生在教师引导下对课堂学习活动的管理。

二、小学课堂学习管理的基本原则

小学课堂学习管理是小学课堂管理的核心，要有效地进行学习管理应坚持以下原则。

(一)自主性原则

自主性原则是小学课堂学习管理的首要原则，强调一切学习管理都应以发挥学生的自我管理为目的，为促进学生自主学习、获得学业成功创造有利条件。

(二)发展性原则

发展性原则是小学课堂学习管理的根本原则，强调在管理课堂学习时应考虑它在多大程度上能发挥教育作用，促进学生学习能力的提高和全面发展。

(三)系统性原则

系统性原则强调学习管理是一个系统性工程，需要协调所有可能影响学生学习的各因素之间的关系，以建立良好的组织运行结构，达到实现学习活动最优化的结果。

(四)引导性原则

引导性原则强调教师在小学课堂学习管理过程中应使用合适的策略引导学生对课堂学习活动进行计划、管理、监控和反馈。

(五)灵活性原则

灵活性原则强调教师在小学课堂学习管理中应机智应对课堂学习中的各类生成事件，灵活、适时地调整管理策略，保证课堂教学活动的顺利推进。

三、小学课堂学习管理的影响因素

影响小学课堂学习管理效果的因素有很多，主要包括以下几个方面。

第一，教师的管理素养。教师是小学课堂学习管理的关键角色，他们要具备良好的教学技能和管理能力，能够有序地组织教学活动，能够使用有效的管理策略，对学生的学习态度和行为进行引导和评价，激励学生参与学习，为学生提供高质量的学习支持。

第二，学生个体。学生的个性、兴趣、学习能力、学习态度等会影响他们的学习管理情况。例如，一些学生可能更容易自觉地管理自己的学习，另一些学生则可能需要教师的指导和激励。

第三，同伴互动。同伴间的互动和合作会对学习管理产生影响。学生之间的互相帮助、交流与合作能够促进学习管理的有效进行。

第四，学校环境。学校的管理政策、课程设置、教学资源和学习氛围等也会影响小学课堂学习管理。因此，学校要创设良好的学习环境、开发优质的资源等，为学习管理提供支持。

第五，家庭背景。家长的教育理念、家庭环境和资源等都会对小学课堂学习管理产生影响。

综上所述，小学课堂学习管理的影响因素是多方面的。教师、学生、学校和家庭要共同努力，以促进小学课堂学习管理的发展。

四、小学课堂学习管理的意义

小学课堂学习管理的意义在于通过创设良好的学习环境和有效的学习过程，引导和促进学生全面发展。具体表现为以下三个方面：

第一，小学课堂学习管理对课堂学习活动的计划、管理、监控和反馈，有助于营造有序的、支持性的学习环境，可以激发学生的学习兴趣，增强学习的吸引力，提高课堂学习效率。

第二，小学课堂学习管理中的学习任务安排、学习过程监控和指导，能够为学生的自主学习提供支持，有利于学生更好地掌握知识和技能。

第三，小学课堂学习管理注重培养学生积极主动、认真负责的学习态度和良好的学习习惯，激励学生主动参与学习，有助于学生形成积极的学习心态，培养自主学习能力、解决问题的能力和创新思维能力。

总之，小学课堂学习管理关注的不只是良好的课堂纪律和秩序，也不只是学科知识的传授和学习，更重要的是培养学生的学习兴趣、学习习惯和自主学习能力，为他们未来的学习和发展奠定坚实的基础。

第二节　小学课堂学习例行程序和事务管理

小学课堂教学规则对学生的课堂学习行为起着规范和约束的作用。课堂教学规则重在对某类行为做出一般性的规范和要求，远不能涵盖课堂学习过程中发生的一些细微的事情，因此，教师还需要对小学课堂学习过程中的例行程序和事务进行管理，明确特定情况下学生需要遵守的规则。

例行程序和事务涉及小学课堂学习的方方面面，无法一一列举，而且，教师不同，学生不同，班级不同，年级不同，大家的关注点也不相同。篇幅所限，在此我们仅讨论如何管理课堂中一些主要的例行程序和事务，如教学起始活动管理、课堂声音管理、学生注意力管理、提前完成课堂练习的学生的管理、发放和收交学习材料管理、在教室内走动的学生的管理等。

上述列出的例行程序和事务是课堂教学中会经常发生的一些琐碎小事。很多新手教师容易低估它们带来的不良影响，有的教师甚至质疑在课堂上浪费时间管理这些小事是否有价值。那么，教师要不要去管理这些不足挂齿的小事呢？答案就在下面的案例中。

【案例分析】

7：50　预备铃声响起，二年级一班的教室里喧哗声不断，还有五六个学生在教室里到处跑。

7：55　还有三名学生没回到座位上，大部分学生还在说话。

7：58　语文老师李老师来到教室。她看到学生们还在说话，就提醒他们安静，不要说话，准备上课了。这时，学生们讲话的声音小了点，变成窃窃私语，继续着刚才的话题。

8：00　李老师说"开始上课"，学生们起立说"老师好"，声音高高低低的，一点也不整齐；坐下的时候，拉动椅子的声音响了很久。

8：01　李老师问起昨天的预习作业，一部分学生开始在书桌中翻找昨天的预习作业。李老师喊小明起来回答。小明说："等等，老师，我还没找到作业。"李老师很生气，马上批评了小明："说了多少次了，为什么还不提前准备好！"小明说："我准备了，就放在书包里。"小明犯了错还顶嘴，这让李老师特别生气。

8：05　李老师喊另外一名学生回答。

8：12　李老师让大家一起有感情地朗读课文的第一段。学生开始朗读，有的学生声音很大，像扯着嗓子吼。

8：14　学生朗读完毕，李老师很不满意："怎么搞的，怎么就不会有感情地读？声音大就是有感情吗？说了那么多次，怎么就记不住呢！下面读第二段，要注意感情。"这次，集体朗读的声音变得小了很多。李老师更不满意，又批评了几句。

8：21　李老师播放幻灯片。这段时间里，有一个男生低下头从书桌里掏出玩具；有一个男生悄悄离开座位，往坐在他后面两排的另一个学生那里扔了点东西；有一个女生往嘴里塞了一块糖；还有几个学生明显注意力不集中，不知在想什么。李老师看到了，眼神有点严肃，但是她什么也没说。

8：26　小组讨论。学生说什么的都有，乱哄哄的，声音逐渐不受控制。李老师说了三遍——"好了，时间到"，大家都没有听到，接着大声说话。李老师很生气，大力地用黑板擦敲桌子，大家才逐渐安静下来。

8：30 李老师给学生们布置了一道练习题。这时可以听到各种声音：哗哗地翻动练习册的声音、笔掉在地上的声音、拉动椅子的声音、说话的声音——"老师现在让做什么？""这道题该怎么做？"……

8：35 有几个学生完成了练习题。其中，一个学生对同桌说："你做完了吗？你怎么这么慢？"一个学生扭过头去看其他同学有没有完成，一个学生拿出水杯喝水，还有两个学生不知说到了什么，嘻嘻地笑出了声……眼看秩序又变得混乱，李老师马上用黑板擦敲了敲桌子，并说道："做完的同学认真检查一下，不要坐在那里东张西望，不要乱说话。做完了就不知道看看其他的内容吗？"

8：40 下课铃响。李老师回到办公室，跟同事说："二年级一班真是太乱了，太难教了，学生一点都不听话。"

阅读上面的案例，回答以下问题：

1. 你认为上述案例中的课堂存在哪些问题？

2. 你认为上述案例中哪些事件影响了课堂教学的正常进程？请逐一列举并进行说明。

3. 你认为李老师这节课的课堂管理效果如何？为什么？

4. 你认为李老师的课堂管理方式存在哪些问题？

5. 如果你是该班级的任课教师，你将如何做？请逐一说明或解释自己的做法。

从上述案例中，我们可以看出，由于教师没有对课堂学习过程中的一些例行程序和事务做出相应的、明确的规定，因此学生没有形成规范的学习行为，从而导致了课堂秩序的混乱，浪费了大量的教学时间。由此可见，教师管理课堂中例行程序和事务的意义不容置疑。

一、教学起始活动管理

【真实案例】

　　星期二是我最讨厌的一天，因为我的数学课被排在了体育课后面。每次上课时，学生或者因为没玩够而大批迟到，或者大声地讨论着刚才谁跑得快，或者讨论下课后怎么继续刚才的游戏，或者累得趴在书桌上不抬头……有时候数学课本和练习册都没有准备好。每次上课我都批评他们，可开学一个月了，他们一点也没有改。

　　案例所反映的可能是很多教师都经历过的事情，从中也可以看出，教师一味地批评似乎并不能奏效。一般而言，学生在挨了批评之后，短时间内会在一定程度上改正其不良行为，那为什么会出现"每次上课我都批评他们，可开学一个月了，他们一点也没有改"的现象？

　　后来的某一天，我与班长谈话，偶然得知这样一个事实："老师你可能太生气了，光顾着批评我们，也没说让我们上课该怎么做，大家就只能低着头等着挨批评。而且我们也不愿意上你的课，本来很高兴的，你那么凶，上了课就批评我们，大家觉得你有点讨厌。"听完他的话，我震惊了，好一会儿都没有说话。班长犹豫了半天，嘟嘟囔囔地说："大家让我来和你谈判，以后别再批评我们了。"听完这句话，我更不知如何是好了。

　　该教师在案例反思中继续写道：

　　原来，除了一些排课顺序等外在影响因素，我没有给学生讲清楚上数学课时的基本要求才是问题的根源。我原以为，课前准备、上课安静、认真听讲，这些学生们早就背得滚瓜烂熟的班规，不用我再次强调，谁知道问题真的出在这里……

　　后来，该教师在课堂上实行了"数学计算套餐购买规则"。如表 4-1 所示，该"套餐"设置 10 道计算题目，学生根据自己的选择可以获得相应的特权，如选择"6"，就需要完成 4 道计算题，如选择"5"，就需要完成 9 道计算题。慢慢地，课堂恢复了应有的秩序，该教师也不再讨厌周二去上课了。

表 4-1　数学计算套餐购买规则

我的选择	我能使用的特权
1. 数学课上课铃响之前在座位上坐好	不必购买数学计算套餐
2. 数学课本和练习册放在书桌正中央，尺子和笔放在书桌右上角	
3. 教师讲课时，不讨论与讲课内容无关的事情	
4. 把体育课的情况编成一道和这周所学内容有关的数学题	挑选一个同学回答该题。如回答正确，该同学不必购买套餐；如回答错误，他需要以两折的价格购买套餐
5. 上课迟到，课上与同学说话、打闹、打瞌睡	以九折的价格购买数学计算套餐
6. 不把课本、练习册、尺子和笔放在要求的位置	以四折的价格购买数学计算套餐

在教学的起始阶段（一般指的是一节课的前 3～5 分钟）会存在诸多不稳定因素，教师一旦处理不当，就会对课堂秩序产生不良影响。在教学起始阶段，教师规定某种活动安排及其具体步骤的工作貌似烦琐无比，但它决定了学生进入学习的状态，并会对师生关系和课堂教学心理环境产生持续的影响，最终关系到课堂教学是否能顺利进行。因此，教学起始活动管理十分重要。

二、课堂声音管理

在小学课堂中，如何管理学生制造的各种声音对教师而言是一个无法忽视的课题。想象一下这样的画面：50 名左右的学生挤在一个房间里，房间里密布着桌椅、教学用具和辅助工具，学生们一整天都要在这个空间内学习、思考、讨论、活动，有时还要喝水、取放学习用品、离开座位……数不清的动作，这些都必定会产生声音。

有的教师要求学生回答问题时声音要响亮，默读时要小声或不出声，与同伴讨论时要声音适当，合作学习时声音不能太大，同伴能听到即可；有的教师坚持课堂上必须保持百分之百的安静，要求"静得一根针掉到地上都能听得到"，学生弄出一点动静都不被允许；有的教师则很能"容忍"课堂上的噪声，"学生吵闹声音大得像要把屋顶掀掉",他也无动于衷或者说他实际上是束手无策。

那么,教师是否需要管理课堂中的声音?什么类型、什么程度、多大音量、持续多长时间的课堂声音是合理的?教师如何管理才能将课堂声音维持在一个合理的范围之内?这些问题都需要教师逐一思考并解决。

【实践操作】

选择小学的一个班级进行课堂观察。

1. 使用下面的课堂声音记录表记录课堂上学生制造或发出的不符合要求的声音,至少记录三位教师上课时的情况。

2. 通过对表中信息进行分析,你发现了什么问题?请逐一列举说明。

3. 通过对表中信息进行分析,你得出了什么结论?请逐一列举说明。

课堂声音记录表

时间	任课教师及学科	声音问题描述	产生声音时的情境	持续时长	教师措施及其效果
		1.			
		2.			
		3.			
		4.			
		…			
		1.			
		2.			
		3.			
		4.			
		…			
		1.			
		2.			
		3.			
		4.			
		…			

下面,介绍关于课堂声音管理的一般操作程序。

第一步，教师向学生解释课堂学习过程中为什么需要不同类型和不同音量的声音。

第二步，制定一套课堂声音信号系统（见图4-1），明确规定不同学习活动使用的不同音量，并向学生解释清楚如何执行。

图4-1　课堂声音信号系统

第三步，利用范例或模仿等方式，向全班澄清不同类型声音的意义和音量范围，并带领学生反复练习。

第四步，监督和反馈。鼓励学生养成有意识地使用正确声音的习惯，向能正确遵守程序的学生表示肯定和鼓励。如果学生一直讲话，无法安静，提醒他们遵守程序的重要性，并继续引导他们练习直至所有的学生都能很好地遵守程序。

第五步，强化。教师需要用连续几周的时间来监控班级学生课堂声音的水平，以帮助学生保持使用正确课堂声音的习惯。

此外，教师在管理课堂声音时还需注意以下三个问题：

第一，要确保低年级小学生能够理解和区分课堂中不同的声音要求。可以遵循以下步骤：其一，向学生解释清楚，不同的学习活动需要不同的音量。其二，用语言来描述课堂声音的要求。例如，默读时，教室里应该没有讲话声；讨论时，一次只能有一个人按正常的音量发言；在合作活动中，可以低声交谈；其他像戏剧和唱歌之类的活动，音量则可以稍高。其三，通过示范和反复练习的方式确保学生能够区分和正确遵守规则。

第二，可以制定一套信号系统来管理课堂声音。如果学生的音量超出了所允许的限度，可以摇铃、弹奏或者播放一段背景音乐，如果你听不到音乐声，那就说明学生的音量太高了。

第三，针对特别吵闹或学生过于活跃的班级，可以适当使用奖惩措施。

【案例分析】

一些师范生在教育实习过程中，通过课堂观察、与任课教师访谈等方式，对课堂上的各种声音进行了调查，下面是他们的调查结果。请谈谈你对调查结果的看法。

类型		程度	音量	持续时间
期望的声音	回答问题的声音	声音洪亮，确保全班同学和教师都能听到。		2分钟以内
	集体朗读的声音	所有同学高声朗读，保持节奏整体一致。		5分钟以内
	默读的声音	小声或不出声，确保只让自己听到。		1分钟以内
	同伴讨论的声音	保持适度的音量，控制在只有同伴能听见的程度。		5~7分钟
	合作学习的声音	保持适度的音量，控制在只有小组成员能听见的程度。		8~10分钟
	向教师问候的声音	声音嘹亮，和谐整齐。		1分钟以内
不期望的声音	无关的交谈声	两人交谈，不能影响第三者。		30秒以内
	打断教师讲课的声音	身体不适请求帮助的声音：静音举手。		
		咳嗽、打哈欠、打喷嚏：注意遮掩口鼻，尽量保持在教师讲课音量以下。		
	碰撞桌椅的声音	控制在不会影响到同学的程度。		10秒以内
	学生打闹的声音	不允许出现。		
	取放学习用品的声音	控制在同桌不会被影响到的程度。		1分钟以内
	翻阅纸质材料的声音	控制在同桌不会被影响到的程度。		5秒以内

三、学生注意力管理

学生注意力集中、积极参与学习是课堂教学的基本要求，也是学生获得学业成功的根本保证。但是，在课堂学习过程中，学生无法长时间保持注意力也是普遍存在的现象。课堂上的任何一点风吹草动都会分散学生的注意力；参与探索性活动或操作性活动时，学生可能会过度兴奋；放假前一天学生的情绪高涨，能量大爆发；窗外飞过的一只小鸟可能引发学生无限的想象……当学生开小差、大声吵闹、制造混乱时，他们的注意力已经从学习转移到其他事情上去了，这时候，就需要教师发出信号，唤回学生的注意力。

唤回学生的注意力，能够让他们重新投入学习，确保课堂教学顺利推进。唤回并保持学生的注意力对师生双方而言都是一个非常困难的任务，任何一方处理不当都可能导致师生关系恶化，甚至产生师生冲突。

使用预设信号唤回学生的注意力在课堂实践中是一个有效的策略，其作用体现在两个方面。第一，使用预设信号能避免课堂教学时间的浪费。针对轻微的不良行为，预设信号能成功唤回学生的注意力，教师则可以避免使用说教或惩罚的方式应对不良行为，这样的处理方式不会打断正常的教学进程，保证了教学的流畅性，提高了课堂教学效率。第二，使用预设信号的方式不会伤及师生的自尊。对学生而言，预设信号能起到暗示或提示作用，学生一般会主动纠正不良行为且不会产生被强迫改正的感觉；对教师而言，能够避免在要求学生集中注意力时不得已地大喊大叫或威胁学生等尴尬情况的发生。

使用预设信号步骤如下：

第一步，根据学科和学生的年龄特点，教师与学生一起讨论、选择能唤回注意力的信号系统。

第二步，正式介绍旨在唤回学生注意力的信号系统。教师要清楚地告诉学生，当他们听到或看到信号时必须做如下三件事情：其一，马上停下正在做的事；其二，抬头看老师；其三，按老师的要求来行动。

【案例分享】

一年级的学生上课时常常会有各种小动作，李老师认为每次都指出这些小动作会影响她讲课的进度，还会影响她的心情。于是她使用了如下图所示的一些信号：展示"大眼睛"卡片，提醒学生看老师，不能东张西望；展示"耳朵"卡片，提醒学生集中注意力认真听讲，不能走神；展示"嘴巴"卡片，提醒学生安静，不要随意说话；展示"双手"卡片，提醒学生手要放在桌子上，不能放在书桌里玩玩具。

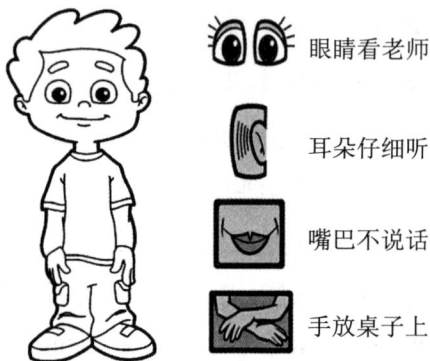

眼睛看老师

耳朵仔细听

嘴巴不说话

手放桌子上

第三步，带领全体学生反复练习第二步的三件事情。

第四步，给予学生及时反馈。向能正确遵守程序的学生表示肯定和赞赏。如果学生反应较慢，帮助他们执行正确的程序。如果学生一直讲话，无法安静，则提醒他们遵守程序的重要性，并引导他们继续练习直至所有的学生都能很好地遵守程序。

第五步，强化。对全班同学的快速反应表示赞赏，并提醒他们，将来老师每天都会使用这个程序来吸引他们的注意力。

【案例分享】

让我们击个掌吧

在小学一年级教数学的李老师喜欢通过游戏唤回学生的注意力。游戏的名称叫作"让我们击个掌吧"。

首先，教师大声地说，"让我们击个掌吧"，然后举起一只拳头。这时需要学生大声地从一数到五，每数一个数，教师就伸出一个手指。教师每伸出一个手指，学生就要完成一个相应的动作。这五个动作分别是：①目光转向教师；②保持安静；③用耳朵认真听；④放下手里的东西；⑤听教师下一步指令。教师的五个手指都伸出时，学生们也要伸出一只手，隔空与教师击下掌。

当学生将这个程序熟记于心的时候，教师可以将它简化成只说一句"让我们击个掌吧"，然后，教师和学生共同默默地从一数到五并完成相应的击掌动作。

四、提前完成课堂练习的学生的管理

课堂练习是课堂教学的必要组成部分，在进行课堂练习时，总有部分学生能很快地完成任务。随后他们的表现如下：极少数学生能安静地坐在座位上；部分学生东张西望，无所事事；部分学生开始和同学说话；部分学生询问老师，"我做完了，现在要干什么"；个别学生甚至离开座位，在教室里乱跑……

如果学生提前完成课堂练习后无事可做，那么就会白白浪费课堂时间，甚至可能违反课堂纪律。因此，教师必须给这部分学生安排一些事情去做。

只要有事可做，学生就能有所收获。给提前完成课堂任务的学生准备一份额外的任务清单，能帮助他们最大限度地利用课上的学习时间。下面介绍此策略的操作程序。

第一步，教师提前准备好一张大点的纸，如表4-2所示，写上"任务1""是否完成"和"任务2""额外奖励"。在"任务1"一栏中依次列出学生需要完成的课堂任务；"是否完成"一栏中需要学生画"√"来核查是否完成任务；在"任务2"和"额外奖励"栏中分别列出一系列额外任务及其对应的奖励。

表4-2　课堂练习任务清单

任务1	是否完成	任务2	额外奖励
说明			

第二步，给学生讲解规则。其一，给学生展示课堂练习任务清单并说明内容。其二，强调"任务1"栏中的各项任务要按所给顺序完成。其三，学生完成

"任务 1"栏中所有的任务后，可以根据额外奖励的不同自由选择"任务 2"栏中的任务。其四，告诉学生只能从"任务 2"栏中选择任务，也只能在等待其他未完成"任务 1"的同学时去做"任务 2"栏中的任务。

第三步，带领学生反复练习。其一，学生完成"任务 1"后，要提醒他们看任务清单的要求。其二，观察提前完成任务的学生，对能按正确顺序完成任务的学生予以肯定。其三，如果学生完成"任务 1"后未能开始接下来的程序，要面带微笑地指向任务清单以引起他的注意。如果学生能按要求继续完成任务，则通过点头、伸出大拇指等信号对该生表示肯定。

第四步，强化。在本节课即将结束时，强调有效利用课堂时间的重要性，并告诉学生，以后每节课都将使用这种任务清单，并请学生就"任务 2"和"额外奖励"的内容提供好的建议，以供教师选择使用。

五、发放和收交学习材料管理

在课堂上，发放和收交学习材料是一个非常重要的环节，看似简单，但是如果没有固定有效的方式或流程，很可能会浪费大量的教学时间，有时甚至会导致课堂秩序混乱，影响教学进程。下面介绍一位有经验的教师推荐的步骤：

第一步，准备材料。教师在上课前准备好课堂所需的学习材料，如任务清单等。

第二步，发放材料。开始上课后，教师将需要的学习材料分发给学生。可以按照学生座位顺序逐个发放；可以按照排或列的座位顺序发放；可以安排学习委员帮助分发；可以每个小组安排一名"专职"人员，负责学习材料的发放和收交；还可以将学习材料放在教室某个地方供学生自行取用。

第三步，提示用途和目的。教师发放材料时，可以简要介绍材料的用途和目的，帮助学生理解材料的重要性和如何使用，并明确收回时间。

第四步，学生使用学习材料。学生收到学习材料后，应当按照教师的要求书写如班级、名字、日期、任务的标题等内容，然后根据教师指令完成相应的活动或练习。

第五步，教师指导和辅助。教师在课堂上指导学生使用学习材料，并提供必要的辅助和解释。

第六步，收集材料。在规定时间的前一分钟，教师提示学生将学习材料整理好并按要求上交，收交学习材料的方式可与发放时的方式一致。

以上呈现的只是一般的操作步骤，教师可以根据班级的实际情况来组织和管理课堂学习材料的发放和收交。

六、在教室内走动的学生的管理

在课堂学习过程中，学生的走动是避免不了的，如交作业，到黑板前做练习，执行小组合作任务，到位于教室后部（或左右侧）的存储柜拿笔记本，等等。虽然有时候在教室内走动是必要的，但是有时候可能由此引发一些突发事件，还会导致教学时间的浪费，因此教师必须制定规则以加强管理。

以下列举课堂中发生的一些真实事件：

· 小明在黑板上做完数学题后，跑回座位，与同样跑回座位的小刚撞在一起，小明的鼻子流血不止。

· 小丽要求到存储柜拿铅笔，小月也举手要求去拿铅笔，然后二人在存储柜前聊天。

· 下课前交作业，小组的成员都跑到小组长那里，教室里十分混乱。

面对以上的种种情况，教师应该与学生一起讨论在教室内走动的问题，并建立适当的规则。例如，"如果教师没有下达指令，学生学习时就应该坐在自己的座位上"的规则是很多教师都认同的。

除此之外，几位有经验的教师还提供了以下建议：

· 教师可以在教室前面贴一张信号图，提示学生不同的学习活动有不同的走动要求。例如，红色信号提示学生要坐在自己的座位上，在没被允许的情况下不要讲话；黄色信号表示团队合作及小组学习时学生要坐在座位上，但可以与邻近的同学低声交谈；绿色信号表示学生可以低声交谈或离开座位去拿文具及学习资料。

· 当学生要求离开座位去拿水杯喝水或去存储柜拿学习用品时，如果条件允许，教师可以替他们拿这些用品，如果学生自己去拿，一次只能一人去，且要安静、快速地返回。

· 学生有事离开座位时必须先举手示意，未经教师同意不可以在教室内乱走动。

· 教师可以制定并告知学生在教室内行走的路线和方式，如轻轻地、按照预先设计好的路线、在不打扰别人的情况下行走。

【案例分享】

教室活动路线图①

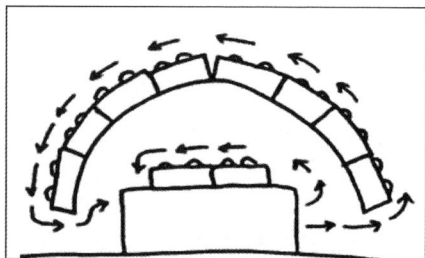

记住：
· 路线要简单
· 编写一定的韵律
· 设计成流线型
· 每天复习

设计路线的原因：
· 放、取书包更方便
· 休息和放学时方便排队
· 紧急情况下便于疏散

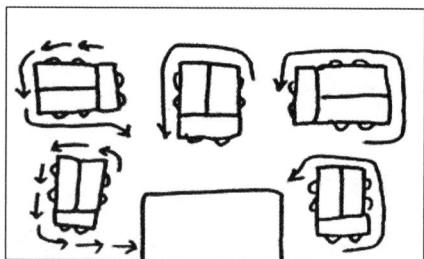

尝试：
· 不同的类型
· 询问其他教师的意见和经验
· 使用标志来辅助学生

---

① ［美］史蒂夫·斯普林格、布兰迪·亚历山大、金伯莉·伯斯安尼：《智能课堂设计清单：帮助教师建立一套规范程序和做事方法》，张月佳译，95页，北京，中国青年出版社，2018。

　　既然学生在教室内走动是无法避免的，那么教师应该尽早建立规则并带领学生反复练习。教师需要与学生讨论并征求他们对在教室内行走的规则的意见，师生讨论的问题应该有所聚焦。例如，什么时候允许离开座位？什么时候可以到存储柜拿学习用品？如果一个学生跑到另一个学生书桌旁怎么办？如果教师讲课时学生在教室内走动该怎么办？通过师生讨论和反复练习，学生们就会明白该规则的合理性并慢慢地遵守规则。

　　此外，关于学生在教室内走动，还有一个问题需要讨论——如何在课堂上去洗手间。之所以把去洗手间也放在例行程序中讨论，一是因为它是一件让教师感到非常头痛、大部分情况下又不能断然拒绝的事情，特别是面对低年级学生的时候；二是因为如果课堂上没有去洗手间的规则或规则不清，这类行为在很大程度上会打断正常的教学流程，分散学生注意力，甚至会影响课堂教学秩序。

　　教师需要制定一个申请去洗手间的规则，用以监控某个学生在课堂上去洗手间的次数，管理一次去洗手间的学生人数，以及让学生知道什么情况下可以去洗手间，等等。其实，有时候学生并不是真的需要去洗手间，去洗手间不过是他们逃离教室、出去玩一趟的借口。因此，为了避免学生拿去洗手间当借口而随意离开教室的情况发生，有些教师使用了通行证制度。在开学初，教师发给每名学生5张洗手间通行证。当学生觉得必须离开教室时，可以使用一张通行证。每次使用时需要在通行证上签名并注明日期，然后把通行证交给教师。同时，教师会提醒大家，因为课间休息时可以去洗手间，所以每人每学期只有5次上课时能去洗手间的机会，不要随意使用，以免真的需要去洗手间时却没有了通行证。此外，教师还会宣布，学期末手里还有5张洗手间通行证的学生将会得到一份奖品。

第三节　小学课堂学习任务管理

　　在学校的每一天，不同学科的教师都会给学生布置一些学习任务，这些学习任务涉及对所学内容的讨论或是简单的研究。通过完成不同内容、不同类型的学习任务，学生可以得到练习、应用、巩固，以及探索、创新的机会，这些对学生学习是至关重要的。

在继续学习之前，首先阐明如下两个问题：

第一，本节讨论的"小学课堂学习任务"是一个广义的概念，不仅指课堂上的学习任务，还包括课堂外的学习任务，如课外作业或家庭作业等。完成学习任务的过程是一个持续的动态过程。有些学习任务能在课堂上完成，而有些则会延续到课堂教学结束后的一段时间，如有些家庭作业可以当天完成，有些实践性作业可能需要一周甚至更长的时间才能完成。

第二，课堂管理的本质是，通过教师的引导和支持实现学生的自主管理，学习任务管理也是如此，所以，本节讨论的学习任务管理既包括教师视角下的学习任务管理，也包括教师指导下的学生自主管理学习任务。

下面将从学习任务的布置、监控和反馈三个方面讲授如何管理小学课堂学习任务。

一、小学课堂学习任务的布置

【真实案例】

现在已经是新学期开学后的第二个月了，二年级的李老师还在为学生做练习时的种种毛病犯愁。布置了提前预习的任务，但课堂检查时发现预习效果不好，有些学生甚至没有预习。提醒学生做练习时要认真计算、卷面整齐、书写干净，学生交上来的练习纸上却是字迹潦草、胡乱涂改。李老师每天都强调"做练习的态度一定要认真"，也为此大发脾气，可是学生依旧我行我素。

上述案例所反映的是小学课堂中很常见的场景，你认为是什么导致了这种情况的发生？下面是李老师布置的数学练习任务，分析一下，也许你会有所发现。

1. 预习明天要学习的内容。
2. 做完第二章课后练习题，卷面要整洁。

在课堂教学中，教师要想充分发挥学习任务的效用，第一步需要做的就是让学生真正明白自己要做什么，即知道任务是什么，被期望做什么。为此，教师需要掌握布置学习任务、明确任务要求的常用策略。

(一)布置学习任务的常用策略

很多教师会抱怨学生忘了做学习任务，或者做错了学习任务。原因可能有两个：一是学生没有听教师布置学习任务；二是教师布置的学习任务太多或不够清楚，学生没有记住。

一般而言，有如下几种常用的布置学习任务的方式，教师可以根据学生的实际情况选择使用。

①直接告知。这是最常用的、最简单的布置学习任务的方式，但其效果相对来说是较差的，特别是对小学低年级学生而言。

②教师在直接告知学生学习任务的基础上，在黑板上写出提示要点或重要的标准，并提醒学生记录下来。

③把学习任务的基本要求和标准打印出来，张贴在固定位置(如专门的作业布告栏)，并提醒学生及时查看或反复查看。

④把学习任务的基本要求和标准打印出来，给每个学生分发一份并让他们将其粘贴在笔记本上。

⑤让学生将学习任务的基本要求和标准抄写在笔记本上，最好能背诵下来。

⑥在提出学习任务的基本要求和标准后，教师通过提问让学生说明这些要求和标准，以便检查学生是否真的理解了这些要求和标准。

(二)明确任务要求的常用策略

如上述案例中的李老师一样，很多教师困惑于如何让学生按照要求完成学习任务。解决此困惑的关键点在于教师能够准确无误地告知学生做什么、什么时候做、怎样做、做的标准是什么。

需要注意的是，布置学习任务时，仅有口头告知或解释通常是不够的，因为很难保证每个学生都在认真听讲或都能听到以及都能听懂，一些学生可能在教师布置学习任务的时候缺席，或者由于学习任务非常复杂，一些学生不能够透彻理解。此外，学生通常能完成学习任务，却不能保证其准确度。这些都需要教师以具体规则的形式告知学生。下面的操作程序描述了教师在明确学习任务要求时的一般做法。

第一步，确定学习任务的标准。

美国学者弗瑞德瑞克·琼斯(Jones，F. H)提出了使用"可视化教学图"来明确学习任务的形式和标准的建议。可视化教学图，即以可视化的方式呈现的教学计划，它有三个要求：①每次一个步骤；②每个步骤都以图片形式呈现；③尽量减少对文字的依赖。弗瑞德瑞克·琼斯用比喻——"它就像模型飞机附带的'一套计划'，能够让以前从未做过模型飞机的人完全清楚模型飞机公司遵循什么格式"——来形容可视化教学图的功能。可视化教学图以"提高学生学习速度，促进学生自主学习、独立学习"为根本宗旨。

可视化教学图虽然没有固定的模板，但它至少应该包括以下五个部分：其一，简要说明。说明一般置于可视化教学图的上方，有时在说明后还可以加上相关要求。例如，下面是拼音学习可视化教学图，同学们需要把它抄在笔记本上。其二，可视化教学图。图的数量和形式没有限制，依据学习任务而定。其三，内容说明。每幅教学图均需附上对此图所呈现内容的说明、解释。其四，标画出重点。每幅图所强调的重点都需要用既定的符号标出或突出。其五，提供反例。举例说明哪些做法是不正确的，以尽量避免学生再犯相同的错误。

图 4-2、图 4-3 是学习本课程的师范生制作的两份可视化教学图，请结合所学内容，谈谈你对它们的认识。

整数除法题的竖式计算格式

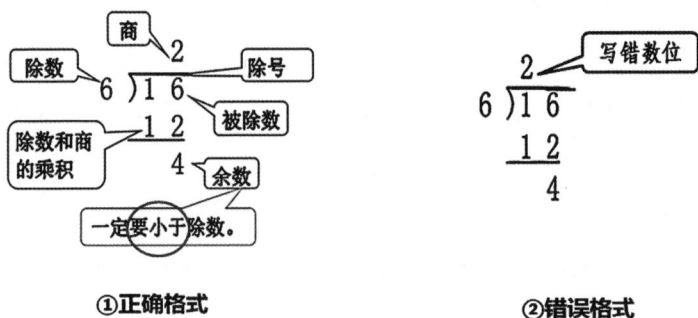

①正确格式　　　②错误格式

图 4-2　可视化教学图(一)

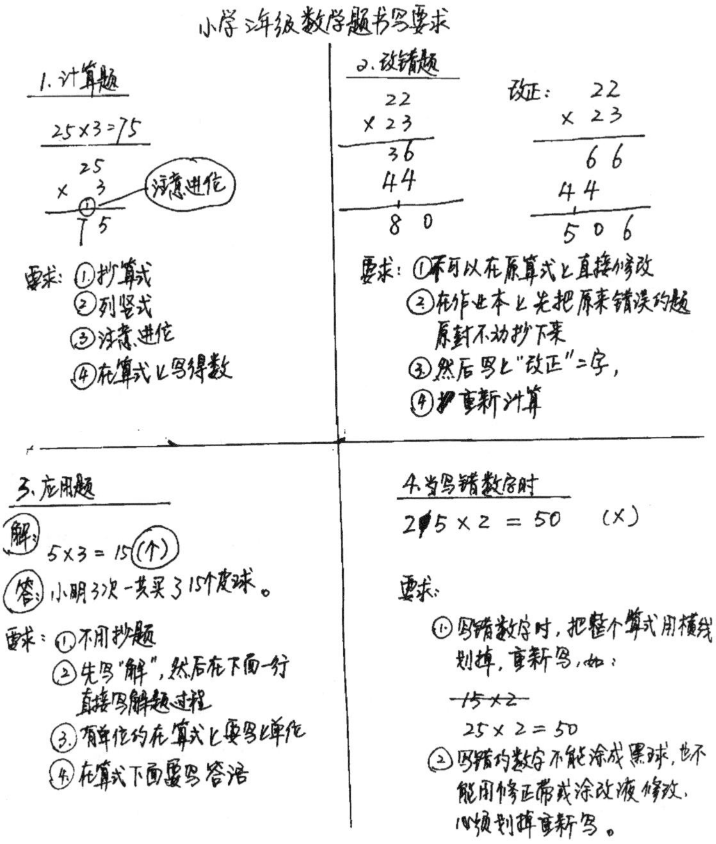

图 4-3　可视化教学图(二)

在教学过程中，可视化教学图对师生的意义非凡，具体而言，其功能主要体现在以下六个方面。

第一，可视化教学图能减少教师在教学时用于提示的时间，减少了从一个活动到另一个活动的过渡时间，学生可以很快地被引领到下一个步骤，因为教师已经提前准备好了相关的解释或要求。例如，教师仅用 2 秒钟的时间简单地说一句"下面请按照黑板上的第五个步骤去做"就可以了。

第二，可视化教学图能够大大减少教师重复描述要求和标准的时间，因为学生能够看到要求和标准。

第三，可视化教学图提供了行为的程序和具体步骤，在一定程度上可以减轻学生在执行未知任务时的无助感和焦虑感。

第四，可视化教学图呈现了学习的具体步骤，为学生学习提供了有力支持。学生可以按照活动步骤一步步地自主学习，而不必常常求助于他人。这有利于学生减少对他人的依赖，培养自主学习、独立学习的能力。

第五，可视化教学图提供了学习行为的范例和评价的标准，有利于学生对学习任务进行自我监控和自我反馈，有利于培养学生的自主学习管理能力。

第六，可视化教学图拓展了学习的时间和空间，即使没有教师在身旁，即使离开学校，学生也可以根据可视化教学图中的学习程序和步骤自主学习。

教师可以事先准备好可视化教学图，在布置学习任务时展示，并进行详细的解释，确保每个学生都能看到、听到，都能理解。这样做似乎没有必要，但实践证明，可视化教学图可以让教师省时省力，避免一次又一次地重复，以及因多次重复而引起学生的消极情绪反应。更重要的是，这种方法能帮助学生最终学会自我指导和对自己的学习负责。在第一次指导学生使用可视化教学图时，教师要详细解释、具体示范，并和学生们一起重复练习，直到他们能够恰当地使用可视化教学图。经过一段时间，学生就能熟知那些一般化的要求，之后教师只需要对一些特殊的要求进行解释即可。

第二步，提出学习任务的格式要求。

明确了学习任务的标准，下一步就是规范学习任务的格式。教师不能期望通过一般的"认真完成""不能乱涂乱改"等表述，提高学生学习任务的完成度和准确度。因此，在开始阶段，教师需要"事无巨细"地规定学习任务的格式问题。例如：

- 在什么练习本上书写；
- 是否需要写上标题，怎么写标题，标题应写在哪个位置；
- 能否写在练习本的背面；
- 能否用彩笔在练习本的某处内容上标注；
- 题目怎么编号既合理又方便；
- 是用钢笔还是用铅笔书写；
- 出现错误时如何处理，能否涂成黑球，能否用修正带、涂改液，是擦掉错误处重写，还是将错误划掉后重写；
- ……

【资料链接】

小学一年级数学作业格式

1. 作业必须在学校发的数学作业本上书写，不可以使用其他纸张或其他学科的作业本。

2. 作业不可以写在作业本的背面。

3. 作业用铅笔书写，不可以用其他颜色的笔。

4. 题目要标明题号，每题之间要空一行。

5. 横式应顶格书写，竖式尽量居中书写。

6. 竖式计算时注意对齐数位。

7. 书写错误时，不得使用修正带、涂改液等，不可以把数字涂成黑球，应将错误处用横线轻轻划掉，然后另起一行，重新书写。

当然，以上这些要求也可以用前面提到的可视化教学图的方式呈现给学生。教师在课堂上指导学生掌握学习任务格式要求的程序如下：讲解、示范、重复练习、监控和反馈、强化，同时打印、张贴在相关位置。通常，经过一段时间的练习，大多数学生能够掌握相关要求。如果偶尔还有学生没能按照格式要求完成学习任务，教师只需提示学生，自己对照张贴的格式要求进行改正即可。

第三步，规定完成学习任务的截止时间。

明确学习任务要求的最后一个程序是规定完成学习任务的截止时间，它包括以下三个方面：其一，学习任务的截止日期必须合理且明确，因特殊情况不能按时上交需要有充分的理由。其二，告诉学生学习任务提交的具体时间，在没有特殊情况时必须一如既往地执行，如果教师经常延长学习任务的截止日期，学生可能学会通过和你谈判获取更多的时间，最终导致他们不能充分利用学习时间，学习效率降低。其三，建立学习任务补交机制。当学生因特殊情况无法到校学习时，他们会错过学习任务。因此，非常有必要建立补交学习任务的常规机制，这样可以避免学习活动的中断。

二、小学课堂学习任务的监控

教师对小学课堂学习任务的监控包括监控学习任务的进展情况和监控学习任务的完成情况两个方面。

(一)监控学习任务的进展情况

监控学习任务的进展情况可以帮助教师确认哪些学生能跟上学习进度,哪些学生遇到了困难。因此,教师在布置了学习任务后需要进行必要的监控。

教师在教室中来回走动、检查每个学生的进展情况是通常的做法。这是一种纠正性的反馈方法,教师比较容易操作,学生也可以获得相应的帮助。教师在监控学习任务进展情况的时候,需要注意以下几个问题:

第一,教师要关注和监控所有学生的学习任务进展情况,而不仅仅是那些举手寻求帮助的学生。

第二,要重点监控那些容易产生困惑或容易分心的学生。

第三,小组合作学习时要加强监控,确保每个小组、小组中的每个成员都在预期的轨道上学习。

第四,有些学习任务是持续性的,需要几天、一周甚至一个月的时间才能全部完成,如观察日记、研究报告、实践项目等。这时,教师需要制定详细的、严格的监控程序,具体步骤如下:第一步,明确项目或个人学习的阶段;第二步,对每一阶段的内容分别设定具体目标、评价标准和截止日期;第三步,让学生制订需要每日汇报的学习计划;第四步,确定一个进度监控和检查时间表;第五步,在计划的每个阶段收集和检查学习任务并提供反馈信息。这种监控方式不仅有助于教师掌控学生学习的进展情况,而且有助于学生学会安排和管理学习时间。

(二)监控学习任务的完成情况

教师对学生学习任务的完成情况进行监控主要包括三个方面的工作:

第一,教师监控学生是否完成学习任务,是否按时、按要求上交。

第二,教师监控学习任务的完成度,是否符合内容标准、格式要求等。

第三,教师指导学生学会对自己学习任务的完成情况进行监控。这是一个具有双赢功能的辅助性监控措施，一方面学生学会了监控自己的学习情况，自我管理、自我反思能力得以提升，另一方面学生学会了自我监控，教师对学习任务的监控压力大大减轻。

【实践操作】

比较下面的两份学习任务监控表，请说一说你喜欢哪一份学习任务监控表。为什么？

学习任务监控表（一）

作业内容	标准	完成时间	不会做的题目	做错的题目	自我评价	父母评价
1						
2						
3						
4						
5						

学习任务监控表（二）

项目		语文作业	数学作业	英语作业
周一	家庭作业			
	参考用时			
	完成情况			
周二	家庭作业			
	参考用时			
	完成情况			

三、小学课堂学习任务的反馈

好的监控程序必然包括提供高质量的反馈。及时的、阶段性的反馈比偶尔的结论性评判更有帮助。教师在监控学习任务的过程中，应给予学生及时的、阶段性的反馈，以给予学生必要的帮助和支持，减少其犯错次数，提高其完成学习任务的效率。以下是一些教师用以反馈学生学习任务的常用策略：

第一，制定详细的评估标准及相应的错误改正规则，并将其教授给学生，确保学生知道如何操作。教师根据评估标准对学习任务进行反馈，并指导学生根据规则进行改正。

第二，展示优秀的学习任务成果，一方面可以让学生知道教师对最终学习成果的期望，另一方面可以让学生感受到来自同伴的鼓舞和激励。

第三，引导学生对自己完成的学习任务进行记录和反思。例如，引导低年级学生根据教师的反馈给完成的每项学习任务涂上不同颜色，或标记一些个性化图案；引导中高年级的学生根据学业水平或作业等级制作表格或曲线图。

【内容概要】

1. 小学课堂学习管理始终围绕学生，以学生为中心，为学生的成长服务，其终极目的是促进小学生的自主学习；小学课堂学习管理的主体不只是教师，还应关注学生在学习管理中的主体地位；小学课堂学习管理不仅是教师管理课堂纪律和课堂秩序的过程，而且是在教师引导下学生学会对课堂学习活动进行计划、管理、监控和反馈的动态过程；小学课堂学习管理的本质不是管理和控制，而是为学生提供帮助和支持。

2. 小学课堂学习管理要坚持自主性原则、发展性原则、系统性原则、引导性原则和灵活性原则。

3. 小学课堂学习管理受教师的管理素养、学生个体、同伴互动、学校环境和家庭背景等因素的影响。

4. 小学课堂中一些主要的例行程序和事务，如教学起始活动、课堂声音、学生注意力、提前完成课堂练习的学生、发放和收交学习材料、在教室内走动的学生等都会对学生的学习产生影响，需要教师探寻有效策略加以管理。

5. 不同内容、不同类型的学习任务可以帮助学生练习、应用、巩固、探索和创新所学的知识，这对学生学习是至关重要的，教师应通过有效的学习任务管理，鼓励、引导和支持学生成为积极的、独立自主的学习者。

【思考题】

1. 怎么理解小学课堂学习管理的内涵与意义？

2. 举例说明如何进行小学课堂教学起始活动管理。

3. 举例说明如何进行小学课堂声音管理。

4. 举例说明如何进行学生注意力管理。

5. 教师如何进行小学课堂学习任务管理？

【实践操作题】

1. 在教育见习或实习过程中，选择一个班，仔细观察每堂课的起始阶段，并进行如下探究：

(1)记录每堂课起始阶段师生的主要活动；

(2)分析不同教师课堂起始阶段教学的开展是否顺利，各自存在哪些问题，教师是怎么解决的；

(3)教师解决方案的效果如何？你赞同该教师的解决方案吗？你可以学到什么经验？同样的问题是否还有别的解决方案？

(4)撰写教学反思。总结一下，在未来的课堂教学中，你在教学起始阶段将如何做。

2. 在教育见习或实习过程中，选择一个班级，通过课堂观察和进行教师访谈，对课堂声音做如下调查：

(1)教师允许学生在课堂上说话吗？教师在课堂上的具体要求是什么？

(2)教师在什么情况下会允许学生说话？

(3)教师认为什么情况下学生在课堂上发出声音是不被允许的？

(4)教师认为什么时间、多大音量的声音在课堂上是可以被接受的？

(5)教师对课堂上的声音还有没有其他的规定和要求？

3. 制定一份小学某学科的可视化教学图。

4. 制定一份小学某学科的学习任务监控表。

【补充阅读】

1. 夏敏：《新课程背景下改进学习规则的思考》，载《新疆教育学院学报》，2009(3)。

2. 刘敏：《创新学习管理模式 提高英语教学效益——1.3.6教学模式的实践与改进》，载《教育教学论坛》，2013(50)。

3. 张卫星:《如何引导家长参与学生的学习管理》,载《教学与管理》,2013(23)。

4. 王月芬:《加强学校作业管理的科学性与有效性——基于学校作业管理类文本的分析》,载《基础教育课程》,2014(17)。

5. 田良臣、吕宁:《课堂中的声音景观及其构建设计》,载《教育科学研究》,2020(2)。

6. 高跃东、王献红、李彦军:《聚焦"1＋1",构建纵横交互作业管理新范式》,载《河南教育(教师教育)》,2022(9)。

7. 郝琦蕾、范小彩:《大数据赋能作业管理:基本逻辑、现实困境及实践路径》,载《当代教育论坛》,2023(3)。

8. 郁明:《作业管理以学生为中心:为何与何为》,载《中小学校长》,2023(6)。

【自我反思】

通过本章学习,我对如下问题有了新的认识:

1. _____

2. _____

3. _____

关于本章内容,我对下列问题还有疑惑:

1. _____

2. _____

3. _____

第五章　小学课堂行为管理

>>> 内容结构导图

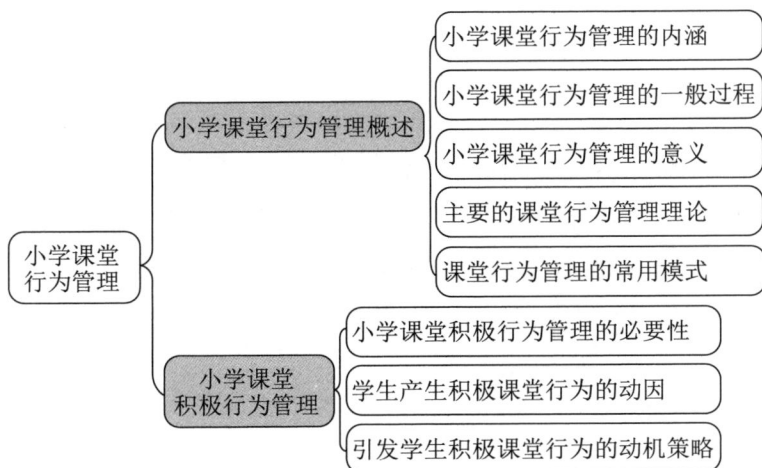

```
                                    ┌─────────────────────────┐
                                    │ 小学课堂行为管理的内涵    │
                                    ├─────────────────────────┤
                    ┌──────────────┐│ 小学课堂行为管理的一般过程 │
                    │ 小学课堂行为   ││─────────────────────────│
                    │ 管理概述      ├┤ 小学课堂行为管理的意义    │
                    └──────────────┘│─────────────────────────│
  ┌──────────┐                      │ 主要的课堂行为管理理论    │
  │ 小学课堂   │                      │─────────────────────────│
  │ 行为管理   ├─                     │ 课堂行为管理的常用模式    │
  └──────────┘                      └─────────────────────────┘
                                    ┌─────────────────────────┐
                                    │ 小学课堂积极行为管理的必要性 │
                    ┌──────────────┐│─────────────────────────│
                    │ 小学课堂      ││ 学生产生积极课堂行为的动因  │
                    │ 积极行为管理   ├┤─────────────────────────│
                    └──────────────┘│ 引发学生积极课堂行为的动机策略│
                                    └─────────────────────────┘
```

>>> 学习目标

1. 理解小学课堂行为管理的内涵和意义，能区分课堂行为管理与课堂管理行为、课堂问题行为管理、课堂教学行为管理等概念的不同。

2. 掌握小学课堂行为管理的一般过程、主要理论和常用模式，能对不同理论或模式的核心内容和异同点进行比较、分析。

3. 理解小学课堂积极行为管理的必要性，能说出学生产生积极课堂行为的动因。

4. 知道如何通过激发学习动机来促使学生产生积极的课堂行为，会选择激发学习动机的时机，会根据期望价值理论选择相应的动机激发策略。

　　我是今年刚入职的小学语文老师。我听说，如果一开始不能控制住学生，后面就很难管住他们了。于是，在我的课堂上，谁也不能乱动，谁也不能乱说话，必须安安静静地坐在座位上听讲。经过两个月的训练，学生们倒是听话了，课堂上很安静，一点声音都没有，我讲课也很顺利，没有学生打断我。我认为我的管理很成功。但是，主管教学的李校长在听完我的课后对我说，"小张，你的课堂问题不小啊……"还没听完，我就"急"了，忙说："我的课堂，没有说话的，没有打架的，大家都安安静静地听我讲课，比那些吵翻天的课堂好太多了吧……""管学生，可不仅仅是让学生不说话那么简单的事，你去听听王老师(我们的教研组长)的课，看看她上课时都是怎么做的。"我感到十分迷茫。课堂上安安静静，不算管好学生了吗？什么才是成功的课堂管理呢？

　　在课堂管理过程中，不同教师对学生课堂行为所采取的处理方式不一样，结果也不尽相同。对本章内容的学习和掌握有利于我们正确理解课堂行为管理的内涵和意义，学会通过激发学习动机来引发学生的积极课堂行为，从而实现提高课堂教学效率、促进学生学习的目标。

第一节　小学课堂行为管理概述

一、小学课堂行为管理的内涵

(一)小学课堂行为管理的概念

　　"行为"是有机体在各种内外部刺激影响下产生的活动，是有机体心理活动的外化表现形式。课堂行为即师生在各种课堂要素影响下产生的外显的活动。小学课堂行为管理有广义和狭义之分。广义的小学课堂行为管理指的是运用管理的原则与方法对小学课堂中所有行为的管理，既包括对教师课堂行为的管理，也包括对学生课堂行为的管理。狭义的小学课堂行为管理仅指对学生课堂行为实施的管理。

本书中的小学课堂行为管理是狭义上的课堂行为管理，指的是教师运用管理的原则与方法对小学课堂中的学生行为实施管理及指导学生实现自我行为管理的过程。其内涵包括以下三个方面：第一，小学课堂行为管理的主体不仅包括教师，还包括学生，小学课堂行为管理也是学生实现自主行为管理的过程；第二，小学课堂行为管理的内容不仅包括对学生课堂问题行为的矫正，还包括对学生积极课堂行为的促进；第三，小学课堂行为管理是学生本位的，旨在促进学生产生积极的课堂行为，其最终目的则是培养学生的自主行为管理能力。

(二)相关概念辨析

1. 课堂行为管理与课堂管理行为

课堂行为管理是运用管理的原则与方法对课堂中所有行为的管理，课堂管理行为是课堂行为中与管理相关的行为。课堂行为管理的关注点是管理，即如何管理课堂中的行为；课堂管理行为的关注点是行为，即对课堂中管理的行为进行的考量。

2. 课堂行为管理与课堂问题行为管理

课堂行为管理是对课堂中所有行为的管理，既包括对教师课堂行为的管理，也包括对学生课堂行为的管理；既包括对学生积极课堂行为的管理，也包括对学生课堂问题行为的管理。而课堂问题行为管理仅是对违纪、冲突等具体问题行为的管理。因此，课堂行为管理是课堂问题行为管理的上位概念，在课堂管理实践和研究过程中不能将二者混淆。

3. 课堂行为管理与课堂教学行为管理

从广义上看，课堂行为管理包括课堂教学行为管理。从狭义上看，课堂行为管理与课堂教学行为管理是两个不同的概念，它们有着不同的关注点、目标和内容。

首先，课堂行为管理关注的是学生在课堂中的行为规范和秩序维护，它涉及教师对学生行为的引导、规范和控制，以创造有利于学习的环境和氛围；而课堂教学行为管理关注的是教师在教学过程中的行为规范和有效管理，它强调教师对课堂教学的组织、指导和控制，以提高教学效率。其次，课堂行为管理的目标是维持课堂秩序，减少学生违规行为，创造和谐的学习环境，强调的是关于学生的行为规范、纪律要求、参与度等；而课堂教学行为管理的目标是提高教学效率，强调的是教师在教学过程中的组织、引导和控制。最后，课堂行为管理主要包括制定明确的规则和期望、积极引导和激励、个案管理、约定和讨论以及公正和一致地执行等方面的内容；而课堂教学行为管理主要涉及制定教学目标和计划、有效组织教学过程、引导学生参与、提供即时反馈和评价以及个别化的教学支持等方面的内容。

二、小学课堂行为管理的一般过程

如图 5-1 所示，小学课堂行为管理一般包括制定规则、创设环境、监督行为、辨别行为、促进积极行为、纠正问题行为和培养自我行为管理能力七个过程。

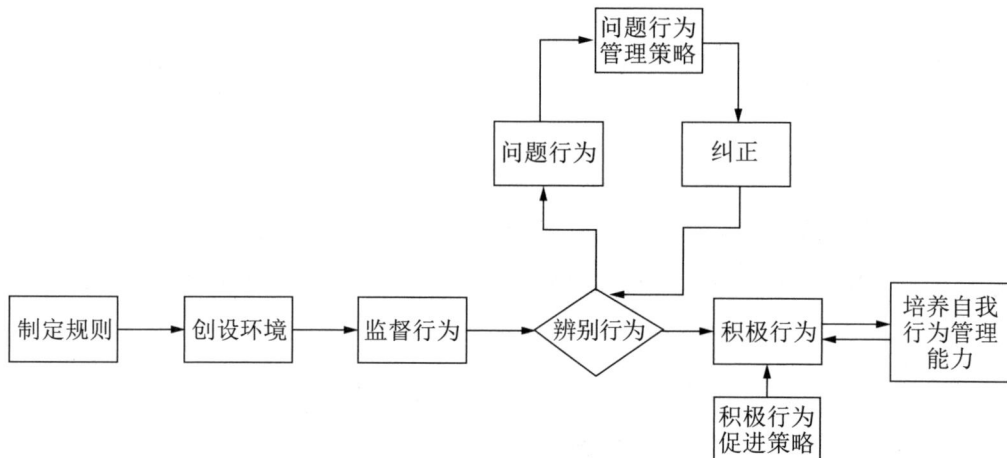

图 5-1　小学课堂行为管理的一般过程

(一)制定规则

教师需要制定清晰、明确的学习规则，并在开学初就向学生明确这些规则，让学生知道什么是被接受的行为，什么是不被接受的行为。

(二)创设环境

教师倾听学生的意见和想法，与学生建立积极的互动关系，形成和谐向上的课堂气氛，提供支持性的学习环境。

(三)监督行为

教师对学生参与学习的情况和遵守课堂规则的情况进行监督。

(四)辨别行为

教师通过学生在学习过程中的表现来辨别其行为是积极行为还是问题行为。

(五)促进积极行为

积极行为是学生课堂行为的主体。教师可以使用鼓励、赞扬、奖励等管理策略促进学生积极行为的产生，并帮助学生维持和强化这些行为。

(六)纠正问题行为

在行为辨别过程中，如果发现学生表现出问题行为或即将产生问题行为，教师应使用恰当的管理策略帮助学生纠正问题行为。然后再对学生的行为进行辨别，如果学生改正了问题行为，则通过鼓励、赞扬、奖励等策略促进学生产生良好的行为；如果学生持续出现问题行为，教师则需再次使用问题行为管理策略帮助学生，直至学生改正错误，产生良好的行为。

(七)培养自我行为管理能力

培养学生自我行为管理能力是小学课堂行为管理的终极目标。通过对积极课堂行为的促进和课堂问题行为的纠正，引导学生形成自我行为管理能力；自我行为管理能力的养成又反过来促进学生产生和维持积极课堂行为，减少或避免课堂问题行为的产生，这样就形成了课堂行为的良性动态循环系统。

三、小学课堂行为管理的意义

(一)课堂管理与行为分析

具有特定背景的教师和学生在课堂教学过程中会产生各种不同的心理反应，或积极，或消极，或两者兼有，这些情绪体验以某种方式直接或间接地表现出来，于是便产生了相应的课堂行为；各种课堂行为之间又彼此影响，交叉互动，形成了课堂上的行为系统。

一方面，课堂管理包括行为分析基础上的各种行为的管理。管理课堂必然包括对课堂中的各种行为进行有针对性的管理。对各种课堂行为进行准确分析和解读，探明行为发生的真实原因，形成良性行为互动，或把各种行为对课堂教学的不良影响控制在可以接受的范围内，这是课堂行为管理的应有之义。

另一方面，行为分析是制定科学的课堂管理策略的依据。行为分析包括两个方面：一是观察课堂行为现象，包括行为本身及其产生的背景和客观后果；二是分析课堂行为发生的内在原因，生成课堂行为的意义。行为分析理论揭示了课堂行为发生的内在原因和外在环境，为制定有效课堂管理策略提供了依据。

(二)课堂行为管理的意义

小学课堂行为管理是小学课堂管理的核心，其意义表现在以下四个方面：

第一，维持良好的课堂秩序。良好的课堂行为管理可以实现和维持良好的课堂秩序，有利于教师和学生投入到教学活动中，提高教学效率。

第二，提供良好的学习环境。有效的课堂行为管理可以为学生提供安全、和谐、支持性的学习环境，避免一些矛盾和冲突的发生。

第三，鼓励积极的课堂行为。管理本质上是为促进系统实现良性运转而提供支持的过程。小学课堂行为管理旨在通过有效的课堂行为管理策略，为学生提供各种支持，激发他们的学习动力，提高他们的学习效率和质量，消除课堂问题行为，激发积极课堂行为。

第四，培养学生的自律能力。课堂行为管理可以培养学生的自律能力，提高其自我管理能力，增强其学习自觉性和责任感。

四、主要的课堂行为管理理论

课堂行为管理是课堂管理的核心内容，20世纪以来的探索与研究形成了多样化的课堂行为管理理论。针对如何有效管理学生的课堂行为，这些理论秉承了不同的价值取向，在课堂行为管理的主体、手段、目的等方面表现出不同的观点与方法，本节将主要介绍其中影响力较大的四种理论。

(一)坎特理论

20世纪70年代，美国学者李·坎特和玛琳·坎特(Canter，L. & Canter，M.)在《果断纪律管理》(*Assertive Discipline*)一书中阐述了他们的课堂行为管理理论。坎特夫妇认为，课堂中的教师与学生都有属于他们的权利：教师有确立课堂纪律和常规的权利、要求学生按照教师指令和课堂规范行动的权利，学生有凭借自己的能力和意愿选择课堂行为的权利以及接受相应的逻辑后果的权利。

坎特理论的基本假设是：不要奢望学生能主动服从课堂规范，教师必须强制要求学生服从课堂规范；惩罚可以促使学生避免不良行为而努力从事良好的行为；良好的行为可以通过积极强化而获得。

坎特理论的基本内容如下：

第一，克服消极期望带来的心理障碍。所谓消极期望，指有些教师认为学生的不良行为或问题行为根本无法纠正，即使苦口婆心，谆谆教诲，也无济于事。坎特理论强调，教师应克服这种消极期望带来的心理障碍，坚信教师可以用积极的方式来影响所有学生的行为，从而建立起积极的期望。

第二，建立规范，明确对学生的期望行为和非期望行为。首先，教师要制定行为规范，明确列举出自己所期望的学生行为、非期望的学生行为，并以适当的形式告知学生。其次，明确学生违反后所要面对的后果，并让学生知道，以此权衡利弊，做出明智抉择。最后，根据培养目标、活动内容和课堂环境的变化对期望行为进行修改。

第三，使用果断的反应方式。课堂上，教师对学生行为的反应方式主要有三种。一是果断型反应。教师明确地向学生表明他对所发生事件的不满，并告知学生他的积极期望，同时清楚地告诉学生该做什么、如何去做。例如，"先举手，等我叫到你时，你再回答"，教师的这种反应方式使学生能够快速意识到自己课堂行为的必然后果及改正的方法。二是犹豫型反应。教师没有建立起明确的行为标准，不能明确地表达自己的立场和期望，在处理学生问题行为时常常陷入被动。例如，"能不能不要讲话"，教师这种反应方式的结果是学生因为没有得到明确的不让讲话的指令而继续进行原有的行为。三是敌对型反应。教师经常采用威胁、恐吓等强硬的态度对待学生，迫使学生服从。例如，"立刻停下来，否则从教室里出去"，教师的这种反应方式容易引起学生的反感，伤害学生的情感，导致师生关系紧张甚至产生冲突。坎特理论认为，犹豫型反应方式无法掌控课堂，敌对型反应方式则会伤害学生的权利和情感，因此，教师应该采取果断型反应方式，既明确地提出教师的情感、意愿和要求，又以具体行动坚持其立场，树立教师权威，赢得学生信赖，实现课堂行为的有效管理。

第四，追踪学生的不良行为并追究其后果。当学生出现不良行为时，教师首先要让学生知道自己已经发现了他的不良行为；其次要清楚地指出学生错在哪里；最后要教给学生如何改正不良行为。

第五，使用正强化来鼓励学生。当学生的行为得到改善或进步时，教师应做出积极的反应，如给予学生一定的物质或精神上的奖励，让学生获得一些"特权"或"荣耀"，对学生集体进行鼓励或奖赏，用积极称赞的方式向家长反映，等等。

第六，建立强有力的外部支持系统。成功的课堂管理是各种内外部合力的结果，仅凭教师一人之力不容易实现，因此，教师应尽力取得学校行政人员和学生家长的支持。

坎特理论的价值在于，其一，它坚持教师权利与学生权利兼顾，坚持学生应当为自己的行为负责，坚持学校行政人员和学生家长的合作和协助，将规范、强化、奖惩等手段加以灵活运用，在一定程度上实现了课堂行为管理的具体化、公开化、可操作化。其二，它不仅有助于迅速处理学生的不良课堂行为，同时也有利于学生课堂行为的预防性控制，对于提高课堂管理的效率发挥着明显的作用。然而，该理论过于强硬，注重对学生课堂行为的控制，尤其强调外在的强化和惩罚对解决学生课堂不良行为的重要性，而忽视了引发学生课堂行为的内在动机的作用。因此，学生往往是机械地遵守行为规则，而没有发展其自我改善问题行为的能力；往往依赖教师的督导，而没有培养起对自己行为负责的情感；师生关系往往因学生被动接受惩罚而紧张，积极正向的课堂气氛无法形成。

(二)格拉塞理论

20世纪60年代中后期，美国心理学家格拉塞基于弗洛伊德（Freud，S.）的精神分析法提出了关于课堂行为管理的认知框架。他认为，任何人都会犯错，关键是我们如何帮助学生去面对错误和让学生学会改正错误，而要达到这一目的，仅仅靠教师采用严格的控制是不行的，让学生自己改正错误，有助于学生对自己的错误行为有更深的认识。

格拉塞理论的基本假设是：人都有基本的自我调节能力且能够学会管理自己的行为；儿童可以通过全方位考察自己行为带来的所有后果来学会对自己的行为负责，并对其行为及行为产生的后果做出价值判断；从某种程度上看，人类采取某种行为是为了满足诸如爱、权利、自由和娱乐等的需要；每个个体都有满足自己需要的独特方式，而教师很难轻易改变儿童这种满足需要的独有方式。

格拉塞理论的基本观点如下：

第一，人有两种基本需要：爱和被爱的需要、期望自己的价值得到自己和他人认可的需要。这两种需要如若得不到满足，个体就会感到焦虑、自责、愤怒，就会变得不负责任，从而导致不良行为的产生。满足需要是学生表现出某种行为的内在动力，同样的，学生的不良行为主要是其需要未能得到满足的结果。因此，引导和帮助学生更好地满足自身需要，进而教会他们对自己的行为负责是教师无可推卸的职责。

第二，教师负有制定常规的职责。具体而言，包括：①强调良好的行为来自良好的选择，引导学生明白做出恰当的选择是他们自身应负的责任；②同学生一起建立规则，以引导学生产生良好的课堂行为；③当学生产生不良行为时，不接受学生的任何借口；④要求有不良行为的学生对其行为做出价值判断；⑤引导学生自己选择行为改进的方案，以培养学生对自己行为负责的观念；⑥引导学生承诺将来一定表现出良好的行为。

第三，学生需要对自己的行为负责，必须承担行为导致的任何消极后果。虽然学生也具有一定的理性，能够控制自己的行为，但他们必须得到教师的指导，在教师指导下做出良好的选择，从而成为能满足自身需要的负责任的个体。

第四，教师需要建立和强化课堂行为准则。要促成课堂常规的有效运作，教师不应通过批评、处罚、强迫等手段，而应采用赞扬、鼓励、刺激思考等方式促进学生学习，创造一种满足学生在归属感、权利、乐趣与自由等方面的需求的学习环境。

基于上述理论观点，格拉塞提出了课堂行为管理程序：

第一步，联系学生，与学生建立起良好的师生关系，对学生表现出关心和尊重，尤其表现出乐于帮助学生改善其问题行为的倾向。

第二步，明确指出学生的问题行为。教师可以描述或指出学生当前表现出来的不良行为，引导学生正确认识自己当前的行为，但不应再提及其以往出现的不良行为。

第三步，形成判断。帮助学生对其不良行为做出价值判断，教师可以提出类似于"你的行为对你有帮助吗？""你的行为符合你的愿望吗？"等的问题，但不宜对学生做出道德判断。

第四步，引导学生制订行为改正计划。教师应指导学生制订一个能满足其需要并有可能实现的计划。

第五步，学生做出承诺。引导学生承诺实行和完成行为改正计划，借以培养学生的责任感和自我价值感。

第六步，不接受任何借口。学生做出承诺后，教师不接受学生未履行承诺的任何借口，让学生认识到，无论何种情境下他们都应控制行为。

第七步，承受相应的逻辑后果。如果学生执行了行为改正计划，并表现出良好的行为，教师应给予肯定、表扬、鼓励；如若学生未按照承诺执行行为改正计划，教师应帮助学生重新制订更好的改正计划，引导其做出新的承诺，但不宜施予惩罚。

格拉塞理论的价值在于，其一，它强调学生应对自己的行为负责，强调学生有选择良好行为的能力，主张教师应引导学生对其行为进行价值判断，这些观点有助于培养学生的独立性和判断力，对学生形成高度的自主性和责任感有积极的促进作用。其二，它强调教师应明确界定不良行为，进而确定具体而明确的改正计划，增强了课堂行为管理的计划性和切实性。但是，该理论在实施过程中也存在不少制约因素，如管理程序的第二步和第三步，要求教师在处理学生的不良行为时，要与学生进行充分的沟通与交流，不断地发问以引导学生认识其行为及有可能产生的后果，进而帮助学生做出相应的价值判断，做到这些需要教师有十足的耐心。而这对于教学任务本就繁重的教师而言是不小的考验。同时，不同学生有不同的需要，教师不可能完全满足所有学生的需要。此外，在问题解决过程中，由于年龄较小，学生可能会缺乏制订行为改正计划的能力，这也将直接影响课堂行为管理的效果。

(三)高尔顿理论

高尔顿理论产生于 20 世纪 70 年代。作为心理学家，高尔顿十分关注师生平等交流和协商在课堂行为管理中的积极作用，相信学生的自制能力是有效课堂行为管理的根本。他认为，如果教师能经常与学生进行和谐的沟通和交流，就能在一定程度上培养学生的责任感、提高学生的自制能力，从而达到让学生自觉控制或减少不良课堂行为发生的目的。

高尔顿理论对课堂行为管理的基本假设是：每个个体都具有自我控制能力，都能够学会管理自己的行为；奖励或表扬会间接地破坏学生的内部学习动机；当教师严格管理和控制学生行为时，他们常常会产生逆反心理甚至进行反抗；如果教师能恰当地向学生表达自己对某一问题的看法或感受，而不是直接动用权力或处罚手段对学生进行批评和攻击，那么学生还是会倾向于表现出良好的课堂行为或者是主动改变其不良课堂行为的。

高尔顿理论提出了课堂行为管理的基本步骤：

第一步，实施先行控制策略。在正常的课堂教学中，积极的课堂行为总是多于问题行为，因此，教师可以通过先行控制策略来达到预防课堂问题行为发生的目的。在此步骤，教师可以使用"预防性我信息"（preventive I-message），如"我认为现在大家应该抬起头，看黑板上的第三个任务要求"，"我相信大家一定能遵守第五条课堂规则，成功完成小组学习任务"，"我建议大家保持安静，并迅速拿出尺子和圆规"，来提醒学生遵守课堂规则，避免潜在问题行为的发生。

第二步，确定问题来源。当课堂上出现问题行为时，首先应确定问题出现在谁身上，是教师还是学生。

第三步，根据问题的不同来源分别解决问题。如果问题出在学生身上，教师应主动地倾听学生的意见，对学生的问题做出反馈，并鼓励学生谈论其挫折、焦虑与恐惧，以帮助学生找到解决问题的办法。如果问题出在教师身上，教师也必须主动向那些以不正当行为扰乱或困扰教师教学的学生发出明确的信息，以改变其行为。总之，问题出在谁身上，谁就必须去解决问题。

第四步，使用"我信息"而非"你信息"。"你信息"（you-message），如"你太笨了"，"你太不听话了"，是一种对抗性、攻击性的语言表达方式，教师使用"你信息"容易引起学生的逆反心理，很难真正改变学生的行为；而"我信息"（I-message）则能在一定程度上改变学生的不良行为，如"我对你现在的行为很失望""我认为你现在应该把尺子放在铅笔盒里，然后拿出作业本，完成 52 页第 3 题"，教师通过"我信息"，告诉学生他对这些不良行为的感受，让学生知道其行为引起的问题、带来的后果及产生的实际影响。此外，教师还可以通过"我信息"表明对学生的期望行为的具体要求。

第五步，如果"我信息"的方式未能阻止不良行为的继续发生，那么，此时教师应采取"无失败策略"（no-lose tactic）①与学生进行平等交流与协商。"无失败策略"包括六个环节：①确定具体的问题行为；②教师和学生都提出一些可能的问题解决方法；③教师和学生商讨上述解决方法的可行性，并删除那些双方均不能接受的问题解决方法；④师生双方平等沟通，从那些保留下来的意见中选出最佳的解决方法；⑤师生双方讨论如何具体实施；⑥对实际效果进行评估。

高尔顿理论的主要价值在于，其一，强调和谐师生关系对课堂行为管理的重要意义。亲其师才能信其道，教师对学生表现出来的坦诚、关怀、宽容和支持，会得到学生的情感认同，赢得学生的尊重，也会让学生主动按照教师的指令来行动，从而最大限度地避免课堂问题行为的发生，这一点对课堂行为管理来说至关重要。其二，强调对潜在课堂问题行为的预防，建议教师使用"预防性我信息"来提醒学生遵守课堂规则，这在一定程度上能够避免因处理学生不良行为问题而打断课堂教学的正常进行的情况，确保课堂教学的效率。其三，教师与学生进行平等沟通和交流，与学生一起讨论并找出解决问题的最佳方案等，都有助于培养学生的自主性和自我监控能力，为实现学生的自主课堂管理奠定了基础。但是，高尔顿理论所提倡的师生间平等交流与协商，在现实的课堂管理中需要花费大量的时间和精力来完成，同时，其效果可能因受到某些外部条件，如教学时间、学生年龄、教师个人特质等的影响而大打折扣。

（四）德雷克斯理论

20 世纪 80 年代初，奥地利行为学家德雷克斯提出的课堂行为管理理论以培养学生的自我行为管理能力为目的。

德雷克斯理论的基本假设是：个体行为会受到其内在需要的驱动，因此，每个学生都具有控制自己行为的能力，即都有选择良好行为和不良行为的能力。如果教师能帮助学生找到正确的方式满足其内在需要，就可能在一定程度上阻

---

① 注：在课堂管理过程中，教师经常使用确定冲突双方谁输、谁赢的方式来解决争端，这种解决方式会产生一名"胜利者"和一名"失败者"，传统的解决方法常常会给失败一方带来巨大的打击。而"无失败策略"则关注双方的利益，如 A 和 B 两名学生打架，A 打赢了，B 受了伤，教师仅仅要求 A 向 B 道歉是不够的，"无失败策略"要求，双方通过沟通找到一个大家都能接受的方案来解决争端，这样自我利益可以得到保护，学生间的人际关系也不会被破坏。

止不良行为的发生。

德雷克斯理论的基本观点包括：

第一，教师在管理学生的课堂行为时应秉承三个基本理念：①学生是拥有强烈归属欲望的社会生物，其所有行为都反映出需要被别人接纳和重视的意图；②学生具有控制自己行为的能力，他们能够选择良好行为或不良行为；③学生之所以选择不良行为，是因为他们错误地相信该行为会让他们获得别人的认可和重视。

第二，有四种内在需要可能会导致学生表现出不良行为，包括寻求注意的需要、寻求权力的需要、寻求报复的需要、寻求独立的需要。德雷克斯把这四种需要称为四种错误的目标。

第三，有效的课堂行为管理依赖于合理的常规，但是要慎用惩罚的方式。课堂常规旨在为学生设定行为上的限制，直到他们能自己设定限制为止。课堂常规的重点在于学生要完全对自己的行为负责，合理的常规允许学生自由选择自己的行为。所以，教师在让学生严格遵守常规的同时，也应让学生了解应该选择什么行为，以及选择这一行为可能会带来的后果。德雷克斯认为惩罚只是强制要求学生不要做什么，但没有教学生要做什么，所以制定常规时要慎用处罚的方式。

第四，教师可划分为专制型、放任型和民主型三类。专制型教师常常把自己的想法和观念强加给学生，他们往往通过外来的压力强制学生遵守规则或指令，而不是想办法引发学生内在的动机。放任型教师完全让学生按照自己的想法去行动而不给予任何积极的指导，学生无法学习到社会生活中所需要的规则，更无法养成必需的自律能力。民主型教师则关注如何通过引发学生的内在动机帮助他们养成自我管理的品质。德雷克斯认为，相比较而言，民主型的教师能够建立合理的课堂常规并进行有效的课堂管理。

第五，教师应区分逻辑后果和惩罚。①逻辑后果表达的是违反了某种被大家普遍接受的社会规则；惩罚表达的是违反了个人权威。②逻辑后果与不良行为之间存在因果关系，即先出现不良行为，随后带来逻辑后果；惩罚有时具有因果关系，有时则不具有直接的因果关系。③逻辑后果不涉及道德评价因素，惩罚则不可避免地涉及道德评价。④逻辑后果伴随着一种友好姿态，教师本身不卷入后果之中，逻辑后果的出现是因为违反了社会规则；惩罚则通常带有主观性，并伴随着公开的或隐含的恼怒。

德雷克斯理论强调学生的不良行为是由学生的错误目标导致的，因而课堂行为管理的重点在于纠正学生的错误目标，其步骤为：

第一步，找出并确认学生的错误目标。教师可以按以下两种方法去做：其一，教师记录自己对不良行为所产生的反应，根据这些反应确认学生可能有哪些类型的期待。① 其二，观察学生对于教师纠正其行为的反应。②

第二步，向学生解释错误目标及相应的错误逻辑。教师应采用不威胁、不强迫的方式直接向学生提出系列问题，并细心观察学生的反应。③

第三步，帮助学生改正错误，引发新的建设性行为。其一，教师不使用惩罚来强行纠正学生的错误，因为惩罚给予学生的是负强化，且惩罚具有强迫、压制的特点，会引起学生的逆反心理，导致师生关系上的冲突或敌对。其二，建议教师鼓励学生用良好的行为去吸引他人的注意，让学生学会用努力与成就去获得他人的尊重与认可，从而引发积极的建设性行为。

德雷克斯理论的主要价值在于，其一，反对传统课堂管理中过分依赖惩罚的理念，强调要尽可能利用行为本身所产生的逻辑后果，使学生体验行为与后果之间的关系，进而养成对自己行为负责的品质。其二，主张纪律的遵守源于内在动机的激发而非外力控制，反对使用惩罚强制性地终止学生的不良行为，强调培养学生自律和责任感的重要性。其三，倡导教师要成为民主型教师，强调师生之间相互尊重，强调教师应引导学生探究自己实施某种课堂行为的原因及其必然的逻辑后果，进而引导学生学会对自己的行为负责，从而不断提高其自我监控和自我管理能力。但是，德雷克斯理论在操作层面缺乏一定的可行性，

① 例如，教师感到烦恼，可能是寻求注意的行为；感到受威胁，可能是寻求权力的行为；感到受到伤害，可能是寻求报复的行为；感到灰心、无力，可能是寻求独立的行为。

② 例如，不良行为停止后又重复发生，可能是在寻求教师注意；如果拒绝停止或增加不良行为，可能是寻求权力；如果带有敌对情绪，可能是寻求报复；如果拒绝合作、参与或互动，可能是寻求独立。

③ 例如，你是不是想要我注意你呢？你是不是想要证明没有人能指使你？你是不是想要伤害我或别人？你是不是想让我相信你没有做这件事？

首先，该理论提出的教师通过记录、观察、分析学生反应从而确认错误目标的方式，在实际的课堂管理过程中难以实现；其次，教师即使观察到了学生的反应，这种反应也不一定代表学生的真实想法，教师难以根据这种反应来准确地探究学生行为的动机；最后，该理论没有提出纠正学生错误行为、引发学生新的建设性行为的具体策略。

【实践操作】

1. 根据本节所学的四种课堂行为管理理论的内容完成下表。

四种课堂行为管理理论的比较

维度	坎特理论	格拉塞理论	高尔顿理论	德雷克斯理论
管理主体				
管理目的				
管理手段				
课堂行为管理中的教师角色				
课堂行为管理中的学生角色				
师生关系				

2. 通过对四种课堂行为管理理论的分析，你形成了什么样的课堂行为管理理念？请从行为管理的主体、目的和手段，行为管理中教师和学生的角色，以及师生关系六个方面阐述一下你的课堂行为管理理念。

五、课堂行为管理的常用模式

如何进行课堂行为管理，不同的人持有不同的价值取向，加之其管理的关注点也互不相同，这使得课堂行为管理的模式呈现多元化样态。本部分将从实施路径、影响因素、激发动机三个方面来介绍一些常用的课堂行为管理模式。

(一)教学引导模式与行为矫正模式

从课堂行为管理的实施路径来看，常用的模式主要有教学引导模式与行为矫正模式。其中，教学引导模式关注不良行为的预防，坚持应通过优质教学来引发学生的积极行为；行为矫正模式则关注不良行为的改正，认为应使用强化等手段来纠正学生的不良行为。

1. 教学引导模式

课堂行为管理的教学引导模式重视课堂教学中学生的积极行为，相信只有设计良好的课堂教学才能够吸引学生注意力，使学生全身心投入学习，这样方能从根本上预防或减少大多数不良行为的产生。课堂管理与课堂教学在本质上是互相促进、互相影响、彼此融入的关系，教学引导模式也认同该观点，相信优质教学能引导学生表现出积极的课堂行为，有效的课堂行为管理是优质教学的必然结果。因此，教师应立足学生的能力和需求，认真做好教学设计，使教学变得生动有趣，以激发学生的兴趣和动机，从而引发学生的积极行为。

教学引导模式的实施程序如下：

①创设支持性的课堂环境。支持性的课堂环境指的是有助于学生自主学习、自我监控的课堂心理学习环境和课堂物理学习环境。支持性的课堂环境是引发学生积极行为的必要条件。

②设计良好的教学活动。只有优质的课堂教学才能够预防和减少学生的不良行为。因此，教师在设计教学活动时应充分考虑学生的年龄、兴趣、能力和需求等要素，以引导学生全身心投入学习。在教学时间固定的情况下，学生单位时间内的积极行为越多，其不良行为自然就越少。设计良好的课堂教学是引发学生积极行为的核心。

③提供明晰的课堂学习规则。表述清楚、要求明确的课堂学习规则能让学生知道做什么、怎么去做。明晰的课堂学习规则是引发学生积极行为、避免或减少不良行为的基础。

④给予有效的帮助和引导。教师应随时关注学生的学习状态，及时发现学生遇到的困难并给予有效的帮助。当学生出现不良行为时，教师应通过适当的教学活动或重申学习规则等方式引导学生停止不良行为，重塑积极行为。

2. 行为矫正模式

与教学引导模式重视课堂教学中学生的积极行为不同，行为矫正模式则将关注的重点放在了学生的不良行为上。行为矫正模式建立在行为心理学的基础上，认为行为是通过学习而习得的，学生之所以有不良行为，是因为他们已经习得了不良行为，或者是因为他们尚未习得良好的行为。因此，教师的主要任务在于使用强化手段(包括积极强化和消极强化)来纠正或改变学生的不良行为,鼓励和发展他们的良好行为。

行为矫正模式的实施程序主要包括:①设立规则和程序;②明确良好行为和不良行为;③寻找不良行为的前因;④使用强化、惩罚等手段纠正学生的不良行为;⑤帮助学生保持已经习得的良好行为。

(二)教师权威模式与和谐关系模式

从课堂行为管理的影响因素来看,常用的模式主要有教师权威模式与和谐关系模式。其中,教师权威模式认为教师的地位和命令是课堂行为管理的决定性因素;和谐关系模式则相信良好的师生关系才是有效课堂行为管理的关键。

1. 教师权威模式

教师权威模式将课堂行为管理过程视为教师利用自己的地位和权威身份来控制学生的过程,强调教师在课堂行为管理中的唯一主体地位。该模式重视严格的课堂行为规则在管理和维持课堂纪律上的重要作用,通常而言,在该模式下制定的课堂行为规则约束较多,弹性较少,且不允许违反。

教师权威模式的实施程序如下:

①建立严格的课堂行为规则。教师自己制定课堂行为规则,详细地描述课堂行为的标准和具体要求,规则明确、具体、严格,不允许违反。

②发布课堂行为指令。教师主要通过发布行为指令来管理学生的课堂行为。学生没有话语权,必须无条件地服从教师的指令。

③预防不良行为发生。教师要随时关注学生的课堂行为,及时发现学生行为上的细微变化,并通过眼神注视、手势制止、表情暗示、走近示意等方式预防潜在或正在发生的不良行为。

④严格按照规则处理不良行为。学生一旦出现了不良行为,教师将严格按照既定的规则来处理。

2. 和谐关系模式

与教师权威模式强调教师权威在课堂行为管理中的决定性作用不同,和谐关系模式重视健康的课堂心理气氛对课堂行为管理的重要意义。和谐关系模式认为良好的师生关系和生生关系能够形成健康的课堂心理气氛,促使学生主动而愉快地参与学习,在一定程度上能减少不良行为的产生。所以,构建和谐师生关系、营造和维持健康的课堂心理气氛是教师课堂行为管理的核心任务。

和谐关系模式的实施程序如下：

①构建平等民主的课堂。和谐关系模式认为教师与学生是平等的关系，师生之间应相互沟通、相互理解、相互支持、相互配合，致力于建设和谐民主的人际关系。

②教师与学生共同制定课堂行为规则。在平等民主的课堂中，师生共同承担课堂管理的责任，在平等民主的基础上，师生共同制定课堂行为规则。

③教师向学生表达真实、接受和理解的态度。所谓真实，就是让学生感受到教师是一个实实在在的、可以相信的人。所谓接受，就是让学生感受到来自教师的信任和尊重，从而强化其自我价值。所谓理解，就是教师要从学生的角度去理解学生。真实、接受和理解增加了促成积极的师生关系的可能性。

④教师与学生进行有效的沟通和交流。当学生出现不良行为时，教师应与学生进行有效的沟通和交流，首先鼓励学生说出自己的想法，并认真听取学生的想法；其次教师提出自己的看法或观点，与学生一起讨论其行为带来的后果。

⑤教师与学生合作解决不良问题行为。教师表达出对学生的宽容、理解和信任，并与学生平等讨论，寻找解决不良行为的方案，最后确定一个双方都满意的最佳方案。

（三）民主秩序模式与群体动力模式

从课堂行为管理的激发动机来看，常用的模式主要有民主秩序模式和群体动力模式。其中，民主秩序模式认为得到全体学生认同的班级秩序能约束学生的行为；群体动力模式则坚信学生所在群体所蕴含的内聚力和驱动力才是激发学生表现出某种行为的关键。

1. 民主秩序模式

民主秩序模式认为每个学生都有自由选择自己行为方式的权利。它同时还指出，课堂在本质上是一个社会性场所，有着自己的运行规则；学生虽有选择自己行为的自由，但身处课堂之中，其行为必然要受到这些规则的制约。民主秩序模式虽然不赞成使用惩罚等方式强制学生遵守规则，但是它也强调，学生只有学会根据规则主动调节自己的行为，才能更好地在课堂中"生存"。当学生主动的行为调整与课堂规则达到平衡状态时，民主的秩序就产生了。

民主秩序模式的实施程序如下：

①教师指导学生理解秩序的意义。教师通过讨论使学生认识到自己的权利并寻求正确运用这些权利的方式；让学生了解现实社会中人们对权利的看法与认识；指导学生进一步了解课堂秩序的重要意义。

②教师指导学生制定合理的课堂规范。民主秩序模式认为，如果课堂规范是教师制定的，学生则比较倾向于挑战或打破这些规范；如果课堂规范是学生制定的，他们则倾向于努力控制自己的行为，以免打破自己制定的规范。当然，在学生制定规范时，教师的指导是不能缺少的，并且教师要尽量确保规范的合理性和可操作性。

③教师指导学生自主调节课堂行为。教师要教给学生一些有效策略，帮助学生对自己行为的结果做出明智的判断，并慢慢学会在秩序的规约下自主监控、自主调节课堂行为。

2. 群体动力模式

群体动力模式认为一个人在群体中所表现出来的行为与个人独处时所表现出来的行为有可能是完全不一样的。每个群体都具有自己的心理势力并影响着其成员的行为，这股心理势力就是所谓"群体动力"，即群体所蕴含的内聚力和驱动力。群体动力是激发学生表现出某种行为的关键。当群体动力与课堂规则的目标一致时，其成员的行为反映在教师眼中就是良好行为；反之，则表现为不良行为；当群体动力与课堂规则之间差异较大甚至背道而驰时，师生之间则会产生冲突。因此，教师课堂行为管理的主要任务是建立积极的课堂群体，以此来激发群体成员的良好行为。

群体动力模式的实施程序如下：

①在教师的指导下建立合规群体。教师主动参与群体活动，发展群体内聚力和驱动力，培养和提高成员对群体的依附感和责任感。合规群体的建立，一方面可以促进成员之间统一目标、密切合作，建立符合教师期望的行为标准和合作程序；另一方面可以发挥群体动力的激发功能，使其成员能够控制自己的行为，在客观上避免或减少不良行为的产生，在一定程度上保证课堂管理的有效性。

②培养和提高学生的群体适应技能。学生在群体内"生存"需要一些技能，如协同合作的技能、领导的技能、相互理解和相互接纳的技能，教师可以通过

角色活动、亲身示范等方式帮助学生发展这些必要的技能。

③指导学生合作。教师指导学生如何在群体中密切合作，如何自由地表达他们的观点和情感，以促进学生之间的相互交流和相互理解。

④采取管理策略帮助学生实现自我控制。在课堂中，不管个体多想控制自己的行为，由于各种主客观因素的影响，他总会出现这样那样的不良行为。不存在永远不犯错的学生。因此，当群体动力未能成功激发学生表现出良好行为时，教师应及时提供恰当的帮助，如走近、指导做题步骤、鼓励等，以使学生实现自我行为控制。

⑤帮助学生解决冲突。当学生自己无法解决个人态度与群体规范之间的冲突时，教师应及时提供帮助。如教师领导或引导群体成员一起讨论，帮助该学生分析原因、估计可能会出现的后果、找到可行的问题解决方案；鼓励该学生勇于对自身的行为负责；同时还可以引导其他群体成员陪伴该学生一起解决问题，充分发挥群体内聚力和驱动力的激励功能。

上述六种模式从不同角度分析了课堂行为管理的思路，其实施程序虽各有侧重，但差异中也蕴含着一些相同的要素。例如，有的模式强调课堂行为管理的单一主体(教师或学生)，有的则强调多元主体(教师和学生)，虽然彼此之间的观点迥异，但它们基本上都强调积极、正向的管理方式。又如，大部分模式都认识到了惩罚的局限性和负面影响，反对将惩罚作为课堂行为管理的唯一手段。再如，大部分模式都重视学生在课堂行为管理中的主体性和主动性。课堂行为管理涉及诸多要素，既有内部动机问题也有外部影响问题，既有人的问题也有环境的问题，所有这些问题的解决无不依赖于学生的主体精神和自我管理的能力。

上述六种课堂行为管理模式均为教师提供了值得借鉴的思路和方法，然而，我们还要认识到，每种模式都有其特定的社会与文化意义，都有其适用的情境，也有其解决不了的问题，不存在适用于任何情境的课堂行为管理模式。因此，教师在经验借鉴的基础上，应根据课堂、教师、学生等的实际特点来构建自己的课堂行为管理模式。

【实践操作】

1. 比较六种课堂行为管理模式，找出其共性关注点，分析其个性特点。

2. 作为未来的教师，你将构建何种课堂行为管理模式？请具体说明你的做法。

第二节　小学课堂积极行为管理

一、小学课堂积极行为管理的必要性

积极行为是指符合社会规范、有益于自己和他人的行为。在课堂环境中，学生的积极行为可以理解为符合课堂教学的规则和要求，能够促进有效教学的行为，如遵守课堂规则、尊重他人、积极参与课堂活动、注意力集中、按要求完成学习任务等。学生积极的课堂行为不仅有利于维持良好的课堂秩序，促进教学活动的顺利开展，而且有利于促进学生个人的学习和成长。

在教学实践中，普遍存在着这样一种现象：相比积极行为，问题行为更加外显，且可能会带来诸如扰乱课堂秩序、影响课堂教学进程等的不良后果，所以，许多教师坚持认为积极行为是学生在学习过程中理应表现出来的行为，因而对学生积极行为的培养缺少应有的重视。

基于以上认识，很多教师在课堂教学中倾向于关注如何处理学生的问题行为，并将其作为课堂行为管理的唯一任务。然而，这样可能会使师生陷入"批评陷阱"——教师的提醒和纠正无意中会强化学生的某些不良行为，并且由于学生会暂时按照教师的要求去做，反过来又强化了教师的纠正行为，使教师更加经常地采用这种方式管理学生。这种纠正式的消极地管理学生的方式，容易使教师忽略学生的正确、恰当或积极的行为，而学生的积极行为由于得不到强化可能逐渐消退。①

事实上，通过观察和分析课堂上的学生行为，我们可以发现学生积极行为远比问题行为多；此外，大量的实验和研究也证明了学生积极的课堂行为对促进学习、提高学习质量的关键作用。因此，要实现有效的课堂行为管理，教师

---

① 安珑山：《论课堂管理》，87页，硕士学位论文，西北师范大学，1992。

应着眼于对学生积极课堂行为的促进和塑造。

二、学生产生积极课堂行为的动因

我们让别人做事情时，他们有时候愿意做，有时候不愿意做，因此，了解人们产生不同意愿的原因并"对症下药"是让他们顺利完成某事的关键。同样地，了解学生在课堂上愿意学习或不愿意学习的原因对教师而言也非常重要，其有助于教师思考和探索如何最大限度地激发学生学习动机，进而促使学生产生积极课堂行为。弗莱明（Fleming）和凯彻（Kilcher）指出，学生在课堂学习过程中不愿意做教师让他们做的事情的原因如下：

①学生不知道做什么。他们没有掌握必要的知识或不了解教师的期望，因此他们可能就不做教师要他们做的事情。

②学生不知道如何做。他们没有掌握相关的能力和技巧，没有办法去做某件事情。

③学生不知道为什么要做。他们不清楚做某件事情的重要性。

④学生不适合做某项工作。有时候学生缺乏做某项工作所需的基本能力，如让一名五音不全的学生去精准地演唱一首歌曲。

⑤学生不想做。有时他们确实缺乏意志力。①

针对上述五个方面的原因，找到应对策略，就可以让学生按要求去做事情，并形成积极的课堂行为。因此，教师可以制定相关规则，明确告知学生自己对他们的期待，并提供学习的程序和步骤，以激发和强化学生的学习动机，等等。通过这些策略，学生首先能够知道他们需要做什么、为什么要做和怎样去做，然后从教师那里获得做某事的方法和技巧，最后逐渐从主观上想要去做某事。上述这一过程是学生主动参与学习的必要的基础和支持，能够引发学生产生积极的课堂行为。

此外，布罗菲在其研究中还指出了影响学生学习行为的一些具体因素，例如，教师的个人魅力，教师课堂教学的吸引力、新颖性、多样性，教师能否根据学生的兴趣调整教学，教师教授的内容对学生而言是否值得学习，教师能否

① 参见［美］查尔斯、森特：《小学课堂管理》，吕良环、史清泉、南美善等译，68～69页，北京，中国轻工业出版社，2003。

关注学生个体的目标，教师能否引导学生做出积极反应并动手实践，课堂教学是否包括奇思妙想和激发学生思考的内容，教师对学生是否保持热情。[①]

琼斯(Jones，R. A.)则从学生需要的层面提出了影响课堂行为的因素：迅速、积极地参与学习，体验成功，把成人视作令人兴奋、能激励人奋发向上的榜样，把学习与他们自己的生活联系起来，友好地与教师和同学相处。[②]

查尔斯(Charles，C. M.)和森特(Senter，G. W.)认为以下因素对学生的课堂行为会产生极大影响：其一，学生喜欢学习那些新颖、有趣、与他们日常生活相关的想法或活动；其二，在有需求的时候，学生希望得到他人的帮助和支持；其三，学生竭力避免与他们认为令人不快乐的人和事打交道；其四，为了取悦那些他们认为重要的人(包括教师)，学生有时候不得不做一些他们感到不愉快的事情。因此，二人建议教师要充分利用学生的需要、兴趣、能力和好奇心。同时，学生讨厌在同学面前出丑，他们不想显得非常愚蠢或展示自己的失败，所以教师应该给予学生持续的鼓励，让他们产生安全感。"如果你帮助学生，支持学生，他们会用他们的努力、良好的行为、负责任的选择和优良的作业来回报你。"[③]

综上，影响学生课堂行为的因素众多，既有教学方面的因素，也有教师个体方面的因素，既有价值观、情感、态度等方面的影响，也有动机、强化、奖惩等方面的影响，等等。同时，即使是同一因素，对不同教育情境中的不同学生而言，其影响也是不同的。因此，教师采用学生喜欢并能做出积极反应的方式去促进学生积极行为的产生，是研究者们一致赞同的观点。

【资料链接】

教育(包括学校、教室、教与学的过程)应该重新进行组织和实施，以便满足学生的需要，这样，学生才愿意学习，才能表现出积极的行为，而学生是否愿意在学校里学习取决于教师，因此：

---

① Brophy, J. Motivating Students to Learn. New York: Routledge, 2004.

② Jones, R. A. The Child-School Interface: Environment and Behavior. London: Continuum Intl Pub Group, 1995.

③ 参见[美]查尔斯、森特：《小学课堂管理》，吕良环、史清泉、南美善等译，73页，北京，中国轻工业出版社，2003。

• 教师必须对学生实施管理以便使多数学生能够做出高质量的作业，疏于管理不能解决学生面临的问题。

• 学生一直抱怨的不是功课太难，而是太枯燥。

• 忽视学生需要的教学方法注定会失败。

• 引导型教师避免做任何可能促使学生把他看作敌人的事情。

• 如果学生把教师看作敌人，他们就会继续捣乱，或者支持其他人的捣乱行为。①

三、引发学生积极课堂行为的动机策略

作为促进学生学习、取得学业成就的动力和心理原因，学习动机一般被认为对学生的学习活动和行为表现起着定向和驱动的作用。本节将主要从学习动机激发的角度，来讨论教师如何引发学生积极的课堂行为。

(一)学习动机的分类

从学习动机与学习行为二者关系的角度而言，学习动机可以分成表面型学习动机、深层型学习动机和成就型学习动机三类。②

表面型学习动机是为了应付检查和考试及格而进行学习的动机，在此类动机驱动下，学生可能采取一些应付性的、肤浅的、消极被动的学习方法，对学习行为的自我监控和管理较少，水平较低。

深层型学习动机是对所学内容有内在兴趣、为弄懂和掌握知识而进行学习的动机，在它的作用下，学生可能采取一些钻研性的、探索性的、积极主动的学习方法，对学习行为的自我监控和管理较多，水平较高。

成就型学习动机是指为了获取高分和得到表扬而进行学习的动机，在这类动机下，学生所采取的学习行为容易受外界他人观点(特别是教师和家长所提倡、推崇、表扬的做法和方式)的影响，而与自我监控学习行为及水平无必然和直接的联系。

---

① Glasser，W. Control Theory in the Classroom. New York：Perennial，1986.
② 周勇、董奇：《学习动机、归因、自我效能感与学生自我监控学习行为的关系研究》，载《心理发展与教育》，1994(3)。

所以，教师在课堂管理过程中，应注意通过激发学生的深层型学习动机来促使他们产生积极的课堂行为。

【问题思考】

有人认为，学习动机完全是学生自己的事情，学生必须有明确的学习动机。对此观点，你有何认识？

(二)激发学习动机的时机

学生学习动机的激发是一个持续的动态过程，在学生充满学习激情时对其动机进行强化固然重要，但是当学生学习动机削弱时，如若教师能及时加以激发，这时所产生的效果对学生学习、教师教学和课堂管理而言尤其重要。因此，教师须把握合适的激发学习动机的时机。

图 5-2 描述了学生课堂注意力随时间推移而产生变化的趋势。[①] 如图 5-2 所示，在一节时长 40 分钟的课堂上，开始上课后学生注意力逐步集中，在 6 分钟左右到达最高值 A，然后约有 4 分钟的时间注意力都能保持在最高值。10 分钟后，学生注意力开始逐渐下降，18～23 分钟左右注意力下降到最低值 B，这一阶段持续 5 分钟左右。此后学生的注意力开始逐步回升，直到下课前 4～5 分钟

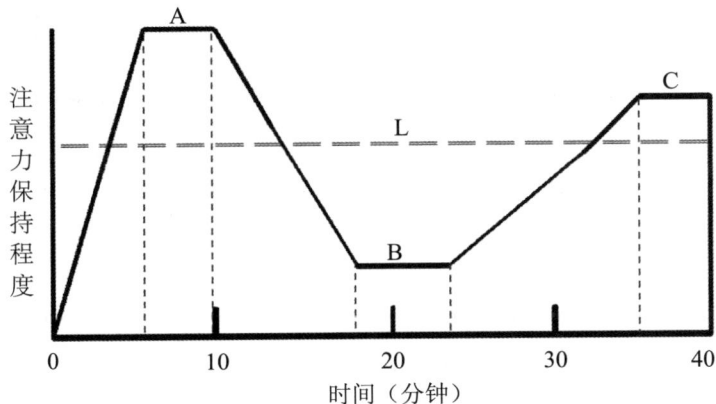

图 5-2　学生课堂注意力保持程度变化图(一)

---

① 注：图 5-2 和图 5-3 所呈现的学生注意力变化趋势仅是一种理论模型，不是对某年级、某节课学生注意力变化的精准反映。教师或研究者应观察、记录被试的具体课堂行为，并依此绘制学生注意力变化趋势图，作为课堂管理和课堂教学的参考依据。

左右，达到第二个高值 C，并一直持续到下课。直线 L 代表教师期望学生保持的注意力值，所以，当学生注意力程度低于 L 时，就是教师使用教学策略吸引学生注意力、激发学生学习动机的时机。

图 5-3 描述了教师在实施了必要干预措施（如使用某些教学策略）之后，学生课堂注意力随时间推移而产生变化的大体趋势。根据索萨（Sousa，D.）和威利斯（Willis，J.）的研究，大脑每 8～10 分钟需要休息 30～90 秒，也就是说，理论上讲，大脑按照"工作 10 分钟—休息 1.5 分钟—工作 10 分钟—休息 1.5 分钟"这样的循环来运行，个体年龄越小，这个间隔越短，这是人的生理构造决定的。但事实上，个体的注意力一旦分散，短时间内很难再次集中，也就是说，大脑在"工作 10 分钟—休息 1.5 分钟"之后，不会主动进入第二个循环。因此，每当学生注意力呈现下降趋势时，教师就需要设计有效的教学策略（如角色扮演、参与式活动等）来吸引学生注意、激发学习动机，让学生重新投入学习活动，如图 5-3 中的阶段 2、阶段 3、阶段 4。

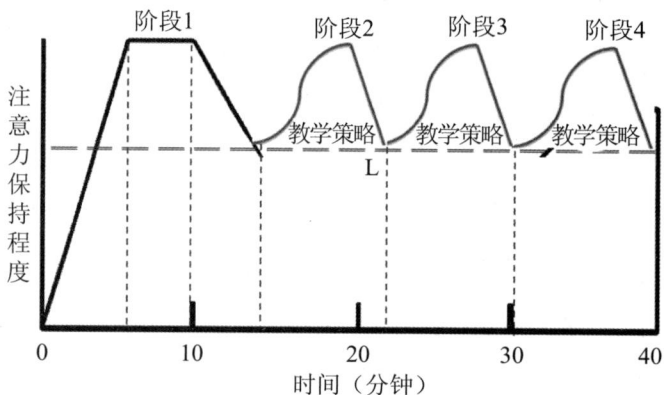

图 5-3 学生课堂注意力保持程度变化图（二）

【问题思考】

回想一下自己的课堂学习经历，思考如下几个问题：

1. 你有没有一整节课注意力都非常集中、学习动机非常强的情况？为什么会存在这种情况？请分析其原因。

2. 你大约在一节课的什么时间开始感觉疲累？在什么时间注意力开始无法集中？为什么无法集中注意力，是自己的原因还是教师的原因？

3. 在你注意力分散的时候，教师有没有发现？有没有采取相应的措施？

4. 总结你对上述问题的认识和反思。

5. 作为未来的教师，你打算如何去解决上述问题？请详细描述你的方法和策略。

(三)激发学习动机的策略

引起学生的兴趣，促使学生保持好奇心，使用多种教学呈现方式，帮助学生设立清晰的目标，提供明确、及时的反馈，使用表扬和奖励等，都是激发和提高学生学习动机的常用方法。这些方法在本书的不同章节都有提及，因此，本节主要介绍期望价值理论。

1. 期望价值理论的主要内容

目前对学习动机的研究已取得诸多成果，涉及不同的理论取向，如本能理论、需要理论、强化理论、期望价值理论、目标理论、归因理论、自我决定理论等。其中，期望价值理论(expectancy-value theory)对不同学段学生参与学习活动的动机具有较强的解释力，已有研究从生物学、行为学、认知学和社会学等视角来探究学生的自我效能期望、任务价值、成功价值等对其学业成就产生的影响，研究成果丰富。[①]

期望价值理论最早由美国学者阿特金森(Atkinson，J. W.)于 1964 年提出，此后布罗菲、威格菲尔德(Wigfield，A.)等研究者又丰富了该理论。期望价值理论的核心是"期望×价值"模型，旨在预测个体的成功期望和任务价值对任务选择、个体表现、个体坚持和个体努力的影响。"期望"是在特定行为指向特定目标的学习过程中形成的，是对特定行为指向特定目标的预期；"价值"指的是个体对行为结果的意义或重要性的主观判断。"动机＝期望×价值"则意味着，人们参与一项活动的动机取决于他们对目前或未来的任务在何种程度上能够取得成功的期望乘以他们赋予成功的价值或这项任务给他们带来的回报。我们可以从以下三个方面来理解"动机＝期望×价值"的内涵。

第一，期望和价值这两个因素的共同作用决定了学习动机的水平。就如同

① 张诗雅、皇甫全：《学习的双重认知过程及对教学的启示——基于期望价值理论的分析》，载《教育研究与实验》，2017(1)。

一个乘法公式，在期望不变的情况下，价值越高，动机水平就越高；在价值不变的情况下，期望越高，动机水平就越高；而如果其中一项缺失（即为零），那么动机水平就会为零。

第二，当成功可能性为中等的时候，动机最强。在某些情况下，成功的可能性过高反倒会损害动机。例如，如果某学生的能力很强，对他来说，拿第一、上光荣榜是轻而易举的事情，那么他就无须尽最大的努力。这是因为，在成功的可能性和诱因价值之间存在着某种联系，即从困难的任务中获得成功的价值要大于完成简单任务的价值。因此，当成功可能性为中等的时候，动机最强。例如，两个实力相当的网球运动员进行比赛时，双方都会竭尽全力，而两个实力悬殊的运动员交手时则不会如此尽力：实力弱的运动员虽然很想赢，但是由于成功的可能性太小，因此不愿枉费努力；实力较强的运动员则认为取胜并不具有太大的价值，因此也不会尽其所能。

第三，任务难度为中等偏难的时候，动机最强。研究发现，随着任务难度的增加，个体的动机也会不断增强，直到个体认为成功的可能性变得很小或者不值得为成功付出那么多努力时，动机开始削弱直至下降为零。所以，中等偏难的任务（但不是不可能完成的）比简单的任务对动机有更大的激发作用，更有利于学生的学习和积极课堂行为的产生。

2. 期望价值理论的操作程序

"期望×价值"模型意味着教师在激发学生学习动机时必须帮助学生认识到当前任务的价值，并确保学生付出努力就能成功完成当前的任务。

第一，教师应帮助学生认识到当前任务的价值。

如图 5-4 所示，任务价值由四个部分组成：实现价值、内部价值、实用价值和成本价值。

学习任务的价值是影响学生学习动机的重要因素，它与期望交互作用，共同决定着学生的学习活动和行为表现。例如，学生成功完成学习任务的次数越多，他们的求胜欲、好奇心和兴趣越能被激发。学生体验到的成功带来的满足感和荣誉感，会促使他们对下一次的成功充满期待并产生积极的学习信念和学习行为。在这个过程中，个体的实现价值和积极期望交互作用，共同激发了学生的学习动机。因此，教师应该经常与学生沟通和交流，了解他们对任务价值的认识，并帮助学生认识当前任务所具有的独特价值，然后给学生提供有针对性的帮助和支持。

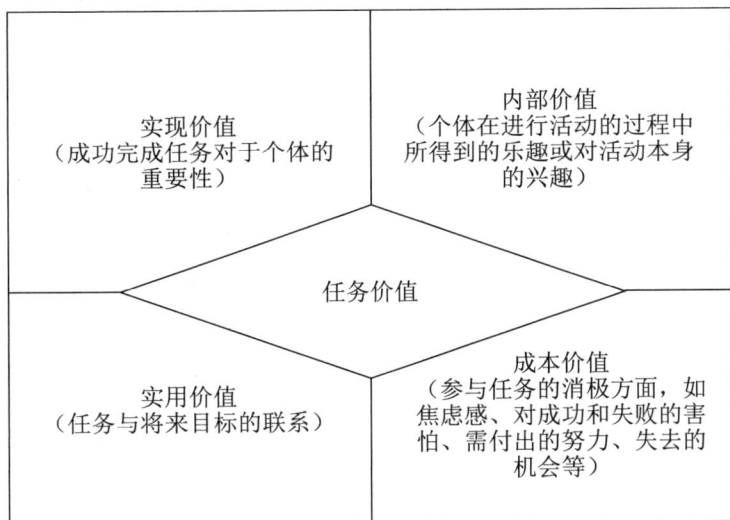

图 5-4　任务价值构成图

【真实案例】

　　我刚入职就被分配教四年级一班的语文。班里有个叫小刚的学生，他上课时经常走神，写作业也不认真。我和他谈过几次，他要么说不喜欢语文，要么说听不懂老师讲什么。对此，我很头疼，也不知道该怎样做才能让他上课认真听讲。有一次上课时，我发现他在偷偷看一本书，一本关于太空历险的科幻小说。我突然想到新手教师培训时讲到的动机问题，于是心中有了一个主意。下课前我宣布："这周的作文是创作一个历险故事，还需要配上图画。谁的故事写得好，我就奖励他一本科幻小说。"我希望这一招儿能奏效。等了一周，收上来作业后，我第一个就找到了小刚的作文。"啊，太好了。作文写得不错，我可以接着实行下一步计划了。"在作文讲评课上，我不仅表扬了小刚，还奖给他一本科幻小说。接下来就是我的第三步计划了。"这次课我给大家讲一种新的写作方法，要求大家课下使用这种方法创作一个故事，写得好的同学不仅有奖励，还能获得'写作能手'称号，代表我们班与五年级二班进行写作比赛……"上课的时候，我专门观察小刚，他确实认真听讲了，还把我讲的内容也抄在了笔记本上。初战告捷。我以后还得在学生的学习动机上再多花点心思。

第二，教师要确保学生付出努力就能成功完成当前的任务。

首先，教师布置的学习任务需要与学生的成就水平高度匹配，也就是说，任务不能过难也不能过易。如果学生认为不管自己做什么都能得到 A，那么他们的动机就不会得到最大限度的激发。同样，如果学生认为，不管自己做什么最后的结果都是失败，那么他们的动机就会很弱。所以，最好的任务水平是：对于大多数学生来说，获得 A 有难度，但有可能做到；而那些不努力的学生则有可能得到低分。对所有的学生来讲，成功都应当是可望而可即的，但也不是轻而易举的。

教师还要帮助学生认识到他们有成功完成该项任务的能力。对学习任务及成功保持高期待值是非常重要的。但是，学习过程中的失败是不可避免的，持"既然失败不能避免，那么就没有什么可努力的"观点的学生也存在，对失败的预期会导致个体逃避积极参与学习任务，或者导致个体变得消极、麻木。在学生时代，我们或许都曾有过这样的经历：一个需要大量搜索文献资料才能完成的学期论文会令人非常气馁，因此我们一推再推，直到剩下的时间不足以把论文做得很好；微积分令人望而生畏，因此选择课程时我们不选它而改选普通数学；等等。

【真实案例】

数学课上，小宇经常坐在课桌前无所事事。如果老师督促他，让他试着做某一道题目（这道题，以他的能力是能够做对的），他就会说，自己数学不行，根本不知道怎么做。当老师教给他解题的详细步骤，并鼓励他时，他就能做对大多数的题目，但这时他会坚持说，是老师教自己做的，或者他是猜出来的。在小宇心里，自己根本学不会数学，一做题就错，根本不可能做对数学题。

3. 实施策略

基于"期望×价值"模型，布罗菲提出了一套教师用以激发学生学习动机的策略，具体内容见表 5-1。[①] 教师可以单独选择增加成功期望的策略或提高价值认识的策略，也可以同时选择两类策略加以综合使用。

---

① Brophy, J. Motivating Students to Learn. New York: Routledge, 2004.

表 5-1 激发学生学习动机的策略

增加成功期望的策略	提高价值认识的策略
·提供成功的机会	·把课程和学生的生活联系起来
·教会学生制定合理的目标	·提供选择的机会
·教会学生评价自身表现	·教师要表现出对学习和教材的兴趣
·帮助学生认识努力和成功之间的关系	·引进新鲜、变化的元素
·提供有效的信息反馈	·给学生积极响应的机会
·为遭受挫折的学生提供特殊的激励支持	·允许学生创作作品
	·给学生相互交流的机会
	·提供外在奖励

【问题思考】

回想自己有没有对某项任务或者作业缺乏动机，使用"期望×价值"模型，分析自己对该项任务或者作业的期望和价值认定，反思自己对该项任务或者作业缺乏动机的原因，并提出应对策略。

【资料链接】

擅长激发学生动机的教师经常：

(1)运用新颖、神秘、活跃思维和刺激的手法使课堂充满活力。

(2)运用颜色、声音、动作、学生活动吸引和维持学生的注意力。

(3)给个人和小组布置课题，为学习增加一些目的性，鼓励学生提高自控能力和责任意识。

(4)把合理的期望和要求讲述清楚以避免混淆，争取学生的合作。

(5)提供持续的支持、帮助、反馈和鼓励，帮助学生克服遇到的障碍，顺利地进行学习。

(6)倾听学生的心声，保持灵活性，根据情况调整自己的教学。

(7)为学生提供大量展示他们成绩的机会，不仅向全班展示，而且向其他更多的观众展示。

(8)强调学生在行为表现、学习习惯和作业质量上应负的责任。

(9)运用以学生为中心的课堂评价方式。

(10)赋予学生一定的责任。

(11)运用多种教学方法。

(12)努力培养集体荣誉感。

当然，作为优秀的激励者，教师不会做以下事情：

(1)让学生感到枯燥乏味。

(2)让学生感到困惑不解，不知所措。

(3)不能始终如一。

(4)使学生灰心丧气。

(5)恐吓学生。

(6)因为学生不及格或有其他缺点而惩罚学生。①

【内容概要】

1. 小学课堂行为管理的主体不仅包括教师，还包括学生，小学课堂行为管理也是学生实现自主行为管理的过程；小学课堂行为管理的内容不仅包括对学生课堂问题行为的矫正，还包括对学生积极课堂行为的促进；课堂行为管理是学生本位的，旨在促进学生产生积极的课堂行为，其最终目的则是培养学生的自我行为管理能力。

2. 小学课堂行为管理一般包括制定规则、创设环境、监督行为、辨别行为、促进积极行为、纠正问题行为和培养自我行为管理能力七个过程，它能够发挥维持良好的课堂秩序、提供良好学习环境、鼓励积极的课堂行为、培养学生的自律能力的作用。

3. 坎特理论、格拉塞理论、高尔顿理论和德雷克斯理论是当前影响力较大的四种课堂行为管理理论。在教育实践中经常使用的行为管理模式有教学引导模式、行为矫正模式、教师权威模式、和谐关系模式、民主秩序模式、群体动力模式。

4. 课堂上学生的积极行为远比问题行为多。学生积极的课堂行为对促进学

---

① ［美］查尔斯、森特：《小学课堂管理》，吕良环、史清泉、南美善等译，81～84页，北京，中国轻工业出版社，2003。

习、提高学习质量至关重要。因此，要实现有效的课堂行为管理，教师应着眼于学生积极课堂行为的促进和塑造。

5. 针对学生缺乏学习动机这一问题，教师应该思考如下五个方面：学生知道做什么吗，知道如何做吗，知道为什么要做吗，他是否适合做，他想不想做。探明了这五个方面，教师就能明白学生为什么不想学习，然后在此基础上施以有针对性的帮助和支持，以真正促进学生学习。

6. 学生学习动机的激发是一个持续的动态过程，在学生充满学习激情时对其动机进行强化固然重要，但是当学生学习动机削弱时，如若教师能及时加以激发，这时所产生的效果对学生学习、教师教学和课堂管理而言尤其重要。因此，教师须把握合适的激发学习动机的时机。

7. 期望价值理论意味着人们参与一项活动的动机取决于，他们对目前或未来的任务在何种程度上能够取得成功的期望乘以他们赋予成功的价值或这项任务给他们带来的回报。期望和价值这两个因素的共同作用决定了学习动机的水平，如果其中一项缺失(为零)，那么动机水平就会为零；当成功可能性为中等或任务难度为中等偏难的时候，动机最强。教师在使用期望价值理论的时候，应帮助学生认识到当前任务的价值，并确保学生付出努力就能成功完成当前的任务。

【思考题】

1. 怎么理解小学课堂行为管理的内涵与意义？
2. 简要说明课堂行为管理的四种主要理论。
3. 简要说明课堂行为管理的六种基本模式。
4. 举例说明促使学生产生积极课堂行为的动机。
5. 简要说明期望价值理论的主要内容。
6. 简要说明布罗菲激发学生学习动机的主要策略。

【实践操作题】

1. 在教育见习、实习过程中，选择一个学生，观察他在课堂上的各种学习行为(包括积极行为和问题行为)并做好记录。然后通过与他聊天的方式，从他知道做什么吗，他知道如何做吗，他知道为什么要做吗，他是否适合做，他想不想做五个方面调查该生表现出某种行为的原因。

2. 观察一位学科教师的讲课视频，并进行如下探究：

(1)记录该教师的主要教学环节和教学活动及其对应的时间点；

(2)根据第二节的图 5-2 和图 5-3，绘制一幅学生课堂注意力变化图；

(3)分析该教师的教学设计有没有反映出对学生注意力可能发生变化这一因素的考虑。若有，分析教师激发学生动机的具体时机及其使用的活动。若无，反思应在什么时间、使用什么样的活动来激发学生的动机。

【补充阅读】

1. 刘惠军：《当代学习动机的理论和应用研究进展》，载《首都师范大学学报(社会科学版)》，2002(5)。

2. 李森、潘光文：《行为分析理论视角下的课堂管理策略》，载《课程·教材·教法》，2003(11)。

3. 薛国凤：《生态 管理 心理：学生课堂需要的三重视角——兼谈威廉·哥拉瑟"选择理论"的课堂教学意义》，载《宁波大学学报(教育科学版)》，2006(2)。

4. 万灿娟：《期望价值理论视角下提高学生课堂卷入度的路径分析》，载《教育导刊》，2019(4)。

5. 王泽杰、沈超敏、赵春等：《融合人体姿态估计和目标检测的学生课堂行为识别》，载《华东师范大学学报(自然科学版)》，2022(2)。

【自我反思】

通过本章学习，我对如下问题有了新的认识：

1. _____

2. _____

3. _____

关于本章内容，我对下列问题还有疑惑：

1. _____

2. _____

3. _____

第六章　小学课堂问题行为管理

>>> **内容结构导图**

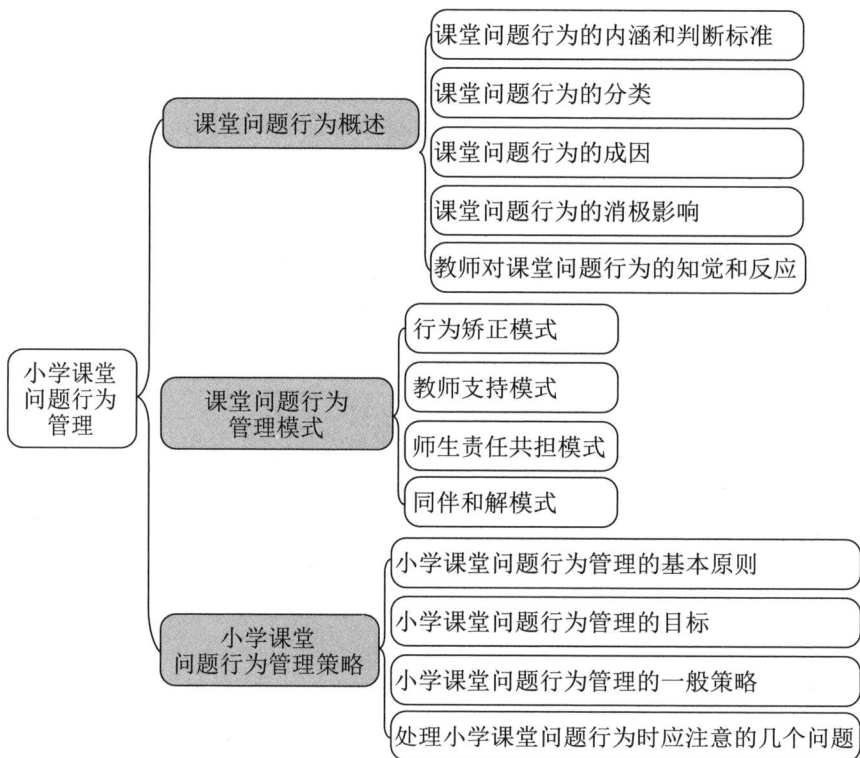

```
                                    ┌─ 课堂问题行为的内涵和判断标准
                                    │
                                    ├─ 课堂问题行为的分类
                    ┌─ 课堂问题行为概述 ┤
                    │               ├─ 课堂问题行为的成因
                    │               │
                    │               ├─ 课堂问题行为的消极影响
                    │               │
                    │               └─ 教师对课堂问题行为的知觉和反应
                    │
                    │               ┌─ 行为矫正模式
 小学课堂            │               │
 问题行为 ──────────┼─ 课堂问题行为 ──┤─ 教师支持模式
 管理               │    管理模式     │
                    │               ├─ 师生责任共担模式
                    │               │
                    │               └─ 同伴和解模式
                    │
                    │               ┌─ 小学课堂问题行为管理的基本原则
                    │               │
                    │   小学课堂      ├─ 小学课堂问题行为管理的目标
                    └─ 问题行为管理策略 ┤
                                    ├─ 小学课堂问题行为管理的一般策略
                                    │
                                    └─ 处理小学课堂问题行为时应注意的几个问题
```

>>> **学习目标**

1. 理解课堂问题行为的内涵、分类、成因及其消极影响，掌握课堂问题行为的判断标准，能说出教师对课堂问题行为的多样反应。

2. 掌握行为矫正模式、教师支持模式、师生责任共担模式、同伴和解模式的主要内容，并能够使用上述模式进行案例分析。

3. 理解小学课堂问题行为管理的基本原则和目标。

4. 掌握小学课堂问题行为管理的一般策略，会根据低调课堂管理策略、五步管理法和行为契约来制定自己的行动方案。

>>> 新手教师的困惑

部分新手教师对学生的问题行为持乐观态度，他们认为只要教师关心学生，学生就会自觉遵守纪律、懂礼貌、诚实、爱护公物、认真学习，并会对自己的行为负责，但结果并没有如他们所愿。部分新手教师对学生的问题行为持悲观态度，他们认为无论教师对学生多好，他们都不会听话，学生犯错时还是惩罚最见效，结果学生的对抗情绪越来越严重。

无论在什么样的课堂上，无论在哪位教师的课堂上，学生的问题行为都是难以避免的。课堂问题行为一经产生，就很容易蔓延，进而诱发许多类似或其他的问题行为。如果处理不当，不仅容易引起教师与学生之间的冲突，影响课堂教学活动的正常进行，而且还会影响学生的身心健康。因此，教师必须重视学生的课堂问题行为，对其进行观察和分析，予以正确的归因，并采取有针对性的策略，以减少或控制问题行为，确保课堂活动有序开展，确保学生主动高效学习并承担相应的责任。

第一节　课堂问题行为概述

课堂问题行为是影响和制约课堂教学质量的重要因素之一。一般来说，每个班都会有 4～6 名课堂问题行为比较突出的学生，占全班学生总数的 10％～20％，有的教师甚至需要花 76％的工作时间去处理学生的课堂问题行为。① 课堂问题行为不仅会干扰课堂教学的正常进行，影响学生学习质量，而且对师生的身心健康也会产生很大的负面影响，更是教师职业压力的重要来源之一。

_____

① 参见张彩云、武浩：《中小学生课堂问题行为研究述评》，载《心理与行为研究》，2016(3)。

一、课堂问题行为的内涵和判断标准

(一)课堂问题行为的内涵

由于理解的角度不同，20 世纪中期以来，学者们对课堂问题行为做出了众多的界定。

美国教育心理学家林格伦(Lindgren，H. C.)认为，问题行为是指"任何一种引起麻烦的行为，或者说这种行为所产生的麻烦"，因此，他将学生对教师和其他权威人士长期的对抗、极端的羞怯、过度的白日梦、旷课、长期的不愉快和抑郁等症状都看作问题行为的表现。[①]

美国心理学家威克曼(Wickman，E. K.)认为，问题行为是个体行为与社会对行为的规范和要求之间发生冲突的表现。[②]

我国学者邵瑞珍认为，课堂问题行为是"指不能遵守公认的正常儿童行为规范和道德标准，不能正常与人交往和参与学习的行为"[③]。

施良方和崔允漷指出，"课堂问题行为是指在课堂中发生的，违反课堂规则、妨碍及干扰课堂活动的正常进行或影响教学效率的行为"[④]。

陈时见认为，"课堂问题行为是指学生或者教师在课堂中发生的、违反课堂规则、程度不等地妨碍及干扰课堂活动的正常进行或影响教学效率的行为"[⑤]。

学者们对课堂问题行为的描述虽不完全相同，但其核心却是一致的，即课堂问题行为是在课堂中发生的行为；课堂问题行为主要指学生的课堂问题行为；课堂问题行为是违反课堂规则、与课堂行为规范和教学要求不一致的行为，是消极、负面的。

综上，本书中的课堂问题行为指的是学生在课堂中发生的，违反了课堂规

---

① ［美］林格伦：《课堂教育心理学》，章志光、张世富、肖毓秀等译，187 页，昆明，云南人民出版社，1983。

② Wickman, E. K. Children's Behavior and Teachers' Attitudes. New York：The Commonwealth Fund，1928.

③ 邵瑞珍：《学与教的心理学》，317 页，上海，华东师范大学出版社，1990。

④ 施良方、崔允漷：《教学理论：课堂教学的原理、策略与研究》，290 页，上海，华东师范大学出版社，1999。

⑤ 陈时见：《课堂管理论》，193 页，桂林，广西师范大学出版社，2002。

则、妨碍了或干扰了课堂教学和学习活动正常进行的消极行为。

【问题思考】

在现实的课堂教学中，不同教师对学生行为的感受是不一样的，这直接决定了教师对问题行为的判断。一些教师认为学生总是在未经教师许可的情况下发言会扰乱正常课堂秩序，这是一种问题行为；另一些教师则将其看作情绪激昂、思维敏捷的表现。一些教师会把那些在课堂上总是规规矩矩、听从教师指令的学生作为遵守纪律的榜样；另一些教师则认为这是思维不活跃、退缩、回避的表现，甚至有精力不集中、开小差的嫌疑。因此，教师对学生课堂问题行为的判断带有一定主观性。

谈谈你对上面这段话的理解。你认为什么样的行为是问题行为？

(二)课堂问题行为的判断标准

什么样的行为是课堂问题行为？"质"与"量"是两个主要的衡量标准。(见表6-1)从"质"的层面来看，主要包括是否违反了课堂教学规则，是否破坏了课堂教学秩序，是否影响了课堂教学活动。从"量"的层面来看，需要考虑以下几个因素：频率，此种行为是否经常发生；范围，此种行为的消极影响面有多大；强度，此种行为对个体及他人的干扰到了何种程度；时间，此种行为持续了多长时间。

表 6-1　课堂问题行为的判断标准

质的层面	量的层面			
	频率	范围	强度	时间
是否违反了课堂教学规则				
是否破坏了课堂教学秩序				
是否影响了课堂教学活动				

此外，在现实的课堂教学中，教师对课堂问题行为的判断还会受到时间、空间、事件性质、课堂气氛、学校文化、学生成绩、学生个性等诸多因素的影响。因此，判断学生的行为是否属于课堂问题行为绝非易事，需要教师根据具体情况具体分析，进而采取有针对性的解决策略。

【问题思考】

有教师认为，有问题行为的学生就是问题学生。请谈谈你对此观点的认识。

二、课堂问题行为的分类

由于不同学者对课堂问题行为的认识不尽相同，所以他们对问题行为的分类也不尽一致，表 6-2 列出了常见的一些课堂问题行为分类。

表 6-2　常见课堂问题行为分类

提出者	分类	主要表现
威克曼	1. 扰乱性问题行为	破坏课堂秩序、不遵守纪律和不道德的行为
	2. 心理性问题行为	退缩、神经过敏等方面的行为
奎伊 （Quay，H.）	1. 人格型问题行为	具有神经质特征的行为，如退缩等
	2. 行为型问题行为	具有对抗性、攻击性或破坏性等特征的行为，如交头接耳、尖声怪叫等
	3. 情绪型问题行为	由于过度焦虑、紧张和情绪多变而导致的行为，如过分依赖教师和同学，不能独立完成作业，胆小怕事，害怕失败，不敢举手发言，情绪紧张，容易慌乱等
伯顿 （Burden， W. S.）	1. 个体水平的不良行为	被提醒后才开始完成作业，不用心做功课，不能完成作业，不听从指示，做作业马虎，擅离座位，打扰别人，随便讲话，撒谎，说话粗鲁，退缩，自我否定，做小动作，不与别人交往，不参与集体活动，轻易放弃，不能与他人分享，逃学，不合作，不遵守秩序，有攻击行为，破坏公物，性情暴躁，偷窃和欺骗等
	2. 集体水平的不良行为	不团结同学，不遵守行为准则，消极对待小组成员，认同不良行为，容易分心，妨碍上课，模仿别人，道德水平低并表现出敌意、反抗和攻击行为，缺乏适应环境的能力等
辛肖 （Hinshaw， S. P.）	1. 外向型问题行为	容易被觉察的、直接干扰课堂正常教学活动的攻击型行为，如行为粗暴、喧哗、相互争吵、交头接耳、出怪声、做鬼脸、迟到早退、随意离开课堂、随意走动等

续表

提出者	分类	主要表现
	2. 内向型问题行为	不容易被觉察、对课堂教学活动的正常进行不构成直接威胁的退缩型行为，如在课堂上心不在焉、胡思乱想、发呆、做白日梦等注意分散行为，害怕提问、抑郁孤僻、烦躁不安、情绪低落、不与同学交往等退缩行为，看小说、翻杂志、不认真听讲、乱涂乱画、作业马虎、抄袭作业等不负责任行为，迟到、早退、中途逃课等抗拒行为
埃弗森等	1. 轻微的问题行为	虽违背课堂程序或规则，但并未打断课堂活动，不会严重干扰课堂学习，持续时间不长且限于少数学生的行为，如不经允许就抢答或离开座位、上课时间做与学习无关的事情、吃零食、乱扔垃圾、自习时间互相交谈等
	2. 范围和影响有限的问题行为	会破坏课堂活动或干扰学习，但仅限于少数学生，如心不在焉、不完成作业、不遵守课堂学习规则等
	3. 正在升级或传播的问题行为	因轻微问题行为未得到纠正而发展形成的行为，如很多学生随意地闲谈、频繁地违反课堂规则、拒绝完成教师布置的任务、频繁顶嘴等
王都留	1. 偶尔发生的问题行为	与情绪波动相关，能很快纠正的行为，如上课说话、走动、睡觉等
	2. 长期存在的问题行为	与个性及习惯相关，很难在短期内纠正的行为，如好动、注意力不集中等
杨心德	1. 行为不足	人们所期望的行为很少发生或从不发生，如沉默寡言等
	2. 行为过度	某一类行为发生太多，如经常侵犯他人
	3. 行为不适	人们期望的行为在不适宜的情境下发生，但在适宜的情境下却不发生，如上课时大笑等

注：根据陈时见、张彩云、王本陆、李森等学者的相关研究整理。

由表 6-2 可见，课堂问题行为的分类多种多样，各不相同。在小学阶段，学生的课堂问题行为多表现为打瞌睡、开小差、不认真听讲等影响较为轻微的问题行为。结合表 6-1 的判断标准，本书将课堂问题行为分为轻微课堂问题行为和严重课堂问题行为。轻微课堂问题行为：虽违反了课堂教学规则，但基本不会打断课堂教学活动的正常进程，对课堂教学活动所产生的影响不会太严重，对其他学生的辐射影响较小，如上课时间做与学习无关的事情、不经允许就抢答或离开座位、打瞌睡、开小差、不认真听讲、乱涂乱画、抄作业等。严重课堂问题行为：经常会打断课堂教学活动的正常进程，会对课堂教学和学习活动产生较大影响，对其他学生的辐射影响较大，如在课堂上打架、公然挑衅教师、辱骂同学、攻击同学等。

三、课堂问题行为的成因

为了更好地解决学生的课堂问题行为，必须探查问题行为产生的原因，这是教师正确解释学生课堂问题行为进而对症下药的基础。不同研究者从不同角度分析了引起学生课堂问题行为的各类原因，篇幅所限，本书仅就小学阶段较为常见的一些原因进行讨论。

(一)心理学的角度

从心理学的角度看，学生出现课堂问题行为的原因主要有：

第一，需要得不到满足。马斯洛认为，人类有生理的需要、安全的需要、归属与爱的需要、尊重的需要和自我实现的需要，一旦这些需要无法被满足，学生就容易产生问题行为。

第二，动机缺失。有些学生因缺乏必要的学习动机，对学习提不起兴趣，或无心向学，为所欲为，扰乱课堂秩序。

第三，寻求关注。一些学生在发现自己无法在学习方面获得教师和同学的认可时，常常以问题行为来寻求教师和同学的关注。

第四，避免不利。有些学生在学习上一再遭遇挫折，这时他可能会为了逃避即将到来的难堪而选择故意扰乱课堂秩序，让教师将自己逐出教室。

第五，获得地位。随着年龄的增长，学生的权力意识逐渐增强，这就驱使他们表现出一些与众不同或另类的行为，以获得同学们心中的"英雄地位"。

第六，适应不良。有些学生的自制能力较弱，不能很好地适应课堂纪律、规则和各种要求，因而表现出各种问题行为，这种现象在低年级学生的身上更加明显。

第七，心理障碍。小学生的心理障碍主要表现为焦虑和挫折。焦虑主要是由过多的学习压力或不和谐的人际关系而引起的，往往会使学生出现厌烦、不安、暴躁、敌视、紧张等行为。挫折是由于预期目标未能顺利实现而引起的，学生往往会出现灰心丧气、不积极参与、退缩、逃避、说谎、欺骗甚至故意发泄等行为。

此外，小学生的个性特点、认知特点、在建立自我同一性时期的冲动与理智的矛盾、渴望交流与自我封闭的矛盾等因素也会引发问题行为。

(二)生理学的角度

从生理学的角度看，学生出现课堂问题行为的原因主要有：

第一，年龄特征。小学阶段的学生年龄较小，问题行为多是由自我控制能力差而引起的。

第二，性别特点。小学阶段，男生多易产生吵闹打架、和教师对着干等外向型的问题行为，女生多易产生不爱说话、不积极参与课堂活动等退缩型的问题行为。

第三，生理障碍。学生的生理障碍是诱发课堂问题行为的重要原因。如因神经发育迟缓或神经功能障碍而造成注意力不足障碍、多动障碍的学生易出现注意力涣散、活动过度、冲动任性、情绪不稳等问题行为。

(三)教育学的角度

从教育学的角度来看，学生出现课堂问题行为的原因主要有：

第一，课程内容。有些学科课程的内容不能引起学生学习的兴趣，如学生认为对他而言有些课程内容太难、太容易或者毫无用处。这类学生就比较容易在课堂上表现出问题行为。

第二，课程安排。在学校教育中，不同学科课程总是按一定的顺序来安排的，在客观上存在某一学科课程影响另一学科课程的情况。如数学课被安排在体育课之后，数学课上学生因心情未平复或身体疲惫而出现的注意力不集中、打瞌睡等问题行为会比较多一点。当然，这种情况仅是偶发因素，并不是学生出现课堂问题行为的必然因素。

第三，教师素养。某些教师的专业素养相对较差，如教学观念陈旧，教学方法落后，不善于激发学生学习动机；备课不认真，讲课缺乏激情，枯燥乏味；表达能力差，教学语言和教学要求不清晰；学习活动组织无序，学生无规则可循；讲课节奏把握不当，教学效率低，常常拖堂等。教师的这些行为会使学生感到烦闷或疲惫，教师在学生心目中的威信和形象也会因此大大降低，从而诱发学生的问题行为。

第四，师生关系。师生关系是影响学生课堂行为的一个重要因素。和谐、亲密的师生关系带来的是合作、交流的课堂气氛，学生倾向于在教师的指导下学习；而紧张、冲突的师生关系则会引起学生的逆反心理，是学生出现课堂问题行为的一个不可忽略的诱因。

【资料链接】

据调查，在学生心中，以下六种教师最容易丧失威信，从而导致课堂问题行为的发生。

1. 业务水平低，教学方法差。

2. 对教学不负责任，懒懒散散。

3. 对学生的要求不一致，提出要求也不检查。

4. 随意向学生许诺，但总不兑现。

5. 软弱无能，缺乏魄力。

6. 缺乏自我批评精神，明知错了也要强词夺理。

(四)管理学的角度

从管理学的角度来看，学生出现课堂问题行为的原因主要有：

第一，教师课堂管理理念落后。课堂管理旨在保证教师教学、促进学生学习，但很多教师认为课堂管理就是对课堂纪律的管理，是对学生的绝对控制。教师对学生主体的忽视，会诱发学生的逆反情绪，从而导致问题行为产生。

第二，课堂管理方法和管理手段不当。如有的教师对问题行为反应过激，经常责备、训斥学生，对待学生的态度不公平，甚至滥用惩罚手段，学生对此产生敌意和逆反心理，进而产生各种课堂问题行为。而有的教师放弃课堂管理的责任，对学生不管不问，放任自流，学生没有受到任何规则的约束，问题行为自然频繁出现。

(五)生态学的角度

据调查，约有1/3的学生课堂问题行为是由环境因素引发的。从生态学的角度来看，学生课堂问题行为主要受课堂环境、家庭环境和社会环境三个方面的影响。

第一，消极的课堂环境。其一，课堂心理学习环境（主要是课堂气氛和人际关系）对学生的行为有显著影响。积极的课堂氛围可以减少课堂攻击行为，而消极的课堂氛围会持续增加学生的攻击行为。不和谐甚至是冲突、敌对的师生关系是引发学生问题行为的主要原因，此外，紧张的生生关系也会影响学生的行为。其二，课堂物理学习环境欠佳也会增加课堂问题行为出现的可能性，如课堂光线昏暗、色彩暗淡、噪声大、卫生条件差，那么学生可能会感觉压抑沉闷、昏昏欲睡、烦躁不安、精神涣散，从而产生问题行为。

第二，支持性欠佳的家庭环境。家长的文化背景、家庭结构、家庭氛围、父母的教养方式、家庭的经济条件等都会对学生的行为产生影响。特多塔（Trotter）的研究显示，父母的惩罚程度与少年犯罪以及攻击行为存在明显的正相关。

第三，复杂的社会环境。如果学生经常观看暴力电影、电视剧，他们就可能表现出更多的攻击性行为。

综上所述，课堂问题行为的出现是多方面因素共同作用的结果。课堂问题行为产生的原因复杂、多变，因此，教师应从多个角度综合分析课堂问题行为出现的原因，然后对这些诱因进行准确解读、形成合理的判断，进而"对症下药"，有效解决课堂问题行为。此外，每个学生都会表现出一定程度的问题行为，甚至班级里最优秀的学生也不例外，所以，教师不能将课堂问题行为视为"洪水猛兽"或是完全不能容忍的一种存在，而是应当用一种积极、发展的眼光来看待学生的课堂问题行为以及出现问题行为的学生，探索有效的教育方法和行为管理策略，及时改变学生的问题行为，塑造和保持积极的课堂行为。

四、课堂问题行为的消极影响

有两件事似乎可以使教师的生活快乐而美好：一是所有的学生都具有很强的学习动机；二是学生的捣乱行为和不负责任的行为消失得一干二净。遗憾的是，这两件事都是不容易解决的，无法帮助学生控制自己行为的教师总是感到非常痛苦，因为他们注定要长期遭受烦恼和疲惫的折磨。[1]

在课堂教学过程中，最令教师头疼的应该就是学生的问题行为了。费特勒

① ［美］查尔斯、森特：《小学课堂管理》，吕良环、史清泉、南美善等译，150页，北京，中国轻工业出版社，2003。

(Feitler，F.)等人通过对教师进行调查研究发现，有58%的被调查教师把"学生捣乱"排在工作压力的首位。琼斯发现，在比较典型的课堂上，由于学生的问题行为(如未经允许乱讲话、随意走动等)，教师失去了大约一半的教学时间。[①]教师总是不断地受到学生问题行为的困扰，学生不服从教师的管理，有时甚至公开对抗、顶撞教师。从古至今，学生的问题行为从未消失过，也成为教师在教学中最关心的问题。

虽然约95%的问题行为都是轻微的问题行为，但大部分教师都认为问题行为扰乱了他们正常的教学秩序，有时会导致非常严重的情况发生。具体而言，学生的课堂问题行为会带来以下五个方面的消极影响：

第一，影响学生的学习。学校教育的根本目的就是促进学生的学习。查尔斯认为，每个学生都有学习的权利，具有问题行为的学生无法将精力全部投入学习，不仅影响自己的学习成绩，还会对其他同学正常的学习活动造成干扰和影响，使其他同学无法进行有效的学习。

第二，影响教师的教学。当学生出现问题行为时，教师的情绪会受到影响。随着问题行为的消极后果越来越严重，教师不得不中断正常的课堂教学来维持课堂秩序、消除问题行为的影响，这就影响了课堂教学效率和质量。

第三，浪费课堂教学时间和学习时间。课堂时间是固定的。有研究表明，教师可用的授课时间约是规定总时间的60%，而学生真正用于学术学习的时间仅是规定总时间的40%。处理学生的问题行为会使教师失去大量本应用于教学的时间，教师有时甚至需要用50%的教学时间来处理课堂问题行为，这样的话，留给学生学术学习的时间就更少了。

【资料链接】

课堂时间到底有多少[②]

合理使用时间会最大限度地增加学生的学习机会，把受干扰的概率降到最

---

① Jones，R. A. The Child-School Interface：Environment and Behavior. London：Continuum Intl Pub Group，1995.

② Rosenshine，B. V. How Time is Spent in Elementary Classrooms. Journal of Classroom Interaction，2015(1).

低。那么，在校的时间中究竟有多少可以用于授课和学习？这看上去是一个简单明了的问题，答案却并不那样简单。

事实上，答案取决于你所谈论的时间的种类。美国大多数州都规定一个学年约为 180 天，每天 6 小时，每年的规定时间总计 1080 小时。但是，流行感冒可能暴发，学校锅炉可能坏掉，暴风雪可能导致推迟开学，教师研讨会可能要求提前结课。这样的因素直接减少了你能获得的教学时间，而所剩的时间就叫出勤时间。

甚至在学校上课、学生也都出勤的情况下，每天也只能留出大约 5 小时进行授课和学习，其他时间要用于午餐、午休和课间休息。另外，不同的教师使用这 5 小时的教学时间(instructional time)的方式也截然不同。理想状态下，可用时间的绝大部分应该成为授课时间，但是在有些班级，诸如检查出勤、收取餐费、分发材料以及批评有不当行为的学生等非授课活动消耗掉了过多的时间。

即使教师在授课，学生也不一定在认真听讲。我们必须考虑另外一种时间——参与学习的时间或者用于任务的时间(time-on-task)。我们假设一下，你正在授课，一些学生却开始传纸条、谈论万圣节服装，或者盯着窗外。在这种情况下，你用于授课的时间就大于学生参与学习的时间。研究记录显示，学生一般用于学习任务的时间是授课时间的 70%，而一些班级只有 50%。

最后，我们需要考虑的是学生用于有意义的学术学习的时间(academic learning time)。教师有时候非常执着于确保学生处于任务状态，却没能选择出在教育方面有益的任务。有一次，我们注意到一个二年级的班级在 60 分钟的语言艺术课上，用了 20 分钟时间给词汇练习册上的动物涂颜色。这些学生完全参与了学习任务，但是这个活动增强学生的阅读能力了吗？遗憾的是，这个事例并不罕见。一位教育观察家得出结论，很多学生升入高年级却没有掌握阅读技巧是因为他们把时间都用在了"蜡笔"上。

那么用于授课和学习的时间到底有多少呢？下图描述了这个问题的答案。最左边的方柱是官方规定的学年总时数——1080 小时。为了方便研究，我们假定学生缺席和学校关闭的时间是该数减去 10 天或者 60 小时。于是，第二个方柱显示的出勤时间为 1020 小时。一般每天有 1 小时用于午餐和休息，因此只有 840 小时可以实际用于教学(第三个方柱)。考虑到还需要完成一些行政性工作和管理任务，我们只有 680 小时的实际授课时间（第四个方柱）。如果学生在其中 80% 的时间里是注意听讲的，那么真正参与学习的时间就是 544 小时（第五个方柱）。再假设学生用于学术学习的时间是其参与时间的 80%，那么我们可以看到学生用于学术学习的时间仅约为 435 小时——大约只达到了规定总时间的 40%。

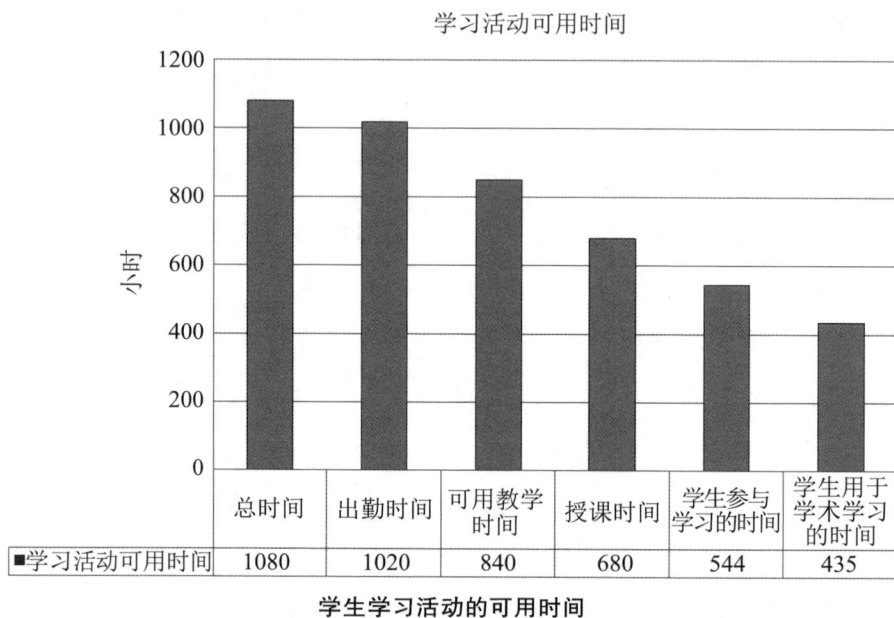

学习活动可用时间

学习活动可用时间	总时间	出勤时间	可用教学时间	授课时间	学生参与学习的时间	学生用于学术学习的时间
■学习活动可用时间	1080	1020	840	680	544	435

学生学习活动的可用时间

虽然这些数字只是一个大概的估值，但是该图提醒我们：学生实际可用于学术学习的时间远远低于最初看上去能获得的时间。

第四，形成紧张的课堂气氛。当学生的问题行为愈演愈烈，影响波及他人，造成教学中断时，教师必定会采取某种手段或方法制止学生的问题行为，因此可能会形成紧张的课堂气氛，给学生带来巨大的心理压力，对接下来的学习造成极大影响。

第五，造成对抗的师生关系。融洽的师生关系有助于课堂教学的顺利开展和学生的有效学习，但是学生的问题行为会使师生之间失去对彼此最基本的信任，导致师生之间产生冲突甚至是激烈的对抗。

【问题思考】

你认为课堂中有哪些活动或程序浪费了学生真正学习的时间？你有哪些方

法可以最大限度地增加学生真正学习的时间?

五、教师对课堂问题行为的知觉和反应

(一)教师对课堂问题行为的知觉

教师对学生课堂问题行为的知觉是指教师对学生课堂问题行为所具有的各种特征和外在表现的整体认知与判断。教师对学生问题行为的知觉程度直接影响其教育行为。

国内外研究者从教师知觉的角度对学生问题行为进行了研究。因凡蒂诺(Infantino,J.)和利特尔(Little,E.)发现,教师知觉到的学生课堂问题行为主要有:随便说话、影响他人、懒惰、不服从、发出噪声、侵犯他人、不守时、做事没有条理、随便离开座位、上课吃东西。其中,教师知觉到的最难解决同时也是发生最频繁的课堂问题行为是随便说话、影响他人和懒惰。[1] 张彩云发现,学生课堂问题行为主要有:走神、随便说话、多动、不跟随任务、不参与合作、退缩、嘲笑别人、妨碍他人、不服从和情绪失控。其中,小学生最普遍的问题行为依次是走神、随便说话和多动,这三类问题行为占教师提及总数的90.1%(见图 6-1)。此外,男生表现出的最普遍的问题行为更多地指向他人的行为,女生表现出的最普遍的问题行为更多地指向自身的行为。[2]

在教师知觉到的问题行为中,行为发生频率和给教师带来的困扰显示出较高的一致性,即发生频率高的问题行为给教师带来的困扰也大。像情绪失控等较为严重的问题行为偶有发生,虽然解决起来很麻烦,但是并不会对教师造成太大困扰。而像那些走神、随便说话、多动等小毛病的发生频率极高,给教师带来的困扰非常大。走神、随便说话、多动这些小毛病在课堂教学和管理过程中经常出现,不仅影响课堂秩序,妨碍教学工作,还会对学生身心造成一定的影响,因此教师不得不特地拿出时间和精力来解决这些看似并不严重的问题。

---

① Infantino, J. & Little, E. Students' Perceptions of Classroom Behavior Problems and the Effectiveness of Different Disciplinary Methods. Educational Psychology, 2005 (5).

② 张彩云:《小学教师对学生课堂问题行为的知觉》,载《中国特殊教育》,2007 (8)。

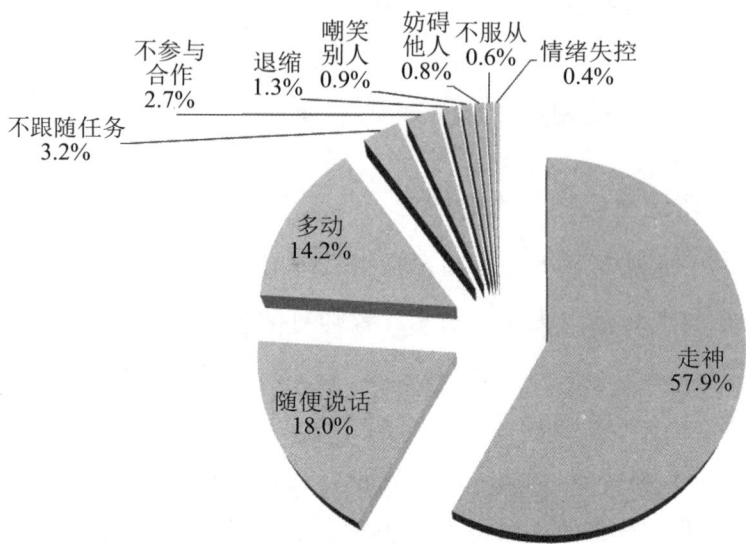

图 6-1　教师知觉到的学生最普遍的课堂问题行为

(二)教师对课堂问题行为的反应

教师在课堂管理过程中遇到的最大困难是如何正确地、有效地应对出现的问题行为。前面已讨论过，不同教师对课堂问题行为的反应不同，个别教师对问题行为反应过激，经常责备、训斥学生，对待学生的态度不公平，甚至滥用惩罚手段；而个别教师则放弃课堂管理的责任，对学生不管不问，放任自流。虽然教师有自由处理课堂问题行为的权利，但实践证明，上述这两种反应方式的效果是不好的。

教师可以使用多种方式来应对学生的问题行为，但是比提供多种选择更重要的是教师能对课堂问题行为做出正确的反应。在有效维持课堂秩序时，教师遭遇的最大困难是处置问题行为的方式既不能太温和，也不能太严厉。① 因此，教师应根据问题行为发生时的情境、问题行为的性质，以及问题行为发生的频率、强度、影响程度、持续时间等条件采取相应的应对措施。例如，问题行为是暂时性的，也不太可能反复出现，教师可以选择忽略它；如果问题行为频繁出现，但影响范围较小，教师可以使用眼神警告、暂停等温和的应对措施；如果问题行为反复出现，并影响到了周围同学，教师则应该采取取消特权等中等

---

① ［美］加里·D. 鲍里奇：《有效教学方法》，杨鲁新译，149 页，上海，华东师范大学出版社，2021。

程度的应对措施；如果问题行为持续升级，教师则应该采取放学后留校、请家长来校一起谈话、选修特殊课程等较为严厉的应对措施。

　　当学生问题行为发生时，教师特别是新手教师在课堂教学过程中，通常不会有太多的时间去仔细考虑或斟酌其反应是否能带来合理的后果，因此教师应提前了解学生可能会产生的课堂问题行为，以及这些问题行为一般如何来应对和处理。这些准备是必要的，可以让教师避免在遇到问题行为时手忙脚乱、不知所措。美国学者鲍里奇提出了教师处理不同程度问题行为的一些建议，并列出了教师在面对不同程度问题行为时一些可以选择的反应方式（见表6-3）。[①] 需要注意的是，这份表格中的内容可能并没有涵盖所有的问题行为，或者说它并不能完全契合我们自己的课堂情况，因此不能直接拿来使用。教师可以以它为参考和借鉴，分析、判断自己课堂上出现的学生问题行为，并确定一些适合自己的反应方式，以便遇到问题行为时可以迅速地做出反应，直接选择、使用恰当的应对措施。

表6-3　学生问题行为及教师反应方式一览表

学生问题行为		教师反应方式	
类型	具体表现	类型	反应方式
轻微问题行为	顶嘴、争吵 随意说话 发言不举手 离开座位 干扰他人 上课睡觉 拖沓 扔东西 打赌 上课吃东西 轻微打闹和争斗 轻微损坏他人物品 ……	温和的反应	眼神注视 言语提醒 提问 警告 反馈 暂停 调换座位 ……

---

　　① 参见［美］加里·D. 鲍里奇：《有效教学方法》，杨鲁新译，150页，上海，华东师范大学出版社，2021。

续表

学生问题行为		教师反应方式	
类型	具体表现	类型	反应方式
中等程度的 问题行为	擅自离开教室 侮辱他人 不听从指挥 旷课 欺骗、撒谎、剽窃 打架 …	中等程度的反应	放学后留校 订立行为契约 取消特权 给家长打电话 停课 校内服务 …
严重问题行为	伤害或谩骂教师、同学 偷盗、占有、变卖他人财物 逃学 屡教不改，不服从管教 …	严厉的反应	放学后留校 请家长来校一起谈话 选修特殊课程 …

【实践操作】

1. 小组成员对表 6-3 中学生问题行为的类型、具体表现及教师反应方式进行讨论和分析。

2. 在讨论、分析的基础上，小组参考表 6-3 的内容，制定一份小学生问题行为及教师反应方式表。

第二节　课堂问题行为管理模式

如前所述，学生的课堂问题行为类型多样，表现各异，对教师教学、学生学习、课堂气氛、课堂时间和师生关系等都会造成不同程度的影响，因此教师能够灵活使用多元管理模式以应对类型多样的课堂问题行为是至关重要的。本书第五章所讨论的课堂行为管理模式，围绕的是课堂上学生的所有行为，既包括积极行为又包括不良行为或问题行为。除这些模式之外，本节将再介绍四种专门用于解决学生问题行为的模式，即行为矫正模式、教师支持模式、师生责任共担模式以及同伴和解模式。

一、行为矫正模式

行为矫正模式的理论基础可追溯至行为主义的学习理论，即运用学习理论来处理个体在行为和情绪方面的问题。从产生开始，行为矫正模式就将不同的观点或原理纳入自己的理论体系中，如刺激—反应学习原理、操作条件学习原理、模仿学习原理等。行为矫正模式认为，人的行为（包括积极行为和问题行为）都是可以习得的，所以问题行为的矫正或消除、新的良好行为的建立也应该可以在学习过程中通过强化、惩罚、消退、类化、塑造等手段而实现。

图 6-2 解释了行为矫正的一般流程。教师首先要通过分析行为的前因而形成对学生行为的正确认知。关于那些不符合课堂规则的问题行为，教师则通过惩罚（如消退、暂停、反应代价、厌恶刺激等）来降低其发生率，或者彻底消除该行为。关于那些符合课堂规则的良好行为，教师则通过正强化的手段来增加其发生率。当然在这个过程中，有些问题行为也可能由于教师不经意的使用负强化而得到加强。因此，教师需要使用间歇强化的手段使这些已得到矫正的行为或已经习得的良好行为得以保持。

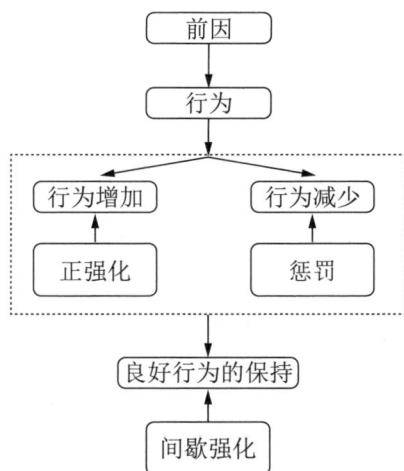

图 6-2　行为矫正流程图

行为矫正模式的直接目标在于消除个体的不良行为，但其长远目标远不止于此。它还强调培养和发展个体的良好行为，进而使个体的情感和认知发生积极的变化，最终使个体学会控制自己的行为，学会进行自我管理。

根据行为矫正模式的基本理念，在管理课堂问题行为时，教师可以按照如下步骤去实施。

第一步，设立规则和程序。

第二步，明确期望的行为和非期望的行为。

第三步，寻找问题行为的前因。

行为前因是指促使某人产生某种行为的事件或刺激，前因可以是声音、情境、特殊的人、材料或者地点等，如：

· 声音：喧闹的教室会让学生更加喧闹，同伴的谩骂会让学生也以谩骂回击，教师威胁的口吻会让学生想反驳。

· 情境：教师把手放到嘴唇上表示安静。

· 人：校长进来时，每个人都倾向于保持安静。

· 材料：一大摞数学习题会让学生抱怨。

· 地点：操场、教室、教师办公室会引发学生不同的行为。

第四步，纠正学生的问题行为。

学生产生问题行为时，教师应及时惩罚这些问题行为，同时要奖励良好的行为，通过这种方式，学生能够习得教师期望的行为，减少问题行为。惩罚的方法有很多。例如，"行为暂停"，使用这种方式教师就可以不让学生在发生问题行为后体验到任何强化。"补偿矫正"，即学生不仅需要对自己的错误进行改正，还需要做点其他好事来超额补偿，如故意弄脏桌子的学生不仅要把那张桌子清洗干净，而且必须把教室里的其他桌子都清洗干净；侮辱他人的学生除了向被侮辱学生道歉之外，还需要向全班同学道歉。

当教师想教给学生一种新的行为或想使学生已有行为反复出现时（即行为增加），必须采用某种强化行为。强化可以是正强化也可以是负强化。在行为发生后，如果通过提供所需的奖励来增加行为的频率，就会出现正强化；而如果通过终止或消除一些令人不快的状态来增加某种行为的频率，就会出现负强化。例如，当一个不想回答教师问题的学生发现，如果他不看教师，教师就不再叫他回答问题时，他这种不看教师的行为就得到了负强化，该生就会重复这种行为来达到他理想的状态。同样，当一个学生在课堂上发出分散注意力的声音，而教师把他赶出教室时，教师会负面地强化这种声音行为；当该学生再次不想待在教室里的时候，他就会发出一些怪声，以达到让教师把他赶出教室的目的。

因此，是教师在无形之中（通过负强化的方式）教会学生采取某些行为以逃避或避免不愉快的情况。一些心理学家也认为，学生的不良行为或问题行为更多是通过负强化习得的。

第五步，帮助学生保持已经习得的良好行为。

当对学生某一特定行为及其出现的频率感到满意时，教师就可以使用间歇强化来促使学生保持当前的行为。例如，一个学生在开学初连续迟到，但现在他能按时到校了，这时教师可以隔一段时间（如每周，或随机选一天）就表扬该生一次（即间歇强化），使其能继续保持当前的行为。

相比其他模式，行为矫正模式操作相对简单，能够在较短的时间内见到效果，问题解决的效率最高，特别是对那些年龄较小、讲秩序、守纪律的学生而言，其效果尤为显著。在使用行为矫正模式时，教师还需要注意强化物的有效性问题。根据行为矫正模式的基本原理，只有学生喜欢的、在意的强化物才能真正发挥其矫正功能；否则，矫正的效果就不明显甚至无法发挥其功能。这就要求教师在前因分析的基础上，根据学生特点，精准选择强化物。

【问题思考】

1. 行为矫正模式提出了解决学生问题行为的五个基本步骤，在这五个基本步骤中，你认为哪一步或哪几步是最重要的？为什么？

2. 从该模式中你学到了哪些经验？

二、教师支持模式

教师支持模式主要以美国学者弗瑞德瑞克·琼斯关于课堂问题行为管理的理念为理论基础。琼斯在他的研究中发现，多数教师所担心的危机事件，如打架、公开对抗教师等很少发生，即使在难以驾驭的班级也是如此。事实上，大约80%的违纪行为只不过是上课未经允许乱讲话；另有15%是该坐在座位上的时候，学生却在教室里乱走动，或是上课走神、制造噪声等。琼斯认为，要解决这些问题行为，一般而言，教师无须马上使用强制的手段，而是应该制定简洁、易于理解、易于操作的规则，保证学生将注意力集中到学习任务上。这样，既能从客观上减少问题行为的产生，同时也能避免因干扰其他同学而诱发更多的问题行为。①

教师支持模式的目的不只是制止学生的课堂问题行为，更重要的是通过教师提供的各种外部支持，引导学生按照规则行动，培养学生的自我行为管理能力。使用该模式的教师在管理课堂问题行为时可以按照如下步骤去实施。

第一步，制定简洁、易于理解、易于操作的规则。

在制定规则时，教师首先应帮助学生了解哪些行为可以被接受，哪些行为不可以被接受，然后教师和学生经过讨论制定所有同学均需遵守的规则。需要注意的是，琼斯制定的规则不是简单罗列"允许"或"禁止"的条条框框，而是说明了学生做事的具体方式，如学生如何做作业，如果需要学习用具应该怎样做，如果自己完成学习任务有困难应该怎么办，怎样处理完成的作业，等等。

第二步，指导学生学习规则。

为了确保学生能清楚地理解教师制定的规则，教师应详细讲解各项规则及其具体实施要求。同时，要求学生重复教师所讲的内容；必要时，要求学生做出相应的动作以强化规则的学习效果。

第三步，使用预防策略。

琼斯建议的预防策略主要有奖励策略和身体语言策略。琼斯认为"奖励制度就像放在马面前的胡萝卜"，他建议教师运用"快乐活动"的方式激发学生学习动机。"快乐活动"能有效指导学生的行为，原因有三：一是"快乐活动"是学生所喜欢的活动或事情；二是"快乐活动"的内容和教学密切相关，是对教学内容的强化，能够发挥激励学生认真学习的作用；三是"快乐活动"让学生知道，只有当他们按教师要求去做时才能得到这种奖励。

例如，某老师经过与学生沟通，得知他们最喜欢游戏比赛（即琼斯所说的"快乐活动"）。于是，该教师制定了这样一条规则：一周内每天都能完成家庭作业的学生可以在周五下午最后一节课参加班级游戏比赛，胜出者获得周末作业豁免卡。有了这条规则，在一周的学习过程中，大部分学生的学习劲头都很足，课堂上的轻微问题行为也减少了很多。

---

① Jones，F. H. Positive Classroom Discipline. New York：McGraw-Hill，1987.

琼斯认为，教师的身体语言是帮助学生区分可接受行为与不可接受行为界限的有效工具。有效的身体语言，如走近学生、身体姿势、面部表情、声音语调、眼睛接触等，都能向学生传递信息，甚至可以防止90%的轻微问题行为的发生。

例如，学生A停止做作业，并开始与学生B讲话，突然他看到老师走近，于是赶快低下头重新开始做作业。学生C听数学课时走神了，她在想刚买的新玩具。当她注意到老师停止了讲话，便抬头看，结果她发现老师在看她，于是马上坐好，认真听课。

第四步，为学生提供有效支持。

琼斯发现，学生之所以表现出问题行为，很多情况下是因为他们不知道该做什么，或者怎么去做某件事。

例如，老师向学生演示如何进行多位数的除法运算，之后指导学生做练习，最后再给学生布置习题让他们独立做。很快就有几名学生举手求助……几分钟后，有几个已经完成了学习任务的学生无事可做，于是便自己找点"事"做，开始捣起乱来。

上述这种情境对教师来说太常见了。对此，琼斯的建议是运用图表提示或可视化教学图，供学生遇到问题时参考，这样学生可以不必总是向教师求助，而教师也能在更短的时间内向学生提供足够的帮助和支持，使他们能够继续完成学习任务。具体而言，教师可以首先表扬学生做对的地方；接着直接提示学生按可视化教学图的第几步去做，如"下一步应该做……"；然后在确保学生知道了如何做之后，迅速离开。

第五步，使用强制手段。

虽然教师支持模式不建议教师较多地使用强制手段，但是，如果上述方式没有获得预期的效果，那么这时教师应及时采用诸如警告、点名批评、惩罚、与家长联系、逐出教室等强制手段，避免该学生的问题行为持续发生或其消极影响波及班内更多学生。

【问题思考】

1. 请说一说教师支持模式的优点和缺陷分别是什么？
2. 从该模式中你学到了哪些经验？

三、师生责任共担模式

师生责任共担模式主要借鉴的是美国研究者斯宾塞·卡甘（Kagan，S.）、帕特丽夏·凯尔（Kyle，P.）和赛莉·斯哥特（Scott，S.）提出的"双赢纪律"（Win-Win Discipline）理念。

所谓"双赢"，其一是教师的"赢"，即教师解决了学生的课堂问题行为，促进了教学，同时还赢得了学生的配合和尊重；其二是学生的"赢"，即学生赢得了教师的理解，在教师帮助下改正了课堂问题行为，促进了自己的学习，并学会了自我管理和对自己的行为负责。"双赢纪律"理念认为，任何扰乱学习过程的学生行为都是纪律问题，而学生未满足的需求则是纪律问题的根源，为此，教师需要通过强大且经过验证的纪律策略来处理纪律问题。

"双赢纪律"理念的突出贡献体现在两个方面：一是提出了问题行为的四种类型，即冒犯行为、破坏规则行为、直接对抗行为和不参与行为。二是提出了问题行为的七种归因，分别是引起注意、恼怒、避免失败、厌烦、寻求控制、不知道和精力旺盛。因此，教师要基于这七种归因来分析学生的问题行为，以寻找最佳的解决方案。

例如，当一名学生招惹同学时，教师不能想当然地认为他在生气。事实上，他的行为可能与下面七种归因中的任何一种都有关系。

引起注意：目的是寻求别人的认可，得到别人的关心、关注和爱护。该生出现问题行为可能是因为他想引起教师和其他同学的注意。

恼怒：目的是想办法发泄自己的怒气。该生出现问题行为可能是因为他在生那名同学的气。

避免失败：目的是想避免在别人面前表现出愚蠢或失败的样子。该生出现问题行为可能是因为他想掩盖自己的紧张情绪或逃避某项任务。

　　厌烦：目的是通过问题行为消除厌烦的情绪。该生出现问题行为可能是因为他坐在那里无所事事，想找点事做。

　　寻求控制：目的是寻求一种能自我做主的感觉。该生出现问题行为可能是因为他想让别的同学听他的话，或者是服从他的命令。

　　不知道：因为不了解规则而做出某种行为。该生出现问题行为可能是因为他不了解校规。

　　精力旺盛：目的是寻求能量的释放。该生出现问题行为可能是因为他精力旺盛，手脚闲不住。

　　师生责任共担模式的目的在于通过师生互动寻找问题解决的方案，以培养学生为自己行为负责的能力；同时教师承担问题行为解决的责任，通过努力满足有问题行为学生的更深层次的潜在愿望，减少或消除问题行为。使用师生责任共担模式的教师在管理课堂问题行为时可以按照如下步骤去实施：

　　第一步，设立课堂规则。

　　第二步，阐明师生责任共担的核心理念。

　　首先，教师阐明自己所负的责任，让学生清楚地知道，当遇到问题行为时，教师会与他们站在同一边而非其对立面，教师将尽力用与他们相同的角度看问题，与他们一起负责研究解决问题的方案。其次，教师阐明学生应负的责任，让学生学会以积极的、负责的方式而不是以扰乱课堂学习秩序的方式来满足自己的需求，让学生明白他们应该做到自我管理。

　　第三步，师生合作辨别问题行为。

　　当问题行为产生时，教师和学生一起讨论，辨别问题行为属于冒犯行为、破坏规则行为，还是直接对抗行为或不参与行为。只有分清问题行为的类型，才能更好地帮助学生寻找解决问题行为的方案。

　　第四步，对问题行为进行归因分析。

　　教师和学生进行深入的沟通和交流，引导学生从引起注意、恼怒、避免失败、厌烦、寻求控制、不知道和精力旺盛这七个方面来寻找导致问题行为产生的真实原因。

第五步，师生共同制定解决问题的执行方案。

师生合作讨论，共同制定解决问题的执行方案。执行方案要有具体的程序和操作步骤，必要时可以以书面形式呈现。这样的执行方案使得学生有据可依，有例可循。遵照执行方案改正错误的过程也是学生承担责任、自我管理的过程。

【问题思考】

1. 学习了"双赢纪律"理念，说一说它的哪些观点引起了你的注意和兴趣？为什么？

2. 你认为师生责任共担模式最大的优点是什么？从该模式中你学到了什么？该模式对你未来管理学生的问题行为有哪些启发？

四、同伴和解模式

同伴和解模式主要借鉴的是美国学者芭芭拉·科洛索(Coloroso，B.)提出的"内在纪律"(inner discipline)课堂管理理念。

科洛索提倡低度控制或指导性的课堂管理方法，她鼓励教师通过"尊重学生，给予他们自主权，允许学生自由选择自己的行为并因此体验自然和合乎逻辑的后果"的方式来培养学生的"内在纪律"。同时，她还指出，教师在指导学生为自己的选择和行为负责的过程中，应尽力帮助学生做出他们自己的决定。[①]

与其他三种模式不同，同伴和解模式主要解决的是同伴之间的冲突和学生问题行为给同伴关系带来的消极影响。其目的在于教师帮助存在问题行为的学生积极寻找解决方案，培养学生为自己行为负责的能力；同时教导该学生通过与同伴的积极沟通，消弭隔阂，恢复友好的同伴关系。使用同伴和解模式的教师在处理课堂问题行为时可以按照如下步骤去实施。

第一步，指导学生马上弥补过错或过失。

例如，某学生弄乱了同伴的书或者碰掉了同伴的水杯，他应马上恢复原状或拾起后摆放在原处；如果他损坏了同伴的物品，则应负责修理该物品或给予

---

① Coloroso，B. Kids Are Worth it! Giving Your Child the Gift of Inner Discipline. New York：Harper Collins Publisher，1995.

同伴相应的物质赔偿；如果他对同伴出言不逊，则理应向同伴道歉。在这一步中，教师应及时提供帮助，指导该学生尽快弥补自己的过错。

第二步，引导出现问题行为的学生真诚道歉。

当给别人造成损失或伤害时，道歉是必要的。但是，如果学生不是发自内心地认识到错误并向同伴真诚道歉，那么大多数情况下只是表面上解决了问题，实质上并不能弥合学生之间的关系裂痕，甚至会埋下进一步冲突的隐患。

因此，在第二步中，教师需要做两件事情。首先，引导学生弄清楚如下几个问题：

- 他到底做了什么？
- 他给同伴带来了什么损失或伤害？
- 他的行为让同伴如何看他？
- 他的行为让班里其他同学如何看他？
- 他的行为可能带来哪些（可怕的）后果？
- 面对这些可能的后果，他有什么样的感受？
- 他想不想避免这些（可怕的）后果的出现？
- …………

其次，当学生认识到所犯错误时，教师应引导学生向同伴真诚道歉，并做出承诺，避免类似事情再次发生。

第三步，引导出现问题行为的学生提出与同伴和解的方案。

在解决同伴之间的冲突的课堂管理实践中，绝大多数教师和学生在完成第二步后就倾向于结束这个过程。但是，无论道歉或承诺多么地发自内心，有时候受到损害的一方还是很难在短时间内释怀。这时，教师应引导学生与同伴进行沟通，并提出恰当的和解方案，以恢复友好的同伴关系。

【案例分析】

五年级学生小君，因同桌未让他抄数学作业而大发脾气，甚至撕了同桌的作业本。

请说明你将如何使用同伴和解模式来处理这种类型的问题行为。

【问题思考】

1. 你认为同伴和解模式最大的优点是什么？
2. 在实践中使用同伴和解模式可能会存在哪些困难？
3. 从该模式中你学到了哪些经验？

第三节　小学课堂问题行为管理策略

一、小学课堂问题行为管理的基本原则

(一)促进学生自我管理原则

促进学生自我管理是课堂管理的终极目的，也是课堂问题行为管理的根本原则。针对学生出现的问题行为，不管采取何种方式，是惩罚还是奖励，是干预还是制止，教师都应以培养学生对自己行为负责和实现自我管理为主旨。

(二)最小干预原则

在处理一些常规的课堂问题行为时，最小干预原则是教师应该遵循的最重要的一条原则。它包含两个方面的内容：一是教师应当运用那些能够起作用的、最简单的干预策略来纠正学生的问题行为；二是教师在非必要的情况下尽量不要中断正常的教学进程，可以使用暗示、非言语信息等方式提醒或警示学生。

【资料链接】

美国学者罗伯特·斯莱文在《教育心理学：理论与实践》中提出了最小干预原则的程序和操作范例，具体内容如下：

程序	操作范例
预防	教师展现出教学热情，安排多种活动，保持学生的兴趣。
非言语线索	××迟交作业后，教师皱了皱眉。
表扬与不良行为相反的正确行为	××，听说你按时把科学展览的作业交上去了，能给我们班争光，你真是太棒了！
表扬其他学生	我发现你们大部分人今天都按时交了作业，对此我非常高兴。
言语提醒	××，你的作业请按时交上来。
反复提醒	××，按时交作业是很重要的。
后果	××，下课后找时间完成刚才没有写完的作业，放学前将作业送到我办公室。

(三)尊重原则

每个人都会犯错，学生也不例外。当课堂问题行为发生时，让学生在同伴面前颜面扫地不是理智的做法，甚至可能会将单方面的问题行为转变成师生双方的矛盾，极大地影响师生关系，进而影响课堂教学的正常进程。因此，面对学生的课堂问题行为，教师应冷静应对，首先应尊重学生的个性，维护学生的尊严，然后通过师生间真诚的沟通、交流、协商甚至谈判，找到解决问题的最好方案。尊重学生的教师也会赢得学生的尊重。师生双方互相尊重是课堂问题行为得以顺利解决的基础。

(四)帮助和支持原则

我们不止一次地谈到课堂问题行为管理的目的，是促进学生学习，促进学生自我管理。课堂问题行为管理不等于惩罚，惩罚只能暂缓或暂停课堂问题行为的继续发生，不能彻底解决问题行为。惩罚的目的是使违反规则者为错误行为付出代价，继而不敢再实施同样的违纪行为，但它有时候也会带来消极的后果。课堂问题行为的管理在本质上是教育性的，是教给学生处理问题的方法，培养学生负责任的意识，因此，教师提供的帮助和支持才是彻底解决课堂问题行为的关键。

(五)可选择性原则

教师应该掌握一套课堂问题行为管理策略以供自己和学生选择。具体而言，这种选择性体现在四个方面：其一，课堂问题行为发生时，留给教师处理问题的时间其实并不宽裕，教师如果没有可选择使用的任何策略，很可能就会陷入手足无措的困境；提前掌握一套管理策略，则能让教师沉着应对，解决问题。其二，如果提前掌握了一套管理策略，问题行为发生时，教师就可以自由选择与某种行为、某种情境最为匹配的解决策略，从而提高问题行为解决的成功率。其三，教师应该认识到，一开始采取的应对措施不一定能对问题行为起作用，所以有必要为解决不同的问题准备多样化的应对策略，以备不时之需。其四，学生改正问题行为的过程本就是一个改变自己意愿的过程，因此会有不同程度的不情愿或抵触情绪。如果这时教师使用强制、惩罚或训斥的方法，就可能诱发学生的逆反心理；如果教师给学生不同的选择，学生的注意力就会转移到如何选择才会对自己最有利上，进而实现让学生主动改正问题行为的目的。

二、小学课堂问题行为管理的目标

课堂问题行为管理是一个长期的、反复的过程，在这个过程中，教师还应设置预防目标、即时目标、阶段目标和长远目标，本节将对这几种类型的目标逐一讨论。

(一)预防目标

教师应根据相关课堂管理理论，综合考虑所教学科的特点、所教学生的身心特点，以及班级学习气氛、学习环境、师生关系等，设置预防目标，即预测可能会出现哪些课堂问题行为及其出现的时间、方式等，然后准备好一套应对策略。

(二)即时目标

课堂问题行为一旦发生或即将发生，教师应该做的首先是及时制止错误行为，避免其升级为严重问题行为；其次是考虑使用什么策略，在不打断教学或不影响正常的学习气氛的同时制止问题行为、迅速把课堂秩序带入正轨；最后是考虑使用什么策略，让学生回归或重新启动正确的行为。

(三)阶段目标

教师在帮助学生改正错误行为之后，还需要使用间隔强化的方式巩固其习得的正确的或良好的行为。因此，教师须制定阶段目标，明晰通过什么形式跟踪和检测新习得的行为，有哪些行为需要检测，如何确定这些新习得的行为已经得到巩固，经过多长时间需要再次对其进行强化，等等。

(四)长远目标

纠正问题行为不能一蹴而就。问题行为可能重复出现、多次出现，也可能变换为其他形式出现。因此，有效管理课堂问题行为还需设置清晰的长远目标：首先是如何避免问题再犯，为此教师需要精心策划、灵活使用多种管理策略；其次是如何将潜在的消极作用或副作用降至最低；最后是如何将对班内其他同学的辐射影响最小化。

三、小学课堂问题行为管理的一般策略

课堂问题行为是教师经常遇到而又非常敏感的问题，如果处理不好，就可能损害师生关系，破坏课堂气氛，影响教学效率。课堂问题行为的恰当处理，取决于教师对于管理策略的有效运用。

对于课堂问题行为，学者们提出了各种管理策略。普卢(Poulou，M.)和诺里奇(Norwich，B.)将问题行为管理策略分为四种：其一，积极策略，包括奖励，提供支持、咨询等；其二，消极策略，包括惩罚、威胁等；其三，调整策略，包括对有问题行为的学生进行个性化教学、行为追踪、提升专业知识等；其四，转介策略，将有严重问题行为的学生转介给学校心理学家或特殊的教育机构。[1] 查明华等人研究发现，教师处理学生心理健康问题时采用的策略主要有：言语疏导型策略、责任转移型策略、惩罚约束型策略、行为疏导型策略、拒绝忽视型策略和情感关爱型策略。[2] 张彩云研究发现，教师解决学生课堂问题行为时经常采用提醒、改变教学方式、沟通了解、说服教育、学生自我管理和惩罚等策略，其中，教师最多采用的策略是提醒，最少采用的策略是惩罚。[3]

---

① Poulou，M. & Norwich，B. Cognitive，Emotional and Behavioral Responses to Students with Emotional and Behavioral Difficulties：A Model of Decision-making. British Educational Research Journal，2002(1).

② 查明华、申继亮、高潇潇：《中学教师处理学生心理健康问题的策略类型研究》，载《华东师范大学学报(教育科学版)》，2002(2)。

③ 张彩云：《小学教师解决学生课堂问题行为的策略特点》，载《中国特殊教育》，2008(11)。

陈时见在其研究中提出三类课堂问题行为管理策略：运用先入为主策略，事先预防问题行为；运用行为控制策略，及时终止问题行为；运用行为矫正策略，有效转变问题行为。[1]

上述研究多从管理策略分类的视角出发提出相关建议和做法，具有一定的概括性。为方便新手教师模仿使用，本节将介绍几种具体的实施策略及其操作步骤。

(一)低调课堂管理策略

无论什么样的管理策略，都有其适用的情境和范围。现实中的课堂问题行为管理是一个复杂的、充满变数的决策过程和应对过程，有时候仅仅使用某一种策略可能无法圆满地解决问题，因此，有效的课堂管理者必须能够将不同策略的精华整合起来使用。[2]

如何既不打乱正常的教学秩序，又能纠正学生的课堂问题行为，从而使教学顺利进行？卡尔·瑞尼(Rinne, C. H.)于1982年提出的低调课堂管理策略可以给新手教师们一些启发。所谓低调课堂管理策略，指的是在不打断正常教学进程的前提下有效制止课堂问题行为的一种课堂管理策略，它适用于纠正那些经常发生的、外显的、影响较为轻微的课堂问题行为。[3]

如表6-4所示，低调课堂管理策略包括预期、暗示纠偏和直接反应三个要素。

表6-4　低调课堂管理策略

预期	暗示纠偏	直接反应
快速扫视	走近	口头警告
加快教学节奏	眼神交流	取消某些权利
移除诱惑物	口头提醒	请出教室
激发学习兴趣	点名	放学后留校写作业/写检查
调换座位	表扬同伴	喊家长
…	…	…

---

① 陈时见：《课堂管理论》，215～222页，桂林，广西师范大学出版社，2002。

② Emmer, E. T., Evertson, C. M. & Anderson, L. M. Effective Classroom Management at the Beginning of the School Year. The Elementary School Journal, 1980(5).

③ Rinne, C. H. Low-Profile Classroom Controls. The Phi Delta Kappan, 1982(1).

1. 预期

所谓预期，指教师对在某些情境下学生的行为变化以及部分学生可能会产生的问题行为有提前预估或预判的能力。作为教师，我们对学生在动机、专注力、兴趣等方面的任何变化都应时刻保持警觉。

例如，在某个时期（假日前后）、某一周（重要社会事件前）或者某天（集会或体育课后），学生的学习状态会有所不同。经验丰富的教师一进教室，就能觉察到班级或某个学生的兴趣、动机或注意水平的变化。又如，学生东张西望、来回转动身体，这预示着他可能会与后座的同学说话或采取某种行动。这时，教师可以通过对结果的预期，提前采取以下做法以避免问题行为发生：

①快速扫视。快速扫视以判断潜在问题的严重程度，并在其出现或升级成为更大的问题之前进行阻止。

②加快教学节奏。在学生的学习热情减退时，通过加快教学节奏的方式，将学生的注意力吸引到你身上。

③移除诱惑物。没收可能让学生注意力分散的某些物品。

④激发学习兴趣。使用一些新颖的教学内容或教学活动，以便在学生不能集中精力时激发学生的学习兴趣。

⑤调换座位。将存在课堂问题行为的学生调换至最前排，以便让其知道你在时刻关注他的学习情况和学习状态。

正确预判的前提是教师要有一定的教学经验，因此职前教师和新手教师首先要认识到预期的重要性，同时多观察课堂上学生在不同情境中的不同表现，积累足够的经验，为以后的预判打下基础。其次，教师还要多准备一些管理策略和管理技巧，以便在学生产生某种问题行为之后能及时、从容地应对。

2. 暗示纠偏

所谓暗示纠偏，指的是当学生出现问题行为时，教师应该首先采取一些暗示的方式制止学生继续其问题行为，这个过程应尽量不引起其他同学的注意且不打断课堂教学的正常进行。

如前所述，低调课堂管理的重点是那些经常发生的、外显的、影响较为轻微的课堂问题行为。大多数情况下，这类问题行为仅在单个学生身上发生，它一开始出现时影响较小，一般不会波及周围学生。因此，教师使用暗示纠偏策略可以悄无声息地及时制止学生的问题行为，防止轻微的问题行为继续升级。而如果教师停止教学，指出学生的错误或进行批评，本来在认真学习的其他学生，马上被吸引并开始进行议论。这样一来，课堂秩序开始变得混乱甚至不可控制，不仅会影响下一步教学的顺利进行，而且可能导致教师情绪激动，进而对某个学生或全班学生进行严厉批评。如此反复，形成恶性循环，既影响教学质量，又影响师生关系，得不偿失。因此，在处理轻微的课堂问题行为时，建议教师首先选用如下的暗示纠偏策略：

①走近。走近那些即将或正在捣乱的学生。通常，当教师走近学生并在他身旁停留一段时间时，学生都能意识到这种警示行为并有所收敛。

②眼神交流。教师可以直视学生，与学生进行眼神交流，同时结合某种不悦或严厉的面部表情，以示警告。

上述两种方式是教师利用非语言策略对问题行为进行修正。随着问题行为升级，教师可以根据问题行为的严重程度从使用非语言策略转向使用语言策略。

③口头提醒。当教师初次使用口头提醒时，不必马上点出学生名字，可以采取下达指令的方式提醒学生现在应该做什么，如"大家在做数学练习册第50页1~3题的时候应该保持安静，认真、细心，不要出错"；或者暗示学生他们的错误行为教师已然发现，现在他们需要迅速停止问题行为，按教师的指令去做，如"现在有的同学还没有翻到数学练习册第50页，还有9分钟的时间，要快点，不然做不完题目了。按规定，完不成任务的同学要接受同伴提出的一个惩罚"。

④点名。将目标学生的姓名加入教学内容的讲解中以引起他的注意。如"小君，假如你是一名红军战士，你会怎么做?"

⑤表扬同伴。当某学生出现问题行为时，教师可以表扬该学生的同桌，或者其同一小组的同学，或者班里其他表现好的同学，以引起他的注意并使他及时修正自己的行为。如小明上课时注意力不集中，老是走神，教师可以说："大家看，小明同学的同桌听课多认真，坐得多端正，大家都要向他学习!"

3. 直接反应

所谓直接反应，指的是教师使用的预期策略和暗示纠偏策略没有奏效，学生的问题行为继续进行并极有可能升级，这时候教师应该对学生的问题行为做出果断的、直接的反馈。

教师使用预期策略和暗示纠偏策略的核心目的是不影响正常的教学进程。教师使用预期策略和暗示纠偏策略，不仅旨在预防问题行为发生或及时制止问题行为的继续，而且给了学生以自我纠正的机会，从而促进学生自我控制能力和自我管理能力的发展。然而，当这两种策略无法制止问题行为继续发生时，教师应马上采取如下策略，避免问题行为持续升级。

①口头警告。教师用明确、清晰的语言告诫学生如果不尽快结束其问题行为将会有何后果。

②取消某些权利。如取消学生参与某个活动的权利。

③请出教室。

④放学后留校写作业/写检查。

⑤喊家长。

需要特别注意的是，教师准备使用口头警告、取消某些权利等直接反应策略时最好提前与学生、学校及家长讨论，并得到各方的认同，且能以课堂教学规则的形式固定下来。否则，学生可能会认为这些直接反应策略是教师故意为难自己，其结果可能会引起学生的不满或直接对抗，导致课堂问题行为管理的失败。

综上，低调课堂管理的基本理念是防患于未然，解决于无形。在问题发生之前，采用预期策略，尽量避免问题行为发生；在问题行为初现之时，使用暗示纠偏策略，及时制止问题行为继续发生；在问题行为持续进行之时，采取直接反应策略，果断阻断问题行为升级。

【实践操作】

小学三年级语文课上，同学们正在专心写作文，只有小明一人东张西望，作文纸上什么也没写。

假如你是该班的语文老师，现在需要你使用低调的课堂管理策略对小明的行为进行管理，请说说你的具体做法。

(二)五步管理法

五步管理法的操作步骤较为清晰、简单,比较适合新手教师快速模仿使用。[①] 其操作步骤如下:

第一步:使用非言语暗示,示意学生停止错误行为。

第二步:如果第一步不奏效,则明确要求学生必须遵守某条规则。

第三步:如果学生继续错误行为,则让学生自己选择是立即停止错误行为,还是选择填写问题解决表(见表 6-5)。

第四步:如果学生仍然我行我素,则将其安排到教室中某个指定区域去写问题解决表。

第五步:如果学生拒绝执行第四步,则将其送到其他地方(如办公室)去写问题解决表。

五步管理法要求学生完成如表 6-5 所示的问题解决表。因此,教师需要在开学之初就把这种制度介绍给学生,向学生讲清楚填写问题解决表的目的,以及如何填写这张表格。建议教师使用角色扮演的方式带领全班同学演练,让学生知道具体的操作流程并提供积极的示范。另外,教师应该提供一些合格的样本以便学生模仿。

表 6-5 问题解决表

承诺对自己的行为负责	
姓名:	日期:
需要我们遵守的规则: 1. 对别人说话要有礼貌。 2. 友善待人。 3. 听从教师要求。 4. 认真上课。 5. 努力学习,积极寻求他人的帮助。 6. 遵守学校规则。	
请回答如下问题,并写在右方空白处:	
1. 你违反了哪一条规则?	

---

① 参见[美]埃弗森、爱弥儿:《小学教师课堂管理》,王本陆等译,183~184 页,重庆,重庆大学出版社,2014。

续表

2. 你是如何违反这条规则的？	
3. 违反规则给你、给教师和班级同学带来了什么困扰？	
4. 你将制订什么样的计划，保证以后为自己的行为负责，并且遵守课堂秩序？	
5. 你想让教师和同学怎么帮助你？	
我，_____，保证遵守上述规则，认真执行自己制订的计划。	

五步管理法的优点在于强调学生应担负的责任，尊重学生自己的选择。首先，教师可能在第一步或第二步时就能解决问题，所以一般不需要在问题行为初现时就选择惩罚手段，而是随着学生行为的变化渐进地提出解决问题的方案，这对正在进行的教学活动的干扰较小。其次，这几个步骤简洁明了，便于新手教师操作，且使得教师的指令和方案具备连贯性。最后，这种方法有较强的结构性和可预测性，也便于学生理解和遵守。

它的不足之处在于：其一，从第一步到第五步的发展过程较快，需要教师使用一些过渡性的措施来处理问题，尽量避免最终把学生赶出教室。其二，对于一些学生特别是小学低年级的学生来说，让他们写出一份令人满意的问题解决表是不现实的，教师需要探寻新的方式，如"你是如何违反这条规则的？"这一问题，教师可以给出几个可能的答案让学生选择。其三，有些问题行为不适合采取渐进的反应，而是需要教师立即做出回应。其四，建立这样一种制度，跟学生一起讨论如何填写问题解决表、如何制订可行的改正计划，以及后续监督计划的落实情况等，都需要耗费一定的时间，因此教师要做好时间上的规划。

(三)行为契约[①]

行为契约是美国课堂管理流派—行为主义控制派的一种行为矫正方法。课堂行为契约是一份具体的书面协定，它规定了其中一方或多方在特定的课堂情境中需要做出的确切行为以及具体的奖励和惩罚。

---

① 周小宋、李美华：《美国课堂管理中的新方法：行为契约》，载《比较教育研究》，2004(5)。

根据签约方的多少，行为契约可分为单方契约、集体契约和双方契约。单方契约是签约人与签约管理人之间的协议，签约人确定要矫正的目标行为，契约管理人负责实施契约中规定的管理义务（见图 6-3）。

行为契约

我，张小勇，同意在自习课认真完成第三单元的英语作业，并保证不在自习课上哼歌、影响其他同学学习。履行合同的时间是从这周的星期一开始到下一周的星期五结束。

自习课是否遵守纪律由同学监督，如果有同学反映我继续哼歌，老师调查属实，就算违纪。我第三单元的英语作业做完之后，在下周星期五下午5点将交由班主任兼外语老师检查。

如果我没遵守纪律，继续哼歌，或者没有及时做好作业交给老师，老师将从我的歌碟中选一张送给学校"校园之声"播音室。

学生：张小勇（签名）班主任：陈晓洁（签名）

签约时间：2003年4月14日星期一

图 6-3　单方契约样式

集体契约应使整个集体向往的活动成为单个学生的强化手段。准确地说，集体契约有利于发挥学生的主动性，采用基本的、科学的行为干预方法来解决问题（见图 6-4）。

行为契约

未来四周是我班的学生实验。我们全班同学一致同意：1. 进入实验室时，保持安静，不喧哗。2. 听从实验老师的安排、指导，注意实验安全。3. 爱护实验设施，保持实验室清洁、卫生。4. 实验结束后，将仪器设备摆放整齐，方能离开。

若全班同学遵守此合同，该班可获纪律流动红旗一面。

教师签名：

全体学生签名：

本合同从签订之日起一个月内有效。

签约时间：　年　月　日

图 6-4　集体契约样式

双方契约又分为交换式契约和平行式契约两类。在交换式契约中，双方确定要执行的特定目标行为，其中一方行为的改变充当另一方行为改变的强化物，双方的目标行为都是对方所期待的；如果一方没有执行契约中确定的行为，就可能导致另一方也不执行，从而导致整个契约履行失败（见图6-5）。平行式契约则可以避免上述这种情况的发生，如果一方没有履行目标行为，也不会影响到另一方的行为（见图6-6）。

```
                    行为契约
     日期：2003年5月19日至2003年5月23日有效。
     下一周是我俩（陈珊珊和吴媛媛）打扫教室。
我俩决定分工合作。
     我，陈珊珊，同意完成下列任务：
     1. 在吴媛媛洒水前，先把凳子放在课桌上，
以便扫地。吴媛媛扫好地后，我把凳子放回课桌
下，负责擦好课桌、凳子和黑板。
     2. 负责擦教室左边的窗户。
     作为回报，我，吴媛媛，同意完成下面的任务：
     1. 我负责提水、洒水、扫地、倒垃圾。
     2. 负责擦教室右边的窗户。
     下次再打扫教室时，可互换工作任务。
     签名：陈珊珊        签名：吴媛媛
     证明人：陈莉莉（卫生委员）
                                    2003年5月15日
```

图6-5　交换式双方契约样式

```
                    行为契约
     日期：2003年5月26日至2003年5月30日
     对于即将到来的这一周，我，韩晓，同意完成下
列任务：
     1. 掌握好虚拟语气的英语语法结构（与过去事
实相反、现在事实相反、将来事实相反）。
     2. 做好复习题上这一部分的练习。
     如果完成任务，可以在周末晚上与陈洋一起去光
明电影院看一场电影。
     对于即将到来的这一周，我，陈洋，同意完成下
列任务：
     1. 掌握好英语语法名词性从句（主语从句、表语
从句、宾语从句、同位语从句）的句子结构和连接词。
     2. 做好复习题上这一部分的练习。
     如果完成任务，可以在周末晚上与韩晓一起去光
明电影院看一场电影。
     签名：韩晓　陈洋
                                    2003年5月23日
```

图6-6　平行式双方契约样式

教师使用行为契约进行问题行为管理时，需要注意以下几个方面：第一，目标行为是否清晰具体；第二，契约是否为学生的每一个进步都提供了及时而有效的奖励；第三，契约是否公正、积极、系统，是否经过了多方协商；第四，契约的各利益方是否都理解了契约内容；第五，契约是否需要新的奖励。当然，契约执行过程中如遇困难，契约各方应及时沟通，并对契约进行修订、完善。

在课堂管理过程中，行为契约因具有导向功能、预防功能、监督功能和教育功能，而被教师和学生接受并广泛使用。

其一，导向功能。行为契约指明了学生应当改变、矫正或保持的行为以及这些行为可能带来的后果，能在一定程度上确保实现期望的目标、计划和要求，起到了导向作用。

其二，预防功能。行为契约提供了一个暗示环境，大部分签约人都会竭尽全力履行契约，这在一定程度上能够避免某些问题行为的出现；而当签约人把行为契约忘在脑后时，契约管理人或其他知道这项契约的人，都能提醒或暗示签约人在适当的时候采用适当的目标行为。

其三，监督功能。行为契约采取的是一种公众制约的形式，它要求签约人采取一定的目标行为并签下契约，由中间人或证明人进行监督。

其四，教育功能。首先，行为契约是行为矫正的一种方法，具有使人行为完善的功能。其次，行为契约考虑到了"他律"与"自律"的结合，给了学生很大的主动权，培养学生为自己行为负责的精神，能使学生进行自我教育，形成自律型纪律。最后，行为契约还考虑到了学生的个别差异，便于教师根据学生的具体情况进行个别化教育。

行为契约只是行为管理的一种方式，也有其适用范围和不足，因此教师可以将行为契约法与其他策略（如五步管理法等）综合使用，效果可能会更好。

四、处理小学课堂问题行为时应注意的几个问题

处理小学课堂问题行为时，教师应该注意以下几个方面的问题：

第一，教师应该避免一些错误的认知。例如，学生越安静，课堂秩序就越好，学习效率就越高；教师的权威建立在学生对教师的服从上；将学生的行为和学生的品德混为一谈，认为出现问题行为的学生就是问题学生；惩罚是解决

问题行为的最好方法，等等。

第二，教师在处理问题行为时，要尊重学生，不能伤害学生的自尊，以避免轻微问题行为升级或转变为严重问题行为。

第三，教师要学会透过现象看本质，即通过问题行为的外在表现，探究诱发其产生的独特原因，以便对症下药。

第四，教师应注意管理方法和策略的运用，如发现管理策略没有达到预期的效果，应适时转换策略，以免浪费时间，错失解决问题的良机。

第五，教师在处理问题行为时要注意对学生的引导、帮助和支持。无论使用什么策略，都不可能完全消除问题行为，因此在教师的引导、帮助和支持下，学生实现的自我控制和自我管理才是消除问题行为的关键所在。

【内容概要】

1. 课堂问题行为的判断主要依据"质"与"量"两个标准。从"质"的层面来看，主要包括是否违反课堂教学规则，是否破坏课堂秩序，是否影响课堂教学活动。从"量"的层面来看，则需要考虑其频率、范围、强度和时间。

2. 按其影响程度，课堂问题行为可分为轻微课堂问题行为和严重课堂问题行为。轻微课堂问题行为：虽违反了课堂教学规则，但基本不会打断课堂教学活动的正常进程，对课堂教学活动所产生的影响不会太严重，对其他学生的辐射影响较小。严重课堂问题行为：经常会打断课堂教学活动的正常进程，对课堂教学和学习活动产生较大影响，对其他学生的辐射影响较大。

3. 引起课堂问题行为的原因众多，可从心理学、生理学、教育学、管理学、生态学等不同角度对其进行分析。课堂问题行为会给学习、教学、教学和学习时间、课堂气氛、师生关系等带来消极影响。

4. 常用的解决学生问题行为的模式有行为矫正模式、教师支持模式、师生责任共担模式、同伴和解模式。

5. 为有效地管理课堂问题行为，教师应坚持如下原则：促进学生自我管理原则、最小干预原则、尊重原则、帮助和支持原则以及可选择性原则，并设置合理的预防目标、即时目标、阶段目标和长远目标。

6. 低调课堂管理策略、五步管理法、行为契约是三种比较容易操作的问题行为管理策略，便于新手教师快速掌握和模仿使用。

【思考题】

1. 大多数小学生都认为自己喜欢学习，为什么还会扰乱课堂纪律或不努力完成教师布置的任务呢？谈谈你的看法。

2. 学生的课堂问题行为可能导致哪些不良后果？

3. 引起小学生课堂问题行为的原因有哪些？以你教过或见过的一两个学生为例，简要分析他们产生问题行为的具体原因。

4. 简要说明四种课堂问题行为管理模式的主要内容。

5. 什么是低调课堂管理策略？举例说明如何使用该策略来管理学生问题行为。

6. 简要说明五步管理法的主要内容，举例说明如何使用该策略来管理学生问题行为。

7. 教师管理学生问题行为时应注意哪些问题？

【实践操作题】

1. 根据表 6-3，完成以下任务：

(1)回忆一下你的学习经历，你认为课堂中存在哪些问题行为？你的老师是怎么反应的？效果如何？

(2)在教育见习、实习过程中，观察小学中某位教师的课堂，记录他的课堂中存在哪些问题行为？他是怎么反应的？效果如何？

(3)对上述教师的反应及其效果进行思考，反思其优势和不足。

(4)根据反思结果，模仿表 6-3，制作一份学生问题行为及教师反应一览表。

2. 根据五步管理法的相关内容，设计一份小学生问题解决表。

【补充阅读】

1. 徐芬、蒋莉：《运用行为矫正方法改进注意缺陷儿童课堂行为的研究》，载《心理发展与教育》，1998(3)。

2. 岑国桢：《行为矫正的目标、方法与原则述略》，载《心理科学》，2001(3)。

3. 阴山燕、赵慧：《防止课堂问题行为升级的策略》，载《现代教育科学》，2004(10)。

4. 张福娟、江琴娣：《问题儿童不良行为矫正的案例研究》，载《中国特殊教育》，2004(8)。

5. 郑丽芳：《前瞻性的课堂管理策略》，载《教学与管理》，2007(32)。

6. 张彩云、吴珂：《中小学生课堂问题行为干预研究的新进展》，载《中国特殊教育》，2015(1)。

7. 崔焕男：《小学初任教师课堂管理的"痛点"及对策研究——以松原市 7 所小学为例》，硕士学位论文，延边大学，2022。

【自我反思】

通过本章学习，我对如下问题有了新的认识：

1. _____

2. _____

3. _____

关于本章内容，我对下列问题还有疑惑：

1. _____

2. _____

3. _____

第七章　小学课堂心理学习环境管理

>>> **内容结构导图**

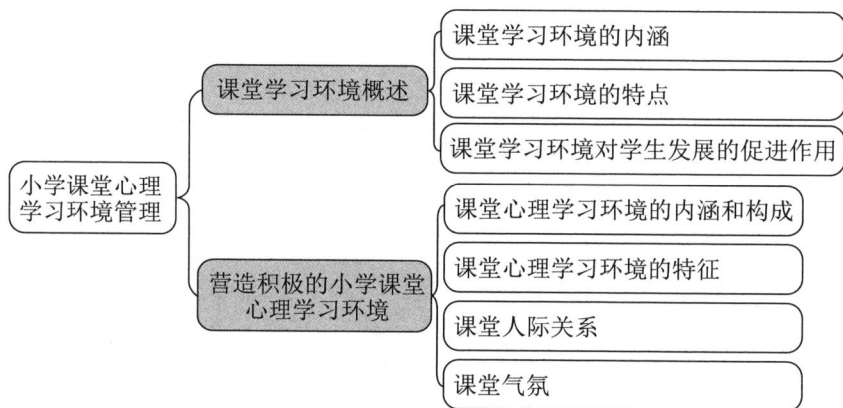

```
                                    ┌─ 课堂学习环境的内涵
                    ┌─ 课堂学习环境概述 ─┤─ 课堂学习环境的特点
                    │                  └─ 课堂学习环境对学生发展的促进作用
 小学课堂心理 ──────┤
 学习环境管理        │                    ┌─ 课堂心理学习环境的内涵和构成
                    │                    │─ 课堂心理学习环境的特征
                    └─ 营造积极的小学课堂 ─┤
                       心理学习环境        │─ 课堂人际关系
                                          └─ 课堂气氛
```

>>> **学习目标**

1. 理解课堂学习环境的内涵、类型、构成要素及其对学生发展的促进作用，能分辨课堂学习环境、学习环境、课堂环境、教学环境、课堂教学环境等概念的不同。

2. 理解课堂心理学习环境的内涵、构成及特征。

3. 理解师生关系的特征、类型，了解师生关系的时代变迁，掌握师生冲突的三种表现，学会构建健康师生关系的策略。

4. 理解同伴关系的构成要素、功能、类型及对学生学习的影响，学会密切同伴关系的策略。

5. 掌握课堂气氛的内涵、类型，学会营造积极课堂气氛的策略。

>>> **新手教师的困惑**

教师培训中强调，教师要给学生创造一个安全的课堂气氛。我觉得这个"安全"的标准不好判断。在我的课堂上，学生能安静地听讲，没有外来干扰，我也不严厉地责备他们，布置的作业也不多，我认为我的课堂够安全的了。学生心里觉得安全不安全，那谁能知道啊！

环境能刺激学习，并赋予学习以意义。任何学习活动都是发生在特定的学习环境之中的，课堂学习环境不是为传统教学中的学生创设的，而是为善于从自己的经验中建构自己的意义的学习者创设的。良好的课堂学习环境有利于学生学习方式的转变，有利于培养学生的自主学习能力和创造力。协调和控制构成课堂学习环境的各种要素，保持其动态平衡，构建运转良好的、促进学生学习的课堂生态是课堂管理的主旨所在。

第一节 课堂学习环境概述

一、课堂学习环境的内涵

(一)学习环境

课堂学习环境是学习环境的下位概念，我们先来了解一下什么是学习环境。多年来，教育研究者一直将学习过程放在非常重要的地位，他们对学习成败原因的解释从学生内在心理因素逐渐转向了对整体学习环境的"系统定向"，因为"学生所处的社会生态环境会影响到学生的态度、情感、行为、表现和自我意识等"。学习环境研究始于 20 世纪 30 年代，后成为教育社会学、教育心理学领域的热点问题之一。[①]

---

① 陆根书、杨兆芳：《学习环境与学生发展研究述评》，载《比较教育研究》，2008
(7)。

1. 学习环境的内涵

学习环境是一个复杂而丰富的概念，国内外学者纷纷从不同角度对其概念加以界定，其中比较有影响力的有如下几种：

威尔逊（Wilson，B. G.）指出，学习环境指学习者可以利用资源生成意义并且解决问题的场所。他认为学习是通过培养和支持的方式展开的，而不是以任何严厉的方式予以控制和规定的，学习环境给予学习者极大的主体表现空间。[①]

乔纳森（Jonassen，D. H.）等指出，学习环境是学习者共同体一起学习或相互支持的空间，学习者控制学习活动并且运用信息资源和知识建构工具来解决问题。乔纳森认为，学习环境是以技术为支持的，技术是学习者探索、建构和反思学习的工具。他提出了认知工具和学习策略的重要性，并且还考虑了社会背景的支持因素问题。[②]

托马斯（Thomas，B.）和萨耶（Saye，J.）认为，学习环境是为学习者发挥主体性学习角色而提供的充裕的机会和支持性的条件。这种学习环境要求在组织、分析和综合学习内容方面实现由教师向学习者的转化；要求学习者运用丰富多样的资源审视问题、形成解决问题的策略，并以协作的方式协商问题解决的方案。[③]

钟志贤认为，学习环境是学习者在追求学习目标和解决问题的活动中，可以使用多样的工具和信息资源并相互合作和支持的场所。他指出，学习环境是为了促进学习者发展特别是其高阶能力发展而创设的学习空间，学习环境所支持的学习，通常是以学习为中心的学习方式。[④]

钟启泉指出，学习环境是基于多种多样的物的要素、人的要素而形成的动态的"信息环境"，以及借助所有感官如学习者的视觉、听觉、触觉等体验到的

---

① Wilson，B. G. Metaphors for Instruction：Why We Talk about Learning Environments. Educational Technology，1995(5).

② Jonassen，D. H. & Rohrer-Murphy，L. Activity Theory as a Framework for Designing Constructivist Learning Environments. Educational Technology Research and Development，1999(1).

③ Thomas，B. & Saye，J. Implementation and Evaluation of a Student-Centered Learning Unit：A Case Study. Educational Technology Research and Development，2000(3).

④ 钟志贤：《论学习环境设计》，载《电化教育研究》，2005(7)。

"信息总体"。在教育学中学习环境是影响儿童学习的场景性、背景性的要因，学习者借助学习环境所提供的动态的信息，通过建构意义、感受意义的体验来进行学习。总之，21世纪所需的学习环境，不是静听教师的讲述、背诵其内容，而是建构学习者作为学习主体能够做出彼此回应的"应答性环境"。[①]

王斌华认为，学习环境是指供学习者学习的外部条件和学习场所。在学习过程中，学习者可以利用学习环境提供的丰富信息资源和多种认知工具，达到既定的学习目标。[②]

虽然没有统一的界定，但是上述几种观点还是给我们理解学习环境这一概念提供了多元视角。例如，学习环境是学习的空间或场所；学习环境是一种支持性的力量，为自主学习或协作性学习提供支持；学习环境是学习场所和外部支持性条件的集合体；学习环境是为学习目标服务的；在学习环境中，学习者来控制学习活动，各种活动都是以学生为中心的；构建学习环境的本质在于促进学生高阶能力的发展，在于促进学生的有意义的学习；学习环境不是静态的场所，而是承载各种信息的动态构成的环境。

2. 学习环境的类型

威尔逊将学习环境分为三类：第一，计算机微观世界，或者可以称之为基于计算机的学习环境，它利用计算机构建一种可供学习者自由探索的学习空间和氛围，既可单独发挥作用又可结合课堂学习环境共同发挥作用。第二，基于课堂的学习环境。在大多数情形下，教室是最主要的学习环境，当前各种各样的技术可以在支持课堂学习活动方面起到工具的作用。第三，虚拟环境。虚拟环境是一种基于计算机的开放的学习环境，它允许学习者与其他参与者、资源和各种表征互动。虚拟环境与现实世界的学习环境形成鲜明对比，在现实世界中学习者主要和环境的其他构成要素或计算机互动，在虚拟环境中学习者则主要与网络伙伴和广泛的信息工具互动。[③]

帕金斯(Perkins)认为，所有学习环境都存在"简易的"和"丰富的"的差别。

---

① 钟启泉：《学习环境设计：框架与课题》，载《教育研究》，2015(1)。

② 参见虞娅娜、张赫、林倩：《有效教学视野中的学习环境设计——记全国第七届有效教学理论与实践研讨会》，载《全球教育展望》，2013(5)。

③ Wilson, B. G. Metaphors for Instruction: Why We Talk about Learning Environments. Educational Technology, 1995(5).

简易的学习环境强调信息库、符号簿和任务管理者，如传统的教室就是一个简易的学习环境，其中可供操作的工具相对稀少，所需要观察的内容也不多，因而实施探索和问题解决活动比较困难。丰富的学习环境除包含上述要素外，还包括建构工具包和任务情境，它更为强调学习者自身对学习环境的控制，学习者通过参与多样化的学习活动以追求多样化的学习目标，教师则主要充当教练和学习促进者。帕金斯通常把丰富的学习环境称为"建构主义者"学习环境，以避免与传统的学习环境相混淆。①

钟启泉指出，学习环境有宏观、微观之分，或者说是广义、狭义之分。广义的学习环境指的是客观环境本身，狭义的学习环境指的是认知性的学习环境，是以学习为中心的基于课堂的学习环境。从教师实践的要点看，狭义的学习环境大体可以分为三种。第一，人际环境。儿童直面学习课题之际，教师与儿童、儿童与儿童之间或是儿童与志愿介入者之间等的人际关系。第二，间接性环境。在学习开始之前构成的学习环境中，使儿童拥有学习意欲、提高儿童的兴趣与爱好的环境构成。第三，直接性环境。在学习开始之后的环境中，有效地配置儿童可能自由运用的一切媒体。诸如，物理空间的扩大——增设多功能教室、作业坊、学习中心等学习空间，班级规模的缩小与教学媒体的多样化，以及信息网络的环境整顿等。②

张新宇认为，学习环境可以分为有形环境和无形环境两种。有形环境，即物质—技术环境，主要包括现实要素和技术要素；无形环境，即人文—心理环境，主要包括人文要素、心理要素和方法要素。物质—技术环境是促进学习的保障，人文—心理环境则是学生学习的动力。③

此外，学习环境是以技术为支持的，随着技术的日新月异，许多新型学习环境出现，如个人学习环境、数字学习环境、智慧学习环境、线上线下混合学习环境等。伴随着人工智能以及大数据的不断发展，学习环境将更加智能化，其类型也将不断更新和叠加。

---

① 张绍文：《基于建构主义的学习环境论》，硕士学位论文，华东师范大学，2006。

② 钟启泉：《学习环境设计：框架与课题》，载《教育研究》，2015(1)。

③ 参见虞娅娜、张赫、林倩：《有效教学视野中的学习环境设计——记全国第七届有效教学理论与实践研讨会》，载《全球教育展望》，2013(5)。

【资料链接】

在信息技术条件下，以建构主义理念为基础的学习环境，必然是以学习者为中心的，学生与教师在学习过程中都是学习者，一切将围绕学习行为而展开。

建构主义的学习环境强调支撑学生的思维和行动，以利于他们进行自我调节。在以学习者为中心的学习环境中，学习者积极建构意义。外部学习目标可以被确立，但学习者决策的基础是个体的需求和在思想形成和检验过程中产生的问题。大致说来，如果提供自己选择和追求自身兴趣的机会，学习者会对自己的学习承担更大的责任。在传统的学习环境中，学习者经常得不到开发决策、自我监督、注意力调整等对优化学习经验十分必要的机会。学习者在学习中会越来越抱怨，把任务看成迎合外部机构的期望。相反，成功的学习者发展不同的认知策略和自我调节过程，来计划和追求目标，把新知识和现有的知识整合起来，把问题和推论公式化地阐明，继续回顾和再现他们的思想。

建构主义的学习环境强调在真实情境或背景中思考的重要性。虽然所有的学习都有一定的情境或背景基础，但不是所有的情境或背景都同样支持知识的应用。在非真实情境下获得的知识常常是不具备实践作用的。例如，学习解经典教科书中的独立于真实背景的数学方程，就容易形成孤立的、单纯的和过于简单的理解。学习者可以成功地解决近迁移的问题（如其他教科书中的问题），却不能熟练地应用或论证一个远迁移的或是新任务的问题。建构主义的学习环境不提供孤立的信息，而是提供设置或包含了相关信息的宏观背景。在情境化的背景中，学习者认识了知识的实践效用和利用知识去解释、分析、解决真实问题的需要，真正的学习自然就发生了。

此外，建构主义学习环境还强调已有经验和日常经验的重要性。个人的思想和经验为新的理解提供了独特的个人框架。背景知识和经验形成了组织和吸收新知识的概念指示牌。把新知识与已有概念整合起来被认为能导致更有意义的学习。①

3. 学习环境的构成要素

学习环境由哪些要素构成？学者们对学习环境这一概念的认识和界定不同，

---

① 任友群：《以学习者为中心的建构主义学习环境的建构》，载《教育科学》，2002(4)。

对此问题的回答自然也存在较大差异。

学习环境的研究最初只涉及学校教学的物理层面，主要指由学校的各种物理因素构成的学习场所，其中包括照明、色彩、声音、设备等。随后又将心理气氛、学习者的学习动机、人际关系等纳入研究领域。随着学习环境研究的理论基础、教学范式、技术支持等的进步与发展，学习环境的构成要素也在不断叠加。比较有代表性的观点具体如下：

(1)三要素说

诺顿(Norton，P.)和维贝格(Wiburg，K. M.)认为，学习环境应包括物理环境、知识环境和情感环境三个方面，即进行教学的物理空间(物理环境)，支持学习目标的软件和工具(知识环境)，以及与学习结果一致的能够适合学生的正确的价值氛围(情感环境)。诺顿和维贝格对工具尤为关注，他们认为，选择基于学习者的工具时应当考查它们能以何种方式促进学生的学习。在这些环境中，工具对学习过程的支持能力比产品本身的质量更为重要。[①]

钟启泉指出，学习环境基本上由物的要素(如教室里的黑板、课桌椅、教科书、笔记本等)和人的要素(教师、众多的学生)构成，而且也包含了通过具体的物的要素、人的要素在交互作用过程中形成的每一个人的行为动作和表达、表情等在内的整体。[②]

杨南昌和刘晓艳认为，学习环境包括学习内容、学习支持、学习的社会结构三个要素，它们共同构成了学习环境中协同作用的干预系统。[③]

(2)四要素说

奥利弗(Oliver，K.)和汉纳芬(Hannafin，M.)指出，学习环境主要包括情境、资源、工具和支架四个要素。[④]

何克抗等指出，学习环境是学习资源和人际关系的组合，其中，学习资源

[①] 参见[美]诺顿、维贝格：《信息技术与教学创新》，吴洪建、倪男奇译，北京，中国轻工业出版社，2002。

[②] 钟启泉：《学习环境设计：框架与课题》，载《教育研究》，2015(1)。

[③] 杨南昌、刘晓艳：《学习环境的社会结构设计》，载《远程教育杂志》，2010(2)。

[④] Oliver，K. & Hannafin，M. Developing and Refining Mental Models in Open-Ended Learning Environments：A Case Study. Educational Technology Research and Development，2001(4).

包括学习材料(即信息)、帮助学习者学习的认知工具、学习空间，这样，学习环境就包括了学习材料、认知工具、学习空间和人际关系四个要素。①

张海珠认为，学习环境由物理学习环境、资源学习环境、技术学习环境和情感学习环境四个要素构成。②

(3)五要素说

帕金斯认为，所有的学习环境包括传统的课室环境，主要由五个要素构成，即信息库、符号簿、建构工具、任务呈现情境和任务管理者。③

钟志贤认为，情境、资源、工具、支架和学习共同体是构成学习环境的五个比较稳定的要素。④

(4)六要素说

乔纳森等指出，建构主义的学习环境主要由问题、相关案例、信息资源、认知工具、会话与协作、社会背景支持六个要素构成。在这六大要素中，问题是核心要素，对其他要素起聚合的作用。之所以将问题作为核心，是因为乔纳森认为建构主义学习环境下学生学习知识主要是为了解决问题，这样学习和知识就会受到情景脉络的制约。⑤

上述观点有一定的继承和递进关系，且彼此之间并无真正的对立冲突，学习环境构成要素的多元化也体现了因研究的理论基础、教学范式、技术支持等的发展而引起的要素构成上的变化和叠加。

(二)课堂学习环境

1. 课堂学习环境的内涵和构成要素

根据威尔逊、钟启泉等学者的观点，课堂学习环境是狭义的学习环境，课

---

①　何克抗、李文光：《教育技术学》，187 页，北京，北京师范大学出版社，2002。

②　张海珠：《教学设计》，153 页，北京，北京师范大学出版社，2013。

③　张绍文：《基于建构主义的学习环境论》，硕士学位论文，华东师范大学，2006。

④　钟志贤：《论学习环境设计》，载《电化教育研究》，2005(7)。

⑤　Jonassen，D. H. & Rohrer-Murphy，L. Activity Theory as a Framework for Designing Constructivist Learning Environments. Educational Technology Research and Development，1999(1)。

堂学习环境归属于学习环境，是它的下位概念。因此，课堂学习环境指的是在课堂学习情境中，影响学生学习的各种物理因素、心理因素、资源因素和支持条件的总和。

课堂学习环境通过为学生提供各种内外部支持，旨在改变学生的学习方式，最终实现促进学生学习的目的。其中，课堂学习环境的物理因素主要包括学习空间、教学设施、班级规模和座位编排等；心理因素包括课堂学习气氛、人际关系等；资源因素包括用于学生学习的资源如学习材料、教科书等，以及促进学生学习的资源如网络信息资源、教师开发的课程资源和学习资源等；支持条件包括帮助学习者学习的认知工具、认知策略和学习策略以及技术支持等。

鉴于课堂学习环境的资源因素和支持条件多属于课程与教学研究、心理学研究、教育技术学研究的范畴，所以，本书所讨论的课堂学习环境管理主要指的是对课堂物理学习环境和心理学习环境的管理。

2. 相关概念辨析

在理论研究和教育教学实践中，我们还会遇到几个与学习环境相关的概念，如课堂环境、教学环境、课堂教学环境等。这些概念的使用语境不固定，极易混淆。以下将对它们进行分析，以厘清彼此间的意义边界。

课堂环境指的是对课堂教学活动的质量和效果产生影响的、存在于课堂教学过程中的各种物理要素、心理要素、社会要素的总和。

教学环境指的是学校教学活动中所必需的各种客观条件的综合。教学环境有广义和狭义之分。广义的教学环境指有利于教学活动开展的一切客观环境，如社会环境、学校环境、社区环境、家庭环境等。狭义的教学环境指促使学校教学活动进行的各种场所、教学设施、校风班风和师生关系，包括时空环境、设施环境和自然环境、人际环境、信息环境、组织环境、情感环境和舆论环境等。

如果说教学环境是从学校教学工作的角度来使用的概念，那么课堂教学环境（也有研究称之为课堂环境）则是从课堂教学的角度或者说是从教师教的角度来使用的概念。课堂教学环境是教师中心取向的，其关注的核心是各种环境因素如何影响教师的课堂教学。

上述概念在内容框架上有相似或重叠之处，如基本都包括物理、心理、人际关系、信息、支持等要素，因此，有些研究在从不同角度（如空间的角度、心理的角度、教师的角度、学生的角度等）讨论影响学生学习的环境因素时概念使用不规范。有时概念表述较为概括，而有时则较为具体。例如，用课堂环境代替课堂教学环境；又如，有的研究中会使用"促进学生学习的课堂教学环境"来强调课堂教学环境是学生中心的，而有的研究则直接使用了"学习环境"这一概念。

【资料链接】

当代学习环境研究的五大转向①

（一）转向研究智慧学习环境

信息技术促使教与学方式的变革，科技产品支持智慧学习环境的建设，虚实融合扩展智慧学习环境的空间，这是转向智慧学习环境研究的三个必要条件。构建和设计虚拟学习环境，并不是为了取代现实学习环境，而是为现实学习环境做有效的补充，实现智慧学习空间的打造，更加关注学生本身和学生的学习。

（二）转向研究非正式学习环境

当前的学习环境研究已经关注到了非正式学习环境对于学习者的影响。具体表现在：除了关注正式学习环境之外，还非常注重对于非正式学习环境的研究；除了力求丰富非正式学习环境的内容和形式之外，还寻求将正式与非正式学习环境二者有机整合起来。目前的场馆教育是发挥公共场所的教育作用，实现对于学校教育主体的增补；混合式学习就是依赖在线教育，完成对于现实学习资源的丰富；泛在学习就是基于信息技术的发展，达到对于现实学习环境进行空间的拓展。对非正式学习环境的塑造，促使其与正式学习环境结合并进。

（三）转向研究整合学习环境

转向研究整合学习环境要求完善以学习者为中心的学习环境，关注和提升学习者的学习体验，创设真实的学习情境，积极构建具有兼容特征的共同体中心。

（四）转向研究互动学习环境

转向研究互动学习环境要求以生态学观点构建学习生态系统，以"人—机互

---

① 王牧华、宋莉：《当代学习环境研究的转向及启示》，载《课程·教材·教法》，2018(1)。

动"的方式将个体与外界环境相联系，以"人—人互动"的方式将个体与资源环境相联系。

（五）转向研究创新学习环境

根据经合组织于2013年发布的《创新学习环境》，每个学习环境中心的关键要素和动态关系被称为"教育的核心"。其中包括四个要素，分别是学习者、教育者、学习内容和学习资源，而反思这些核心要素成为创新学习环境的基石。

二、课堂学习环境的特点

课堂学习环境是以促进学习者主动建构知识意义和促进能力生成为主旨的，其特点主要表现为以下几个方面。

（一）课堂学习环境是以学习者为中心的

课堂学习环境最基本的理念是以学习者为中心，这意味着学习者在学习环境中处于主动地位，由学习者自己对所有的学习活动承担主要责任。

（二）课堂学习环境是支持性的

课堂学习环境的支持性主要体现在五个方面：其一，课堂学习环境是各种支持性力量的结合，这些力量可能源自各种教学资源、学习工具、策略支持等；其二，课堂学习环境是技术支持的，特别是使用信息技术来支持学习者高阶思维的发展；其三，课堂学习环境可以支持自主、合作、探究或问题解决等类型的学习；其四，在课堂学习环境中，教师起着重要的支持作用，是学生学习的促进者、指导者；其五，学习者在学习共同体中一起工作并相互支持。

（三）课堂学习环境是促进学生学习的

课堂学习环境是为了促进学习者更好地开展学习活动而创设的，强调自主、合作探究的学习方式，强调学习者的反思。

（四）课堂学习环境是动态交互的

课堂学习环境的动态交互性主要表现在：其一，课堂学习环境不是静态的概念，它和学习过程密不可分，是一种动态的过程；其二，在课堂学习环境中既有丰富的学习资源交互影响学生学习的因素，又有人际互动促进学生学习的因素；其三，课堂学习环境强调个体认知的生成，以及多元观点的协商与阐释。

【问题思考】

你对课堂学习环境的这四个特点是如何理解的？你认为当前的课堂学习环境有没有体现这四个特点？为什么？

三、课堂学习环境对学生发展的促进作用

学生是课堂学习环境中的主体，课堂学习环境在学生认知发展、情感发展、创造力发展及学习方式的转变方面起着不可忽视的重要作用。

(一)课堂学习环境促进学生认知的发展

课堂学习环境对学生认知发展的影响主要通过学业水平的变化表现出来。

首先，学生对课堂学习环境的感知对其学业水平具有显著的影响。和谐的课堂学习环境对学生的学业水平有显著的正向预测作用，冲突的课堂学习环境对学生的学业水平有很强的负向预测作用。当课堂学习环境有凝聚力、令人满意、有目标、有组织和少冲突时，学生的学业成绩一般都比较好。

其次，学生感知的实际课堂学习环境与理想学习环境的拟合程度对学生学业水平也会产生影响，因此可以通过改善实际课堂学习环境，使之与理想学习环境更接近，来提高学生的学业水平。[①]

(二)课堂学习环境促进学生情感的发展

首先，良好的课堂学习环境能促进学生形成积极的学习态度。在凝聚力比较强、活跃度比较高、问题比较开放的课堂学习环境中，学生更容易投入学习，自主、合作、探究学习的态度也更明显。

其次，课堂学习环境还影响着学生的学习满意度。处于师生关系融洽、同学关系和睦、团结积极的课堂气氛中的学生，对学习的兴趣更高，学习动机更强，相应地，其学习的效果也更好。

(三)课堂学习环境促进学生创造力的发展

首先，创造是一个人的思想和社会文化背景相互作用的结果，有意义的、

---

① Fraser，B. J. Classroom Environment Instruments：Development，Validity and Applications. Learning Environments Research，1998(1).

和谐的课堂环境有利于学生创造力的发展。弗莱斯(Fleith, D.)的研究指出，有利于学生创造力发展的学习环境具有鼓励学生合理地冒险，允许学生失误、对其他观点进行猜想、对环境进行探索、对假设进行质疑，鼓励学生发现自己的兴趣、对思维过程进行思考等特点。[①]

其次，营造有利于学生心理安全的课堂气氛对学生创造力的发展也非常重要。在心理上有安全感的课堂学习环境中，集体成员互相信任、体谅，学生个体不用担心遭到同学的嘲笑，愿意对自己的学习负责任并承担可能的失败风险，且不用承受过多的压力，因而他们能够不拘泥于惯例与规范，有创造性地去思考与行动。科拉蒙(Cramond, B.)的创造力理论指出，要通过提供刺激和安静思考的空间为学生创造心理上的安全感，使学生能够表现自我，积极参加课堂活动，抓住机会，在犯一些错误和表现出不寻常的行为时不受谴责，只有这样才能激发学生创造的内在动机。[②]

最后，在课堂学习环境中，教师的反馈和评价方式能营造特定的课堂氛围，并通过影响学生的心理安全感而对学生的创造力产生影响。积极的、具体的、建设性的反馈比消极的或笼统的反馈更能促进学生创造力的发展。另外，教师是以民主、自由、平等的态度给予学生反馈，还是试图用反馈来主宰学生的意志，也是影响学生创造力发展的一个重要因素。前者有助于营造一种有利于学生创造力发展的民主型的课堂氛围，而后者则会营造一种强硬专断型的课堂氛围，影响学生创造力的发展。

(四)课堂学习环境促进学生学习方式的转变

首先，学生会根据课堂学习环境的具体情况选择自己的学习方式。布格斯(Biggs, J. B.)提出的学习过程"3P"模型认为，学生的学习过程是由输入(presage)、过程(process)和产出(product)这三个环节构成的一个开放的循环系统。在该系统中，个体会根据他们对学习任务要求的理解调整自己的动机与加工策

---

① 陆根书、杨兆芳:《学习环境与学生发展研究述评》，载《比较教育研究》，2008(7)。

② 曾盼盼:《课堂环境与学生创造力发展的研究述评》，载《北京教育学院学报》，2014(6)。

略。换言之，学生进行学习时，会根据具体情境调整自己的学习方式。①

其次，学生感知到的课堂学习环境影响着他们的学习方式。学生的学习方式分为表层学习方式和深层学习方式。第一，如果学生对学习任务有内在的兴趣，关注学习任务的根本意义，并通过探索学习任务内部及其与其他任务间的联系来达到对学习内容的理解，则这种学习方式可以被称为深层学习方式（如自主学习、合作学习、探究学习等）。学生采用深层学习方式通常与强调学习者自己积极建构知识的建构主义教学相联系，课堂学习环境中的"兴趣与满意度""互助合作""选择权""秩序"等因素的水平越高，学生采用深层学习方式的程度越大。第二，如果学生学习的动机是外在的，其意图是通过死记硬背等方法再现学习内容，则这种学习方式可以被称为表层学习方式。表层学习方式通常与传统的强调知识传授的教学相联系。学生感知的学习环境与他们的学习方式之间存在显著的联系，课堂学习环境中的"兴趣与满意度""互助合作""选择权""秩序"等因素的水平越低，学生采用表层学习方式的程度越大。

【资料链接】

教师对积极课堂学习环境的认识②

积极的课堂学习环境包括：

· 人身安全的环境

· 学生之间、师生之间的合作

· 师生之间的相互尊重

· 令人鼓舞的课堂环境

· 学生之间的积极的人际关系

· 教学方式富有变化和创造性

· 课堂上学生的参与

---

① 陆根书：《课堂学习环境、学习方式与大学生发展》，载《复旦教育论坛》，2012（4）。

② Ridley，D. S. & Walther，B. Creating Responsible Learners：The role of a Positive Classroom Environment. Washington：Amer Psychological Assn，1995.

- 学生之间轻度的竞争
- 明确的教学重点和目标
- 明了的课堂组织结构
- 清楚、公正的规章、期望和待遇
- 家长的支持
- 管理者的支持
- 方便地获得物质和技术保障

第二节　营造积极的小学课堂心理学习环境

课堂心理学习环境对学生的学习效果和学习质量会产生较大影响，而且这种影响还会反馈给教师，进而影响教师的教学态度和教学行为。良好的课堂心理学习环境，对于实现教学目标、提高学习效率、激发学习动机等具有重要的作用。

一、课堂心理学习环境的内涵和构成

(一)课堂心理学习环境的内涵

研究者们对课堂心理学习环境的界定也是众说纷纭。例如，课堂心理学习环境指能够潜移默化地影响学生学习发展的班级集体气氛。[1] 课堂心理学习环境是指在课堂教学中影响学生认知效力的师生心理互动的环境，表现为融洽或冷漠、活跃或沉闷、和谐或紧张等形式。[2] 课堂心理学习环境是课堂参与者(教师与学生)的人格特征、心理状态和课堂心理氛围等。[3] 课堂心理学习环境指课

---

[1]　中央教育科学研究所、比较教育研究室编译：《简明国际教育百科全书·教学(上)》，80~85页，北京，教育科学出版社，1990。

[2]　周敏芝：《课堂心理环境的构建》，载《中国教育报》，2005-09-28。

[3]　范春林、董奇：《课堂环境研究的现状、意义及趋势》，载《比较教育研究》，2005(8)。

堂上所有成员共同的、稳定的心理特质或倾向。①

综上，课堂心理学习环境指的是由影响教师教学和学生学习的各种情感或心理因素构成的一个无形的互动场域。良好的课堂心理学习环境是课堂教与学的活动以及课堂管理得以顺利进行的重要保证。

(二)课堂心理学习环境的构成

关于课堂心理学习环境的构成要素，李秉德等在《教学论》中指出，课堂心理学习环境包括人际环境、情感环境、信息环境、组织环境和舆论环境。② 杜萍认为课堂心理学习环境是由学校的校风、班风、课堂教学气氛、师生关系等因素所构成的一种无形的社会环境或精神环境。③

通过梳理，我们发现课堂气氛、课堂人际关系是出现在大部分研究成果中的共性要素，正如美国心理学家罗杰斯所说"成功的教学依赖于一种真诚的理解和信任的师生关系，依赖于一种和谐安全的课堂气氛"。因此，基于相关研究成果，同时结合课堂管理的研究范畴，本书将重点讨论课堂气氛和课堂人际关系这两个核心要素。

二、课堂心理学习环境的特征

课堂心理学习环境是一个无形却真实存在的生态环境，一旦形成就具有相对的独立性和稳定性。不同的课堂心理学习环境会给师生的心理带来不同的影响，形成不同的课堂心理气氛和师生关系，进而导致不同的教学质量和学习效果。总体而言，课堂心理学习环境主要表现出以下五个特征。

(一)能动性

在课堂这个场域中，存在着教师教学的能动性和学生对教师教学的接受与反应的能动性，二者相互影响、相互促进、相互制约，共同构成了课堂心理学习环境。因此，课堂心理学习环境具有何种性质、能够发挥何种功能，均取决

---

① 杜萍：《有效课堂管理：方法与策略》，169 页，北京，教育科学出版社，2005。

② 李秉德、李定仁主编：《教学论》，292 页，北京，人民教育出版社，1991。

③ 田慧生：《教学环境论》，306～317 页，南昌，江西教育出版社，1996。

于师生双方在课堂教学过程中是否能够发挥其主体能动性，特别是发挥能动性的水平和彼此间的协调程度。

（二）独特性

课堂心理学习环境是一个相对独立、相对封闭的系统。教师、学生、学科等因素都会影响课堂心理学习环境的形成。即使是同一位教师在教授同一门课程，学生不同，那么形成的课堂心理学习环境也会有所不同。因此，课堂心理学习环境的营造没有一以贯之的策略和模式，针对不同学生群体，教师必须使用不同的策略，这一点对新手教师来说是非常重要的。

（三）情境性

课堂心理学习环境是一个情感的场域，除受到教师、学生、学科等因素的影响，还受到特定情境的影响。如某次课上学生的情绪状况，教学内容与教学手段的变化情况，学生与教师的配合情况，特殊的客观条件（如突然的天气变化、光线变化、教室色调的变化）等都会对课堂心理学习环境产生短暂的影响。

（四）调控性

某种课堂心理学习环境形成之后，不是静态不变的，而是始终处于运动变化之中。课堂心理学习环境的各个主体总会有意或无意地对其进行调控。例如，教师使用表情、声调等吸引学生的注意力，激发学生的学习兴趣，为学生营造支持性的学习氛围，这种支持性的学习氛围又促使学生认真听讲，对教师的讲授给予积极回应。师生通过对自己行为的积极调控实现了课堂心理学习环境的动态平衡和良性运转。

（五）长效性

课堂心理学习环境具有独特的个性风格和内在的发展规律。某种课堂心理学习环境的形成不仅取决于当前主体（包括教师和学生）的心理特征，而且还会受到主体以前所处的课堂心理学习环境的辐射影响。教师在营造课堂心理学习环境时必须意识到它的这个特征，做好全局规划，准备好长远策略。

【实践操作】

在教育见习、实习过程中，观察某位教师的课堂，并对该课堂心理学习环境的基本情况进行描述。谈一谈你对该课堂的心理学习环境的整体感受，说一说其优点和不足。你认为该课堂的心理学习环境表现出哪些特点？如果你是该班的任课教师，你打算如何去做？

三、课堂人际关系

人是构成课堂、构成教与学关系的基本要素，每个学生的学习都是在与他人相处、沟通、交流、合作的过程中开展并完成的。相处和谐、沟通顺畅、对话交流、彼此合作的良好课堂人际关系有利于学生形成积极的学习态度、保持强劲的学习动力，有利于促进学生的学习。课堂人际关系包括师生关系和同伴关系。

(一)师生关系

师生关系是教师与学生在教育活动过程中形成的最基本的人际关系，是师生之间以情感、认知和行为交往为主要表现形式的心理关系。亲其师，信其道。健康积极的师生关系是课堂教学和管理的基础。教师的教学能否顺利开展，学生的学习能否主动全面地进行，都直接受到师生关系的影响。在实践中，师生关系更是教学和学习体验的核心，反映了学校教育的基本样态，决定着高质量的教育能否实现。

【资料链接】

师生关系：教育质量的支点[①]

师生关系是教育活动中最重要、最基本的一对关系，直接关乎教育的质量。

在这种教育教学关系中，师生进行生命与生命的互动与对话，这是教师生命主体与学生生命主体互动共存、共同发展的过程。

从某种意义上说，师生关系是衡量一所学校教育生态是否优良的重要指标，我们甚至可以从一个国家和社会的师生关系中发现和认识整个教育体制和文化的基因。

---

① 《师生关系：教育质量的支点》，载《人民教育》，2016(2)。

时代在永不停息地变化。……我们的知识正在面临"老化"的危险——用 20 年前所接受的教育，去面对今天乃至未来 20 年的挑战。

变化越快，代际鸿沟就越大。我们不得不去追问：我们"懂"自己的学生吗？我们有"身正为范"的文化道统和理想信念吗？我们为学生提供的是具有真理性价值的独特的课程知识吗？我们是可亲可敬的吗？

正如雅思贝尔斯所言：教育本身意味着，一棵树摇动另一棵树，一朵云推动另一朵云，一个灵魂唤醒另一个灵魂。这就需要我们在亲近、尊重、理解、关爱、融洽中化解矛盾，避免冲突。

我们期待用良好的教育生态，去"生长"良好的教育质量。

1. 师生关系的特征

在积极、健康的师生关系中，教师和学生在人格上应该是平等的，在交互活动中应该是民主的，在相处的氛围上应该是和谐的。

第一，师生关系的平等性。师生关系的平等性体现在教师和学生作为教育活动的交往主体，双方谁也不能控制或操纵另一方，或强行将自己的意志加到另一方身上。积极、健康的师生关系需要教师放下架子，与学生建立平等的教学关系，实现人格上的平等。

第二，师生关系的民主性。师生关系的民主性意味着教师不能以"知识权威"自居。三人行，必有我师焉。教师要能平等地与学生探讨问题，有胸怀容纳学生的疑问。当学生出现疑问时，教师应循循善诱、启发诱导，充分体现教师对学生的理解和关爱，从而鼓励学生积极学习、主动学习。

第三，师生关系的和谐性。师生关系的和谐性指教师和学生之间实现心理相容、互相接纳的融洽状态。苏联教育家苏霍姆林斯基这样认为——"师生之间是一种互相有好感、互相尊重的和谐关系，这将有利于教学任务的完成"。

【问题思考】

请回忆一下你的学习经历，思考以下几个问题：

1. 你和教师的关系如何？有没有和你关系很好的教师？有没有与你关系不融洽的教师？请具体描述一下相关情况。

2. 不同的师生关系对你有不同的影响吗？这些影响表现在哪些方面？

3. 你认为理想的师生关系应该是怎样的？你认为在构建师生关系时应避免哪些问题？

4. 成为小学教师后，你打算如何处理师生关系？

2. 师生关系的类型

研究者的出发点不同，对师生关系的分类也存在不同。例如，利普特（Lippitt）和怀特（White）根据教师使用权威的程度将师生关系分为权威型、放任型、民主型三种；豪斯（Howes，C.）根据依恋理论将师生关系分为回避型、安全型、抵制/矛盾型三种；西尔伯曼（Silberman，K.）将教学情境中的师生关系分为依恋型、冷漠型、关怀型和拒绝型四种。

我国研究者也从不同角度对师生关系进行研究。例如，王耘等于2001年以498名3—6年级小学生为被试的调查研究发现，小学师生关系主要表现为三种类型：亲密型、冷漠型、冲突型。在亲密型师生关系中，小学生与教师的亲密情感联系更多，与教师之间具有相互信任、相互接纳的关系，这是一种积极、良好的交往类型。在冷漠型师生关系中，小学生与教师之间的冲突最少，但与教师的亲密联系也最少，对教师的过度反应最高，因而师生之间是冷漠的，没有亲密和谐的情感联系，这是一种消极的师生交往类型。相比亲密型师生关系和冷漠型师生关系，在冲突型师生关系中，学生与教师有一定的情感联系，但在某些情况下会与教师产生明显的冲突。[①]

雷浩等对新课程改革二十年来中小学师生关系的变迁进行了研究。该研究将师生关系分为冲突性、回避性、依恋性和友善性。冲突性指师生在情感或行为上不和谐、不一致；回避性指学生在态度或者行为上回避与教师进行沟通、交往；依恋性指学生对教师行为和态度表现出敬慕；友善性指学生与教师之间友善相处，在态度和行为上表现出接纳。研究指出，小学阶段师生关系的依恋

---

① 王耘、王晓华、张红川：《3—6年级小学生师生关系：结构、类型及其发展》，载《心理发展与教育》，2001(3)。

性和友善性增幅更明显，冲突性和回避性的降幅更加明显。[①] 这提示，一方面，随着我国课程改革的推进，师生之间的平等关系越来越得到重视，师生之间的沟通也越来越有效，师生关系得到明显改善；另一方面，师生间的冲突依然存在，在一定程度上甚至会激化。因此，对教育的各方来说，消解师生冲突、构建健康的师生关系，任重而道远。

总之，地域、学校文化、师生特点、课程性质等诸多因素都会对师生关系产生影响，进而形成类型多样的师生关系。教师应根据实际情况来确定、判断师生关系的类型和表现，以探寻合适的策略来构建和维持健康的师生关系。此外，教师还需要注意，在小学阶段，某种类型的师生关系在形成后不是固定不变的，而是表现出显著的年龄特点，例如，一年级上半学期是学生与教师关系最冷漠的阶段；三年级到四年级是学生与教师关系最亲密的阶段；从五年级开始，学生与教师之间的冲突开始明显，而到六年级的时候，部分学生与教师又重返亲密的师生关系。因此，教师需要根据学生的年龄变化对师生关系进行及时的调整。

【问题思考】

上面谈到，某种类型的师生关系在形成后不是固定不变的，而是表现出显著的年龄特点。对此，你是如何理解的？你认为出现上述变化的原因可能有哪些？

3. 师生关系的时代变迁

教师和学生是学校教育的重要组成部分，师生关系是教师与学生在教育活动过程中形成的最基本的人际关系。在整个人类社会教育发展的过程中，随着时代的变迁，师生关系经历了四个发展阶段：农耕时代的权威—顺从的师生关系、工业时代的主体—客体的师生关系、信息时代的主导—主体的师生关系、智能时代的师生一体关系。[②]（见表7-1）

---

① 雷浩、王晨馨：《新课程改革二十年来中小学师生关系的变迁》，载《教育研究》，2022(10)。
② 徐晶晶、张虹：《"互联网＋教育"视域下的新型师生关系：内涵、嬗变及形成机制》，载《教育理论与实践》，2018(35)。

表 7-1　师生关系嬗变的四个阶段

维度	农耕时代	工业时代	信息时代	智能时代
学习方式	阅读、吟诵	听讲、记忆	混合学习 联通学习	泛在学习 真实学习
教学方式	启发	知识讲授、 答疑解惑	组织学习活动	提供支持与服务
学生角色	自我领悟者	被动接受者	主动探究者 协同建构者	主动学习者 主动建构者
教师角色	知识的传播者	知识技能的 传授者	组织者、引导者	服务者、促进者
师生关系	权威—顺从	主体—客体	主导—主体	师生一体

（1）农耕时代：权威—顺从的师生关系

农耕时代，正规的教育场所产生了，教师是学生获取知识的唯一来源。学生在教师的启发下，在固定的时段内通过阅读和吟诵等方式在私塾、家塾或义塾等场所学习。农耕时代的自然经济和专制统治衍生了社会的阶级地位差异、权力依附和专制顺从。与之相对应的师生关系也受到社会影响，表现为典型的教师权威地位和学生顺从心理，即权威—顺从的师生关系。该阶段过分强调教师权威而忽视了师生的平等地位。

（2）工业时代：主体—客体的师生关系

工业时代，学校是主要的学习场所，人才培养上强调对基本知识和技能的掌握，教学方式上强调大规模和批量化的班级授课制。学生通过听讲、记忆等方式被动学习基础知识和技能，教师通过知识讲授和答疑解惑来教学。该阶段是以教师讲授、学生听讲为主的填鸭式教育，这与工业时代对工人的培养方式和特殊需求是一致的。工业时代的社会关系主要表现为以市场经济为特征的雇佣关系，映射到教育领域则表现为以教师为主体、以学生为客体的师生关系。

（3）信息时代：主导—主体的师生关系

信息时代，学习场所不再局限于学校，互联网为在线学习提供了强有力的技术支持，师生之间的信息获取逐步对称。学生可以根据需求选择合适的数字化学习资源，而不必局限于教材或教师指定的书目，如可以在网络空间进行自主探究和主动学习。信息时代孕育了日益亲密的交往关系，教师是学习活动的组织者和引导者，学生成为学习的主动探究者和知识的协同建构者。

（4）智能时代：师生一体的关系

随着信息技术的快速发展，人类将进入人与人、人与物、物与物深度融合的智能时代。学习目的逐渐从信息时代促进个人终身发展向智能时代促进全人类的共同发展转变。从教学实践来看，教师和学生可以同时是主体，教师和学生是共生、共存、共命运的学习共同体。在智能时代，教师的角色是服务者和促进者，为学生提供更及时、便捷和高质量的服务，其服务意识和能力将直接影响学生的学习效果。同时，学生成为知识的主动建构者。师生关系表现为以教师个性化服务和学生主动建构为导向的师生一体关系。

4. 师生关系的冲突

人际关系是人与人在交往过程中形成的关系，有吸引、亲密、合作、服从的人际关系，也有排拒、竞争、矛盾、冲突的人际关系。师生关系也是如此，不仅有积极、亲密的师生关系，也有消极、对立的师生关系。师生之间的冲突主要表现为目标冲突、态度冲突和规范冲突三个方面（见表7-2）①。

表7-2 师生冲突的类型

师生冲突类型		学生特点	教师特点
目标冲突	个性层面的目标冲突	学习目标设置较低，如"及格万岁"	教学目标、期望和要求设置较高，如重视学生成绩排名和高升学率
	角色层面的目标冲突	学生的目标是个体的目标，往往由自己的某个时刻或某段时期的需要和兴趣决定	教书育人的角色定位使教师担负起贯彻国家教育方针和培养目标的任务，教师的目标源自教育目标，反映社会对学生全面发展的要求
态度冲突	个性层面的态度冲突	不服从教师的指令	利用教师权威地位，责备、训斥、嘲笑、挖苦、威胁、恐吓、体罚
	角色层面的态度冲突	对教师的外部影响产生恐惧和敌对心理	教师凭借自己的权威地位从学生外部施加压力强制学生接受其影响
规范冲突		不遵守各类规则（如班级规则、教学规则、学习规则），不遵守课堂纪律	因学生不遵守规则、规范而对学生进行指责或实施惩罚

师生关系的冲突不是单方面的问题，而是多种因素共同导致的，包括社会风气的影响、网络环境的污染、法律法规的不健全、家庭教育的缺位、教师权

---

① 陈枚：《师生交往矛盾的心理学分析》，载《教育理论与实践》，1992(1)。

威的消解、学校管理与评价的异化、学生是非辨别能力和自控力弱、教师缺乏沟通技巧等。因此，消解师生关系的冲突需要社会各界积极参与，进行综合治理。

【资料链接】

学生最向往怎样的师生关系[①]

我认为，师生关系最好的状态是学生在看见老师时不会尴尬，目光不会逃避，而是能够四目相对，会心一笑，是那种发自内心的笑，而不是仅仅扯起嘴角，不带感情地说一句老师好，更不是假装没看见，甚至可以在空余时间找老师谈谈心，不亦乐乎。

[江苏省苏州大学附属中学高二(7)班　黄春艺]

刚入学时，所有人都知道我们班"不好"，成绩很差，老师也有点不注重我们，可我们没有放弃自己，成绩在一点点进步，没有人拖后腿，更没有不学习的，下课问老师问题的人也多了起来。老师们对我们的看法也在慢慢发生改变，有时上课还会调侃几句，逗众人发笑，学生也会在老师名字前面加上"男神""女神"这样的名称。下了课，有些人还跟老师闲聊，这样的关系不再是老师与同学的关系，更像是一群好友或兄弟姐妹在聊天。当然，课还是要认真上的。一到课上，又恢复了师生关系，这样的转变很微妙。

我们体谅了老师的心态，因为我们是后进班，所以要加倍地努力；老师宽容我们的落后，耐心等待并倾注自身全力教导我们，形成了一种良性循环。

[江苏省苏州大学附属中学高二(7)班　费天]

我理想中的师生关系是一种亦师亦友的关系。试想，如果一个老师上课板着脸、冷冰冰地站在讲台上，或是一遇到什么不是特别顺心的事情就冲着同学们大吼大叫，课堂效果也一定好不到哪里去。抛开十分好学的同学不谈，一般同学在找老师答疑时多少会紧张，有些同学甚至可能会因害怕老师而将问题堆

---

① 《学生最向往怎样的师生关系》，载《人民教育》，2016(2)。

积在心里。如果老师是朋友，这种情况就会减少，毕竟不会有人害怕向朋友提问。与老师产生矛盾时，也愿意主动找他沟通，就不会留特别多的心结。不过，这种关系要有度，关系太好了，反而会影响自己甚至是全班上课的效率。不能忘记尊重老师，毕竟师生在身份上有区别。

我理想中还有一种师生关系：老师不仅是知识传授者，还可以扮演一位长辈的角色，把学生当作自己的孩子，能去关心他们的成长，关爱他们，温暖他们，帮助他们，适当的时候也要批评他们，给他们泼泼冷水，严中有爱，这也是学生能接受老师的方式。学生也不只是知识接收者，关心老师，敬重老师，不要让他们多操心，感念他们的辛苦与不易，就像感念自己的父母一样。学生和老师之间相互关心，就像晚辈和长辈之间一样。

总之，有感情，有温暖，是师生关系中最必不可少的因素。

[湖北省武汉七一华源中学九(2)班　卢芷欣]

我理想中的师生关系，应该是互敬平等的。学生不必一味听从老师，不必秉持"老师说的全是对的"之类的旧说。同学们可以和老师共同学习，共同讨论问题，老师指出学生的问题和错误，学生也可以指出老师的错误或提出更好的解决办法。有相处就会有矛盾，我理想中的师生关系是，学生和老师应该是朋友，会互诉烦恼，坦诚相待。

[湖北省武汉七一华源中学九(2)班　刘隽琦]

5. 构建健康师生关系的策略

第一，尊重学生。小学生已经拥有了一定的独立性和自主性，表现欲和自尊心也变得明显。因此，在教学过程中，教师首先应避免使用伤及学生自尊的话语。例如，"笨死了""真没用""谁都比你强""简直无可救药"等话语会伤及学生的自尊，从而使学生产生抗拒心理，形成教育僵局。其次教师应尊重学生的个性，肯定、发展学生正当的兴趣爱好和特殊才能，充分发挥学生的个性和创造性。

第二，及时表达对学生的关注。对学生的关注能让教师了解、熟悉学生的兴趣爱好、个性特点、思维方式等，有利于教师站在学生的角度思考问题；反过来，如果学生能感受到教师对自己的关注，那么他们会更加喜爱教师，相应地学习的动力也会更加充足。因此，教师的关注是构建良好师生关系的重点所在。例如，当学生在回答问题时出现停顿或错误，教师不必马上打断学生，可以使用眼神鼓励和认真听取的方式，让学生感觉到教师的关注、耐心和鼓励。

学生们知道是否有教师关注他们，能够分辨什么时候教师是在关注他们，什么时候教师只是在容忍他们。结合下面的案例，想一想你有什么方法和方式来表达对学生的关注。

【真实案例】

语文课的教学内容比较多，我的班里有50个学生，每个学生在学习过程中都可能会有自己的问题，但是在课堂上实在是没办法个个兼顾。于是，下课之后，我把在课堂上发现或观察到的学生存在的问题、小毛病、应该注意的问题或者某方面的进步写在便利贴上。课间操的时候，我把便利贴粘贴在教室后面的布告栏中，告诉学生做完课间操回来一定要看看。

我对使用便利贴来纠正学生错误或指出进步的做法没有底气，也不知道他们的态度如何，效果会怎么样。我还在写不写名字的问题上纠结了很久，后来还是写上了，因为不写学生的名字，他们就不能清楚地知道自己有哪些问题需要改，或者最近有哪些进步。当然，我还是尽量用最委婉的语气来指出学生的问题："小明，看看你写的'休闲'的'闲'有没有错啊？去查一查'闲'和'闭'，看看哪里不同？下节课你给大家讲一讲，还有哪些字长得非常像。"第二节课，小明给同学们讲了'闲'和'闭'的不同，还列举了一堆长得非常像的字，我带领同学们给他鼓掌。小明非常高兴，似乎并没有因为我指出了他的错误而感到不高兴或沮丧。我想，这个办法也许可以实行下去。

以后，我的便利贴数量更多了，"××，你今天的字写得很漂亮"，"××，作文的开头再补充对颜色的描写就更棒了"；内容也渐渐丰富，"××，你今天的发型不错"……不久之后，学生们也开始在我的便利贴下面回复了，"老师，我知道怎么改这个作文的开头了"，"老师，今天的故事真好"，"老师，你今天嗓子哑了，多喝点水"……

学生的回复让我看到了教学后的回应和反馈，学生的关注和关心更让我感动不已，同时我也深深地认识到，我一开始的行为也许在学生心中引起了同样的反应。没有教不好的学生，只有不会教的先生。这句话说得还真对。

第三，充分相信学生的能力。加德纳的多元智能理论指出，每个人都同时拥有相对独立的九种智能，而这九种智能以不同方式、不同程度的组合使得每个人的智能各具特点。尽管在各种环境和教育条件下个体身上都存在着这九种智能，但不同环境和教育条件下个体的智能发展方向和程度有着明显的差异。每一个学生都是一个潜在的天才，每一个学生都有自己的学习风格，教师应尊重学生的学习风格，认识学生的长处，发挥学生的长处。此外，教师还应信任学生，相信学生通过努力可以完成学习任务，在其行为和态度正确时给予关注和鼓励，当其言行不当或犯错误时给予善意的批评并提供改正错误的机会。

信任是人际关系的基石，教师信任学生，相应地，教师也会赢得学生的尊重和信任。师生双方对彼此的信任促成了良好的、积极的师生关系。

第四，畅通与学生沟通与交流的渠道。教师不只是知识的传授者，同时还是学生的朋友、心理辅导者、学习活动的组织者。教师与学生之间不应只局限于课堂上"问—答"式的交流，而是要进行多渠道的沟通。教师只有把握了学生的年龄特点、思想状况、兴趣爱好等，才能走进学生中间，洞悉他们的内心世界。同样地，学生也有与教师沟通交流的需要，但是可能由于年龄小，不知道如何去沟通，或者个性害羞、内向，不想公开与教师沟通……因此，畅通沟通的途径和渠道，才能让学生把自己的困难、苦恼、高兴或失意尽情地倾诉出来，进而加深师生间的了解、减少师生间的冲突。

在下面的案例中，张老师通过一种新的方式与学生们进行沟通，成功消除了师生之间的隔阂，希望能给新手教师提供一些借鉴。

【真实案例】

心情树

我教小学三年级一班的数学课。相比一二年级的数学课程，三年级的课程难度有了明显增加。学生们因做不对题目，被我批评了几次，因此他们在数学课上情绪有些低落，也不怎么认真听讲了，连课间看见我都跑得远远的。我有些着急，后来跟主任学了一招，指导学生们做了"心情树"。每个学生都在心情树上挂上写着自己名字的卡片。卡片的一面是绿色的，表示心情快乐，另一面是灰色的，表示心情烦躁。上课时，我看到灰色的卡片比较多，说明这次题目做错的比较多，我便细致地多讲两遍做题规则，也控制着脾气尽量不批评学生。同时，按照灰色卡片上的名字，下课单独找他们问问做错的原因，顺带着再帮他们补补缺漏。我不知道这样做的效果如何，因为也没有别的办法，只能走一步看一步了。时间慢慢过去了，我突然发现，课堂上又恢复了原来的生机，我讲课的时候学生们配合得越来越好，学业水平也明显有了提高……有一次放学，听到两个学生谈论——"我们张老师可好呢！"我听了心里美滋滋的。

　　当然，正如前面所讨论的，良好师生关系的构建是一个需要多方参与的、长期的、复杂的过程，构建师生关系的策略也不胜枚举。教师需要做的是在尊重、关注、信任学生的基础上，让学生也参与到师生关系构建的过程中并担负起自己的责任。师生双方相互体谅、相互配合、相互合作才能使师生关系朝着健康的方向发展。

【资料链接】

亲而不随　敬而不畏——关于小学师生关系的随想[①]

　　讲到师生关系，特别是小学的师生关系，想到中国的两句古话："非敬无以为学"；"亲其师，信其道"。这两句话，可谓道尽了师生关系的精髓。如何建设良好的师生关系，自然应从这两方面着手。

非敬无以为学

　　要做到"敬"，是很不容易的，保持"敬"则更不容易。学生离开了对教师的"敬"，教师的教导就会成为耳边风。

　　敬，是学生受教的基础前提。这句话，有两个方面的含义。一方面是学生

　　[①]　俞正强：《亲而不随　敬而不畏——关于小学师生关系的随想》，载《人民教育》，2016(2)。

知道"敬",另一方面是教师值得"敬"。

对小学生而言,教师值得"敬"否,与教师学问是否深厚关系不大,更多来自父母对教师是否尊敬。若父母敬老师,孩子多半会"敬"老师的。

这样说来,师生关系就是家校关系的延伸了。

…………

作为校长,我在每一届一年级新生入学时,都会与家长讲明"非敬无以为学"的道理。希望老师们尊敬家长,不论是局长、董事长都只是家长;不论农夫还是走卒,都依然是家长,都一样"敬"之。也希望家长尊敬老师,不论老师清贫艰涩,都一样"敬"之。若在作业本上看到学生的错误没有被批改出来,不要在孩子面前批判老师不认真,不妨说"啊呀,老师这些天可能忙坏了,孩子你要心疼老师,可不能写错了"。

如此这般,学生会从心底里"敬"自己的老师,持久地"敬"自己的老师。

亲其师,信其道

教师的可"敬",多与教师的师品相关,教师作为成人而在高处。

教师的可"亲",则多与教师的师能相关,教师作为儿童而在低处。

…………

因为有敬,所以亲而不随。

因为有亲,所以敬而不畏。

(二)同伴关系

同伴关系指的是年龄、心理发展水平以及教育水平相同或相近的个体之间在进行社交互动过程中建立起来的一种人际关系。同伴关系是一种自愿的人际关系,其典型特征是相互喜欢、偏爱彼此的陪伴、频繁的交往互动以及合作伙伴之间积极的情感支持。

同伴关系发展的质量是衡量小学生身心健康与社会适应能力的重要指标。良好的同伴关系有利于学生社会能力的培养、学业的顺利完成以及认知能力的提升和人格的健康发展,不良的同伴关系则可能导致学生在学业和情绪上适应困难,进而产生课堂问题行为,最终影响学习的效率和质量。

1. 同伴关系的构成要素

同伴接纳与友谊是同伴关系的两个主要成分,二者具有一定的相似性与差异性。它们各自的特征、功能决定了其在学生发展过程中的独特价值及在教育实践中的重要意义。

(1)同伴接纳

同伴接纳是一种群体指向的单向结构,反映的是群体对个体的态度:喜欢或不喜欢、接纳或排斥。它包括两个属性:一是儿童受欢迎程度;二是其社会地位。儿童被同伴所接纳,就意味着他的个人声望已达到了受同伴欢迎的程度,其社会地位如身份、社交能力和在同伴中的威信程度等都得到了同伴的认可。同伴关系的建立,主要受同伴接纳性的影响。[①] 在个体成长过程中,同伴接纳为其提供的是判断自身是否从属于某个同伴群体的经验,个体可以从中获得归属感。实践证明,能够被同伴群体完全接纳的学生会表现出友好的态度、谦虚的品质、较强的合作意识以及良好的学业适应能力。

(2)友谊

友谊是群体指向的双向或多向结构,反映的是两个或多个个体之间以忠诚和相互情感为特征的亲密而持久的关系。具体表现为交往时间更多、有更多的双向交流、能更好地相互帮助、彼此间的批评更有建设性等。实践证明,友谊对小学生的成长具有重要作用,朋友的数量和质量会影响小学生的社会感知能力和社会适应能力。

2. 同伴关系的功能

法尔曼(Furman,W.)认为,同伴关系具有八种功能,即友爱、亲密、可以信赖的同盟、有益的帮助、安抚、陪伴、肯定价值以及归属感。其中,有益的帮助、安抚、陪伴、肯定价值是同伴接纳与友谊共有的功能,而友爱和归属感是友谊和同伴接纳各自独有的功能。在友谊中,友爱是研究者首肯的价值,朋友间相互的、亲密的友爱与在同伴接纳中被许多人单向的喜爱,有着本质的不同。归属感是指一个人属于某个群体和被其接纳的感受。这种感受只能在群体中获得,而无法在一对一的友谊关系中得到。

友谊与同伴接纳在儿童发展过程中发挥着不同的功能,不可相互代替。对于小学生来讲,缺少亲密的友谊容易让他们产生因情感沟通和交流不畅而带来的孤独的情感体验;而缺少同伴接纳则更容易使他们产生因被群体排斥而带来

[①] 邹泓:《同伴接纳、友谊与学校适应的研究》,载《心理发展与教育》,1997(3)。

的被孤立的情感体验。因此，在教育实践中，教师应关注友谊与同伴接纳对学生行为的影响。

3. 同伴关系的类型及其对学生学习的影响

同伴关系可以划分为友好型、对立型、疏远型三种。在友好型同伴关系中，同学之间在心理上彼此相容、相互接纳、相互信任，关系友好、亲近、融洽。在对立型同伴关系中，同学之间不能够相互接纳、相互信任，主要表现为排斥、摩擦、反感、冲突、嫉妒等。在疏远型同伴关系中，同学之间在心理上相互忽视，主要表现为情感淡漠、互不交往。

【资料链接】

梳理同伴关系的类型，不同研究者有不同的分类，例如：

1. 从规模来看，有二元的同伴关系、群体的同伴关系；

2. 从目的来看，有互惠型同伴关系、非互惠型同伴关系、追随型同伴关系；

3. 从态度来看，有受欢迎的同伴关系、被拒斥的同伴关系、被忽视的同伴关系、有争议的同伴关系和普通型同伴关系；

4. 从过程来看，有双向互动的同伴关系、单向付出的同伴关系；

5. 从年龄来看，有同龄同伴关系、异龄同伴关系；

6. 从亲密程度来看，有相互的友谊关系、频繁的互动关系、小组成员关系；

7. 从空间来看，有真实的同伴关系、虚拟的同伴关系。

在课堂教学过程中，师生关系在知识讲授环节发挥着重要作用，而在课堂合作学习和探究学习活动中，同伴关系则在很大程度上影响着学习的质量和成败。

其一，友好的同伴关系会对学生的学习产生积极影响。良好的同伴接纳对个体学习的积极作用是通过个体之间的相互帮助而产生的，这些互助包括：同伴间对教师的讲解内容进行分类、解释；主动提供与学习相关的有用信息；解答关键性问题；分享不同的学习资源（书籍、笔记）等。事实上，在遇到困难或者困惑时，70％以上的学生是直接向同伴咨询或寻求帮助的。

其二，对立和疏远的同伴关系会对学生的学习产生消极影响。一种情况是，在课堂学习过程中，群体地位较低、与同伴或小组其他成员关系对立或疏远的学生，在合作学习过程中常常被拒绝或被排斥，导致其学习效果较差，甚至直接退出合作学习活动。另一种情况是，学生因被其他同伴孤立或疏远而生气、愤怒，进而引发争吵甚至激烈的冲突，打断课堂教学的进程。

4. 密切同伴关系的策略

一般而言，如何促进良好的同伴关系更多地属于班级管理的讨论范畴。在课堂教学和管理过程中，教师的时间更多地用于课程内容的讲授、学习活动的组织、学生学习行为的管理等，在协调同伴关系方面留有的时间较为有限。从课堂管理的角度来说，教师可以通过合作学习、探究学习等方式来协调同伴关系，促进同伴之间在学习上的沟通、交流和合作，在精神上的互相帮助与互相支持。

下面介绍的两个具体策略——"麻烦日志"和"同伴调解"，可以给教师处理课堂教学过程中的同伴关系提供一些新的思路。

(1)麻烦日志

上面提到，学生可能因被其他同伴孤立或疏远而生气、愤怒，进而引发争吵甚至激烈的冲突，打断课堂教学的进程。在这种情况下，教师可以使用"麻烦日志"的方式，让双方冷静下来，避免事态升级。麻烦日志的具体内容见图 7-1。教师可根据学生的年龄、可用于解决问题的时间长短等因素来选择不同的实施方式，如口头表述、书面填写，课上完成，或课下完成，等等。

```
                          麻烦日志
 姓名：_____        日期：_____        科目：_____

 (1)问题描述：_____
 (2)我的感受：_____
 (3)我想怎么做：_____
 (4)这样做的后果可能是什么：_____
 (5)这样做之后同伴可能有什么感受：_____
 (6)最后我决定怎么做：_____
```

图 7-1　麻烦日志

（2）同伴调解

小学生已经具备一定的问题解决能力，因此，在课堂学习过程中，特别是在小组合作学习过程中，如果学生之间的关系变得紧张，教师也可以选择使用同伴调解的方式来消解可能产生的矛盾或冲突。之所以这样做，是因为，其一，教师忙于讲课或监控小组学习，不清楚同伴关系紧张的具体原因，提出的解决方法可能并不"对症"；其二，教师的劝和让双方的矛盾公开呈现在全班同学面前，一方面会打断课堂教学的正常进程，另一方面可能会让双方情绪更加激动，造成调解失败；其三，教师的调解有时候会让某一方或双方觉得不公平，进而导致矛盾升级或演变成师生之间的冲突。选择同伴调解则可以在一定程度上避免以上问题，当然教师要在旁监控整个调解过程，并规定时间限制，一般3～5分钟内完成调解，以免过多地影响课堂教学。为了让解决方案更有建设性、调解过程更顺利，教师可以提前带领学生演练，让学生知道并熟练掌握如何解决同伴矛盾，具体流程可参考如下案例。

同伴调解

情境：小学四年级语文课上，教师要求各小组进行分角色朗读训练，5分钟后，各小组在全班面前朗读，完成得好的小组有奖励。

同伴矛盾：小组学习中，学生A不想参与，在座位上摆弄尺子，轮到他的时候不配合进行角色朗读，导致练习中断，小组长C很着急，与A说话的时候口气有些冲，A遂与小组长争吵起来。

步骤一：教师询问解决方式

教师看到后，询问小组成员是否能内部解决该矛盾，大家包括A在内都同意了。

教师接着说："大家要快点呀，还有4分钟就该小组上台表演了。"

步骤二：同伴调解

成员B：怎么办，咱们再不练习就没法上台表演了，也得不到奖励了。

成员D：A，你为什么不朗读呢？

学生A：我不喜欢这个角色，再说组长刚才还凶我了，我就不朗读。

组长C：（一直没说话，老师以前带领他们做过演练，他还记得老师说过，同学间说话要互相尊重，要说好听的话。他因为小组没法上台表演，有点着急，所以说话口气才那么冲。现在他选择不与 A 再继续争论。——这是老师说的第二条，要想办法解决问题，课堂上不要老是争论谁对谁错)

成员 B：(问 A)那你想怎么办？咱们小组不上台表演啦？其他组该笑话我们了。

学生 A：(没有说话)

成员 D：(犹豫了一会儿)我把我的角色让给你，咱快练习吧，没时间了！

学生 A：(仍然没有说话)

成员 B：你要是能参加朗读，我把我的玩具借给你玩一下午。

(B 脑子比较灵活，知道用玩具来诱惑他)

组长 C：对不起，我刚才太着急了。把我的角色给你，咱们快练习吧！

步骤三：达成协议

学生 A：不用换角色了，我们开始朗读吧。

组长 C：对不起，我下次不凶你了。

成员 B 和 D：好啦，好啦，我们快点练习吧。人家小组都快练完了。

(教师全程监控，但是没有参与。此时，教师说，你们小组最后一个上台表演吧，还可以多练习一会儿)

【资料链接】

同伴在儿童的发展中具有成人无法替代的独特作用。作为教师，我们有必要了解同伴关系的相关研究成果，以便从其中吸取经验，用于指导我们的教学和管理。

同伴关系研究始于 20 世纪 30—40 年代。早期同伴关系研究的代表人物主要有萨默斯(Summers, A.)、沃尔夫(Wolfe, B.)、亨德森(Henderson, V.)、米耶史考斯基(Mieszkowski, P.)和萨瓦金(Sauvagean, Y.)，他们的研究发现学校教育中存在显著的同伴效应。此后，各国研究者针对同伴关系与学生成绩展开了广泛的实证分析，但尚未就同伴间相互影响的性质达成共识。

在同伴接纳的研究中，心理学家广泛地采用了"积极提名和消极提名"的方法对同伴群体进行了区分，划分出五种社交地位不同的群体。根据标准化得分把同伴关系分为"受欢迎、被拒斥、被忽视、有争议和普通型"五种类型。研究者比较了这些群体的社会行为和社会认知的差异，找出社交地位与社会行为、社会认知变量的相关关系，并以此来解释同伴关系的形成。

心理学研究一般从个体特征水平、人际互动水平、关系水平和群体水平来研究同伴交往。个体特征水平研究个体的气质、性格、生理特征以及个体的社交知识、技能等与同伴交往的关系；人际互动水平上的同伴交往经历，是指两个个体在社会交换过程中交织在一起的行为，包括亲社会行为、攻击行为、退缩行为等；关系水平涉及两个相互熟识的个体间持续的互动，是一种双向的关系，反映的是两个个体间的情感联系；而群体常常是儿童出于共同的兴趣或处于相同的环境自发形成，也可以是正式建立的，学校中的班级就是最普遍的例子。这四个层次分别代表了社交复杂性的不同程度。进一步来说，这四个水平是互相联系、互相影响的。每一水平上的事件和过程都会受其他水平上的事件和过程的限制和影响。

在社会学研究中，同伴关系被视为学生个体的社会网络。研究者经常通过网络密度、强度、对称性、规模、行动者位置、角色等概念来说明网络的结构和行动过程。例如，迈尔(Mayer, A.)和普勒(Puller, M. S.)收集了美国10所大学的学生在某网站上的交友关系，通过同伴数量、集群系数来刻画同伴关系，并建立了包含学校环境及个人偏好特征的模型来预测好友关系的形成。该研究发现相同专业、相同政治取向和相同地域的学生倾向于建立朋友关系。

关于同伴关系影响因素的研究发现，儿童的个性特征、行为特点、认知能力、自我效能感，教师对儿童的态度，家庭背景，父母对子女的关注与投入，情境因素等都会影响儿童的同伴交往，有时甚至还会导致同伴交往困难，对学生的学业成绩和非学业能力的发展也存在显著影响。在教育实践中，教师可以从认知角度(如解决人际问题的认知技能训练)、行为角度(如榜样策略、行为塑造)、情感角度(如移情训练)对学生进行训练及教育干预，以便帮助学生建立起良好的同伴关系。

四、课堂气氛

(一)课堂气氛的内涵

课堂气氛主要是指师生在课堂上所表现出来的情绪和情感状态，是师生在课堂上共同创造的心理、情感和社会氛围。课堂气氛是最直接的、最外显的课堂心理学习环境，不同的课堂气氛会带来不同的课堂学习效果、教学效果和管理效果。

(二)课堂气氛的类型

有经验的教师会根据教学和学习的需要营造多样的课堂气氛。课堂气氛和课堂中的教与学活动是互相影响、互相制约的关系。一方面，教师的教学和学生的学习都是动态的生成过程，课堂气氛需要随其变化而进行调整。如果课堂气氛未及时调整，那么学生在这个阶段就有可能会脱离任务，进而出现捣乱、违纪甚至对抗、冲突等问题行为。另一方面，课堂气氛反过来又会影响教师的教学和学生的学习状态。二者互相影响、互相制约，形成运行良好或者运行不畅的课堂生态环境。

表 7-3 描述了课堂学习过程中三种常见的课堂气氛：竞争的课堂气氛、合作的课堂气氛、个性化的课堂气氛。[1] 不同的学习活动需要教师营造不同的课堂气氛，例如，要求学生进行小组讨论，教师可以营造合作的课堂气氛；需要学生进行独立的课堂练习时，教师则应提供个性化的课堂气氛。反过来，只有适合的课堂气氛，才能保证学生在不同情境下的学习效果。

表 7-3　课堂气氛的三种类型

课堂气氛类型	表现	赋予学生的权利	赋予教师的权利	典型的学习活动
竞争的课堂气氛	学生为了正确答案或符合教师所立标准而互相竞争；教师是决定答案是否正确的唯一裁判	通过竞争获得呈现自己观点和想法的权利	组织教学；提供刺激性材料；评估回答的正确性	课堂练习；提问和回答
合作的课堂气氛	学生在教师监督下参与对话；教师有条不紊地介入讨论，以使观点更加清晰并将讨论推向更高水平	在小组内呈现自己的观点和想法；在小组内自发地、自由地发言和讨论	激发讨论；仲裁争议；组织和总结学生的学习活动	小组讨论；合作学习

①　参见［美］加里·D.鲍里奇：《有效教学方法》，杨鲁新译，104 页，上海，华东师范大学出版社，2021。

续表

课堂气氛类型	表现	赋予学生的权利	赋予教师的权利	典型的学习活动
个性化的课堂气氛	学生在教师的监督下完成任务并进行自我检验和自我反思；教师鼓励学生按他们心中认为最好的答案完成任务，鼓励、帮助学生进行自我检验和自我反思	按他们心中认为最好的答案完成任务；求得教师或同伴的帮助和支持	布置任务；监督任务的完成；给学生提供需要的帮助和支持	独立的课堂练习

此外，即使是同一学习活动，教师也可以营造多样的课堂气氛以满足学习活动的不同目标。例如，小组讨论一般应该在合作的课堂气氛中进行，但是在现实操作过程中，教师也没有必要完全囿于此，也可以为小组讨论营造竞争性的课堂气氛或个性化的课堂气氛，只不过这两种课堂气氛追求的效果是不同的（见表7-4）。[①]

表 7-4　三种课堂气氛的目标

课堂气氛的类型	集体学习	小组学习	个体学习
竞争的课堂气氛	在轮到自己回答时，学生通过说出正确答案而与其他同学展开竞争	不同的小组作为对立的团队，相互竞争	个体之间通过回答相同的问题展开竞争
合作的课堂气氛	如果一名学生未找到正确答案，允许全班其他学生给出提示或线索	各小组围绕一个话题的不同但相关的层面分别进行学习，并将结果综合整理成面向全班的最终报告	个体结对合作，彼此交换试卷、分享答案，或相互纠正错误
个性化的课堂气氛	全班同学一起说出答案，看谁的答案更准确或更有创造性	每个小组完成自己指定的话题任务，要体现出本小组与众不同的特征或创意	个体在没有教师直接参与的情况下独立地完成课堂练习

（三）营造积极课堂气氛的策略

在积极的课堂气氛中，学生会渴望学习、渴望遇到问题时能够得到帮助、渴望得到鼓励与支持。教师可以通过对学生提出积极的期望和要求、表扬其良

---

① 参见［美］加里·D. 鲍里奇：《有效教学方法》，杨鲁新译，106页，上海，华东师范大学出版社，2021。

好的表现、在适当的时候给予其额外的奖励等措施来营造积极的课堂气氛。

第一，通过期望和要求营造积极的课堂气氛。

教师积极的期望和要求可以为学生尝试新的任务、实现新的目标奠定良好的基础。当学生感受到教师的信任时，他们更愿意去努力尝试以实现教师的期望和要求。于是便形成了师生彼此配合的积极课堂气氛。

以下提供了一些供教师参考的建议，其他关于如何提出、表达期望和要求的内容可详见本书第一、第二章：

- 制定恰当的教学目标并与学生讨论，以便学生了解具体的教学要求；
- 接受学生在学习新知识过程中的不完美表现；
- 相信学生的能力，相信学生能够出色地完成任务；
- 鼓励学生相信自己，激发他们的学习热情和自信；
- 拒绝接受学生为自己糟糕的表现找借口；
- 避免采用比较评价，尤其是对于能力较低的学生，这会让他们误认为自己无法实现目标。

第二，通过表扬良好的表现营造积极的课堂气氛。

恰当的表扬能为学习创造积极的氛围。这种方法使用得当，可以使学生感到振奋、备受鼓舞。最有力的表扬既要能够让学生知道自己哪方面的表现是良好的，也要让学生感受到教师对他们良好表现的认可。换句话说，有效的表扬必须能够给予学生具体的反馈与真诚的肯定，也可以在不影响学生积极性的前提下，提供一些改善建议（如建设性的批评）。只有当学生做出值得表扬的行为时方可表扬，且不能轻易给予表扬。

另外，私下给予表扬也是一个不错的方法。教师可以在学生的作业本、试卷、其他的任务成果以及笔记本上写些表扬性的评语；还可以通过与学生单独交流、与家长交谈、给家长发信息等方式给予学生表扬。私底下表扬可以避免当众表扬造成的一些麻烦，也便于教师找到更多该学生值得表扬的行为与表现。

第三，通过奖励强化积极的课堂气氛。

其一，恰当的奖励能鼓励学生做出教师期望的行为。其二，恰当的奖励可以增强学生对课堂学习活动的兴趣和热情，让学生关注恰当的行为并远离不当行为，从而改善课堂气氛。此外，恰当的奖励也会促使学生更加积极地回应教师。使用恰当的奖励有利于建立师生相互支持的、积极的、互动的课堂气氛。

奖励在某些时候会产生积极的影响，但在特定的情况下也会带来负面作用。因此，在使用额外的奖励之前，教师必须考虑奖励的恰当性及可能产生的效果。

【内容概要】

1. 我们可以从多元的视角来理解学习环境：学习环境是学习的空间或场所；学习环境是一种支持性的力量，为自主学习或协作性学习提供支持；学习环境是学习场所和外部条件的集合体；学习环境是为学习目标服务的；在学习环境中，学习者来控制学习活动，各种活动都是以学生为中心的；构建学习环境的本质在于促进学生高阶能力的发展，在于促进学生的有意义的学习；学习环境不是静态的场所，而是承载各种信息的动态构成的环境。

2. 课堂学习环境是以促进学习者主动建构知识意义和促进能力生成为主旨的，它是以学习者为中心的，是支持性的，是促进学生学习的，是动态交互的。学生是课堂学习环境中的主体，课堂学习环境在学生认知发展、情感发展、创造力发展及学习方式的转变方面起着不可忽视的重要作用。

3. 课堂心理学习环境指的是由影响教师教学和学生学习的各种情感或心理因素构成的一个无形的互动场域。良好的课堂心理学习环境是课堂教与学的活动以及课堂管理得以顺利进行的重要保证。课堂气氛、课堂人际关系是课堂心理学习环境的核心要素。

4. 每个学生的学习都是在与他人的相处、沟通、交流、合作的过程中展开并完成的。相处和谐、沟通顺畅、对话交流、彼此合作的良好课堂人际关系有利于学生形成积极的学习态度、保持强劲的学习动力，有利于促进学生的学习。

5. 师生关系是教师与学生在教育活动过程中形成的最基本的人际关系，是师生之间以情感、认知和行为交往为主要表现形式的心理关系。不仅有积极、亲密的师生关系，也存在消极、对立的师生关系。师生关系的矛盾和冲突主要表现在目标冲突、态度冲突和规范冲突三个方面。教师应尊重学生，及时表达对学生的关注，充分相信学生的能力，畅通与学生沟通交流的渠道，以构建健康的师生关系。

6. 同伴关系发展的质量是衡量小学生身心健康与社会适应能力的重要指标。良好的同伴关系有利于学生社会能力的培养、学业的顺利完成以及认知能力的提升和人格的健康发展，不良的同伴关系则可能导致学生在学业和情绪上适应困难，进而产生课堂问题行为，最终影响学习的效率和质量。

7. 课堂气氛主要是指师生在课堂上所表现出来的情绪和情感状态，是师生在课堂上共同创造的心理、情感和社会氛围。课堂气氛是最直接的、最外显的课堂心理学习环境，不同的课堂气氛会带来不同的课堂学习效果、教学效果和管理效果。有经验的教师会根据教学和学习的需要营造多样的课堂气氛。课堂气氛和课堂中的教与学活动是互相影响、互相制约的关系。

【思考题】

1. 如何理解学习环境？它有哪些特点？

2. 课堂学习环境有哪些特点？它对学生的学习有什么样的影响？

3. 什么是课堂心理学习环境？它由哪些要素构成？

4. 课堂气氛有哪些类型？对学生的学习有什么样的影响？

5. 举例说明教师如何营造积极的课堂气氛。

6. 师生关系有哪些类型？师生冲突主要表现在哪些方面？

7. 什么是同伴关系？同伴关系有哪些类型？它对学生的学习有什么样的影响？

【实践操作题】

1. 访谈某小学的 5～10 位教师，记录并分析：

(1)他们对师生关系的认识和看法；

(2)他们与所教学生的关系如何，他们一般使用什么方法来处理师生关系；

(3)他们在处理师生关系时有哪些"妙招"；

(4)他们怎么处理师生之间的矛盾或冲突；

(5)总结一下你对构建良好师生关系的计划。

2. 回忆一下你的学习经历，有没有让你再也不想去学校或不想看见某位教师的时刻或事例？

(1)如果有，请描述一下这个时刻或事例。它给你带来了怎样的影响？

(2)如果自己没有这样的经历，那么你的同学或朋友呢？请描述一下他们对此类事情的反应以及你知道后的感受。

(3)如果你和你的朋友都没有遇到过类似的事情，请思考一下其原因是什么。

(4)作为教师，你想让类似的事情发生在你的学生身上吗？你会怎样做以确保这类事情不会发生？

【补充阅读】

1. 吴康宁：《学生仅仅是"受教育者"吗？——兼谈师生关系观的转换》，载《教育研究》，2003(4)。

2. 余清臣：《师生岂能止于平等——我国当代师生交往制度的价值分析》，载《教育理论与实践》，2010(2)。

3. 黎琼锋、周凤霞：《关心理论视域下的师生关系及其构建》，载《教育理论与实践》，2018(34)。

4. 王爱菊：《中国师生关系研究的回顾与反思》，载《社会科学战线》，2020(7)。

5. 刘向辉：《何以为师：教师权威的时代变迁与遭遇》，载《当代教育论坛》，2021(5)。

6. 邹泓：《同伴关系的发展功能及影响因素》，载《心理发展与教育》，1998(2)。

7. 张文新：《儿童社会性发展》，北京，北京师范大学出版社，1999。

8. 严蓓颖、李玉华、俞劼等：《小学生同伴关系与学业适应的关系：有调节的中介模型》，载《中国特殊教育》，2021(9)。

【自我反思】

通过本章学习，我对如下问题有了新的认识：

1. ＿＿＿＿＿＿＿＿＿＿＿＿＿＿＿＿＿＿＿＿＿＿＿＿＿＿＿＿＿＿＿＿

2._____

3._____

关于本章内容，我对下列问题还有疑惑：

1._____

2._____

3._____

第八章 小学课堂物理学习环境管理

>>> 内容结构导图

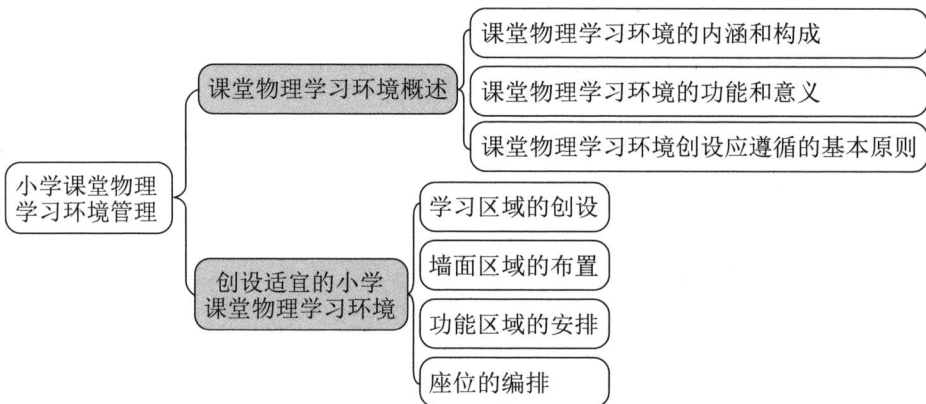

```
                                        课堂物理学习环境的内涵和构成
                          课堂物理学习环境概述   课堂物理学习环境的功能和意义
                                        课堂物理学习环境创设应遵循的基本原则
  小学课堂物理
  学习环境管理
                                        学习区域的创设
                          创设适宜的小学     墙面区域的布置
                          课堂物理学习环境
                                        功能区域的安排
                                        座位的编排
```

>>> 学习目标

1. 了解课堂物理学习环境的内涵、功能和意义，掌握课堂物理学习环境的构成，能遵循课堂物理学习环境创设的基本原则。

2. 掌握学习区域的类型，能够根据我国小学教室空间的实际创设合理的学习区域。

3. 了解我国小学教室墙面区域布置的基本要求和特点，能够根据我国小学教室空间的实际进行墙面区域布置。

4. 学会安排小学教室内的功能区域。

5. 了解座位编排的意义，掌握常用的座位编排方式及其特点，能根据教学要求和活动要求使用最恰当的座位编排方式。

　　墙壁就是墙壁，是用来挂物件的地方。教室里的墙壁也是墙壁啊，有什么不同呢？它能发挥怎样的教育功能呢？

　　环境是一种无声的语言，对身处其中的人有着潜移默化的影响。课堂物理学习环境就是一个整合了各种要素的课程场的存在，颜色、温度、光线、设施、装饰、标志，甚至是墙面区域的布置和座位编排，都会对个体的成长和发展产生或显性或隐性的重要影响。合理、优美的教室布局等能激发学生学习的兴趣、动机；单调、空洞的教室布局，更容易诱发学生的厌烦情绪；一个有适当障碍、挑战的环境能刺激学生潜在能力的发展。

第一节　课堂物理学习环境概述

一、课堂物理学习环境的内涵和构成

(一)课堂物理学习环境的内涵

　　课堂物理学习环境指的是课堂教学得以进行所依附的所有物质基础和物理条件的总称。其他表述如课堂物质环境、课堂环境、课堂自然环境、课堂空间等，在其概念内涵上基本上等同于课堂物理学习环境。

　　课堂物理学习环境有广义和狭义之分。广义的课堂物理学习环境指的是课堂教学得以进行的所有空间场所，如校内的教室、操场、图书馆等，以及校外的家庭环境、社区环境、博物馆、动物园、自然景观，等等。狭义的课堂物理学习环境指的是学生日常学习所在的固定教室。教室是直接影响学生学习质量和身心发展的场域，本书讨论的课堂物理学习环境即狭义的课堂物理学习环境。

(二)课堂物理学习环境的构成

　　一般而言，课堂物理学习环境由自然环境、设施环境和空间环境构成。

1. 自然环境

课堂中的自然环境主要指的是教室内的颜色、光线、温度、声音、气味等，它们为师生的课堂教学活动提供了感官体验。在教学过程中，教师应根据时间、地点、学生身心发展、课程内容等的特点适时改善、调整自然环境，为学生创设舒适的学习环境，充分发挥学习环境对学习的支持作用。

2. 设施环境

课堂中的设施环境指的是教室内部为教学活动所配备的物质条件，如黑板、课桌椅、布告栏、展示板、图书角、教具、学习材料、辅助工具、实验仪器、电化教学设备等。设施环境是课堂教学的必要条件和根本保障，制约着教学活动的内容和水平，直接影响到各种教学活动中学生的投入度和参与度。

3. 空间环境

课堂中的空间环境主要包括教室的空间大小、座位编排、班级规模、墙面区域等。学生座位的编排不仅对合作学习、课堂讨论等有很大影响，还会对学生的人际关系、学习态度、学习动机、课堂行为以及学业水平等产生影响。班级规模则会在一定程度上影响师生的心理感受，如过分拥挤的教室环境不仅容易使学生注意力分散、自主学习能力降低、独立思考空间减少，而且会在一定程度上减少学生参与各种课堂活动的机会。合理的墙面区域布置不仅能够营造浓厚的学习氛围，而且能够服务于教和学，能够给学生的自主学习提供必不可少的帮助和支持，在一定程度上促进教学质量的提高。

二、课堂物理学习环境的功能和意义

适宜的课堂物理学习环境不仅有利于营造积极健康的课堂心理环境，而且有利于教师使用灵活的教学方法和教学手段为学生提供多样的帮助和支持。适宜的课堂物理学习环境在提高学习效率和学习质量方面具有极其重要的作用。具体而言，适宜的课堂物理学习环境的功能和意义主要表现在如下四个方面。

(一)增强学生的心理安全感

一般而言，整齐洁净、宁静幽雅、温度适宜的环境能使人心情愉快、精神振奋，而杂乱无序、声音嘈杂、灯光昏暗的场所会令人精神紧张、昏昏欲睡。适宜的课堂物理学习环境能增强学生的心理安全感。如白色的墙壁、蓝色的书桌让教室看上去整洁、干净、有序，墙面上的标语或作品展示能激发学生的学习动机，宽敞明亮、温度适宜的教室能让学生集中精神、专心听讲。

因此，适宜的课堂物理学习环境能够让学生产生积极的、正向的、安全的情绪反应。同时，教师对学生所在物理环境的设计能在一定程度上减少分散学生注意力的因素，从而减少课堂问题行为，促进课堂教学有序进行。

【资料链接】

走到一班级听课，一进班级就发现它的"与众不同"，课桌椅被编排成"马蹄式"，教室内设有"绿化角""图书角""生物角"，墙上有班级的"星星榜""行规评比表"，黑板报内容主题鲜明，教室内环境整洁，东西摆放整齐、有序。班级环境氛围令人舒心愉悦。果然，在如此课堂环境氛围的创设中，尤其在组织小组讨论时，每一组学生都积极投入，共同商量完成教师下发每组的"学习单"上的任务。学生的学习状态、学习习惯表现良好。[①]

(二)促进师生、生生之间的合作和交流

课堂物理学习环境对师生、生生之间的合作和交流有着直接、明显的影响。例如，不同的课桌摆放方式会带来不同程度的生生合作和交流。小组的座位编排方式可以增加学生的社会性交往，因为距离近，同组学生之间可以直接进行语言、目光的交流，可以分享资料、进行小组讨论、相互帮助完成作业等；而横排摆放的座位编排方式则有利于学生集中精力独自完成自己的作业。

座位编排方式也会影响师生之间的交流。例如，在秧田式的座位编排方式中，教师倾向于同坐在教室前排和中间(即"行动区")的学生交流，而处在"行动区"的学生也会同教师有更多语言、目光上的沟通和交流，他们参与课堂讨论、提出问题、回答问题的频率比坐在其他区域的学生要高很多。

---

① 程核红：《关乎细节　运用策略——"课堂管理"细节优化的策略研究》，载《中小学教师培训》，2010(2)。

【实践操作】

标出老师在教室里的活动路线①

画一张包括教室用具和设施的方位图，选一堂课，在这堂课上老师可以随意走动辅导学生，学生只需坐着听课。请同学们在课堂上画出老师的走动路线，在老师停留的地方写下一个数字，如果老师待在原地不动，每隔 15 秒就在数字旁画上一个记号。

根据同学们画的活动路线，师生共同讨论下列问题：

(1)在哪个位置老师待的时间最长，在哪个位置待的时间最短？

(2)老师忽视了哪些学生？是什么原因使老师不与这些学生交流？

(3)是不是教室的布置影响了老师的走动路线？是怎样影响的？

(4)如果可以改变走动路线的话，老师会做什么样的改变？

(5)如果可以改变教室的布置，老师会做什么改变？

(三)支持学生的学习

课堂物理学习环境是教师教的活动和学生学的活动得以顺利进行的主阵地，特别是课程改革倡导的自主学习、合作学习和探究学习，强调对学生主体地位的尊重，强调对学生合作能力的培养，强调对学生发现问题、分析问题、解决问题意识的培养。上述这些都要求课堂物理学习环境在设计与安排上能够与之相呼应、相适应，教室结构的合理布局，图书资料、课桌椅等教学设施的灵活布置，布告栏、墙面区域的使用等，都应充分体现以学生为本的教学理念和价值取向，要能够为学生的学习提供必要的帮助和支持。(详见本章第二节)

【问题思考】

作为学生，你在教室里至少度过了十几年的时间，

1. 请描述一下你印象中的教室是什么样的？

---

① [美]弗农·琼斯、路易斯·琼斯：《全面课堂管理——创建一个共同的班集体》，方彤、罗曼丁、刘红等译，163 页，北京，中国轻工业出版社，2002。

2. 教室里最让你印象深刻的是哪里？为什么？

3. 教室里什么样的布置具有支持学生学习的功能？请具体描述一下。

(四)促进学生成长

环境是学生的第三任教师，对学生的全面成长所发挥的作用无可替代。学生的成长不仅是所掌握的知识量的增长，还包括其身心的发展和人格的健全。课堂不仅是学生听讲、回答问题、完成作业、参加考试，或者证明自己掌握了某种技能(如阅读、计算)的地方，还应该是吸引学生参加学习、增强学习体验的环境。① 教师在这个环境中引导学生通过观察、调查、实验、探究等方式来发现知识、解决问题，进而促进其整体素质的提升。

【问题思考】

借助社会学的视角和空间概念的规定性，对教育世界中习以为常的课堂空间重新展开审视和反思就会发现，传统观念中的课堂空间，不仅缺乏整体性的关系特征，更对其生成作用重视不足，特别是学生对课堂空间的反馈和建构效应一直被忽略，对课堂空间与个体情感的隐秘联系也缺乏认知。审视课堂空间及其意蕴的意义在于，借助空间分析的研究方法，转换视角理解课堂教学生活，通过激发师生的主动参与，唤起课堂活力和创造性，追求民主、平等的师生关系，构建全新的教育场域。

首先，空间不是单纯的空洞的物化场所，而是物质性、精神性和社会性的统一体。列斐伏尔和爱德华·索加认为，空间本身具有三种基本要素：物质特征、主观意义和社会效用。这些要素使空间成为一种特殊的"物"，它既是社会行动的中介和影响因素，也是社会过程的原料和产物；它既是一种可感知的物质，也是一种经过想象和阅读的精神产物。这些主观和客观、精神与物质的要素通过社会行动有机整合在一起，其中任何部分的变化都会引起其他部分的变化。这样的变化就可以称为"空间重构"。

其次，空间具备建构性和生成性，并与主体双向互动。空间作为主体性存

① Strong-Wilson, T. & Ellis, J. Children and Place: Reggio Emilia's Environment as Third Teacher. Theory into Practice, 2007(1).

在的策略和场所，具有生成能力，人类不仅仅是空间的存在者，也总在经由主体性实践，不断地生产、培育、滋养和维持空间，或通过改变原有的空间排列和建立新的空间来表达自己的生存、生活需求。空间不仅是人类生存的壳，而且是经由人的主观活动生产出来的，同时它又反过来制约和影响着人，生产了空间并存身其中的人与空间是一种双向互动的辩证关系。

最后，空间是身份认同与心理归依的生成域，与个体的情感体验密切相关。在社会学视域，空间被融注进人类的集体情感，与个人情感方面的感觉是息息相关的，它可以是一个让人产生依恋、喜爱、激动、愉悦或让人感到温暖、舒适、温馨的地方，也可能是一个让人感觉到孤独、恐惧、不安、焦虑、怀疑、冷漠、无奈、伤感、空虚、压抑、危险、紧张、冲突的地方。空间被诠释为一种情感归依及身份认同的生成领域，为我们研究课堂提供了一种新的思路。

阅读上述材料，回答下列问题。

1. 谈一谈你对其中提到的空间的三个特征的理解。

2. 谈一谈你对课堂中的物理学习环境有何新的认识。

三、课堂物理学习环境创设应遵循的基本原则

(一)以学生的全面成长为出发点

促进学生的成长是课堂物理学习环境的根本功能之一，因此，教师在创设课堂物理学习环境时，首先要遵循的一个原则就是要以学生的全面成长为出发点。教师需要考虑，课堂物理学习环境是否能够让学生形成积极、正向的学习态度和情感，是否能够培养学生的自主学习能力、合作能力和探究能力，是否有利于促进学生身心健康发展。

【案例分享】

洪老师的班里有一个很特殊的"岗位冠名制度"。

首先，教师会给学生们提供各种岗位，学生们可以选择单独完成；也可以

自由搭配组成小组，合作完成。在选择了岗位之后，学生们还需要给这个岗位命名。

这一切都完成之后，"岗位冠名仪式"就开始了。在"岗位冠名仪式"上，教师会发给每个岗位负责人一个"委任状"，岗位负责人也会简单介绍自己岗位的功能。通过"岗位冠名仪式"，每个学生都获得了存在感、归属感和需求感，即使是缺乏自信的学生也会产生"我在班级有用武之地，我也可以为班级作出贡献"的感觉。

"岗位冠名仪式"结束后，大家就上任了，并着手布置自己负责的区域。你可以看到"甜甜"学习工具补充区、"王亮"作业收集点、"子航"学习意见反馈处、"一诺"语文救助小组、"思雨"数学出谋划策组……

大家积极负责，每个岗位都在有条不紊地运行着。学生在学习过程中遇到的小问题和小麻烦基本上都可以找到地方解决，实在解决不了的问题通过"'子航'学习意见反馈处"提交给老师，老师会及时提供帮助。自己碰到的问题和麻烦解决了，其他同学的问题当然也不能袖手旁观，大家纷纷提供帮助。"岗位冠名制度"使洪老师班里的学生聚合在一起，形成一股积极向上的合力，推动大家在学习上共同进步。

(二)为教学和学习服务

课堂中所有的教与学的活动都发生在一定的课堂物理学习环境中，为教学和学习服务应该是课堂物理学习环境创设的根本指向。教室里的自然环境、设施环境和空间环境不是可有可无的，而应该考虑是否有利于教师的教学，是否有利于学生的学习，是否能提高学习质量。

【实践操作】

在教育见习、实习过程中，选择某位教师的课堂进行观察。

1. 对该课堂物理学习环境的基本情况进行描述。

2. 谈谈你对该课堂的物理学习环境的整体感受。

3. 列出哪些物理学习环境服务于教师的教学，是如何服务的?

4. 列出哪些物理学习环境为学生的学习提供了帮助和支持，以及它们是如何提供帮助和支持的？

5.你认为该班的课堂物理学习环境表现出哪些特点？如果你是该班的任课教师，你打算如何去做？

当然，课堂物理学习环境的创设也要适度，避免"喧宾夺主""华而不实"等，影响教学和学习效果。例如，教室内适度的颜色能让学生心情愉悦、精神振奋，乐于学习；但五颜六色的或过于夺目的颜色则很容易让学生注意力分散，无心学习。

(三)根据教学需要改造课堂物理学习环境

课堂物理学习环境是相对固定的，但每位教师都有自己独特的教学个性，也有异于其他教师的课堂教学目标；即使在同一位教师的课堂教学中，教学内容、教学目标以及组织的课堂活动类型也多有差异，因此，教师需要根据教学内容、教学目标以及课堂活动的特点来改造课堂物理学习环境，以便环境更好地服务于教学和学习。

例如，地理课上，在讲到某个地方时，教师让去过该地的学生准备旅游时的纪念品、照片、视频等，配上文字说明，写成游记，制作成景点展板或景点介绍 VCR，放在教室某个固定位置。教师讲解时利用这些"教具"让学生获得了直观的学习经验，加深了对所学内容的理解和掌握，激发了学生学习的兴趣，提高了教学的质量。在这个例子中，改造后的课堂物理学习环境不再只是一个静默的场域，而是直接成为教学手段和学习工具，直接服务于教师的教学和学生的学习。

(四)让学生参与规划和设计课堂物理学习环境

学生是课堂的成员之一，是处于课堂物理学习环境中的学习的主体。教师除了在创设课堂物理学习环境时坚持以学生为中心的价值取向，还可以让学生参与课堂物理学习环境的规划和设计。苏霍姆林斯基说，用学生自己创造的周围环境、用丰富集体生产的一切东西进行教育，这是教育过程中最微妙的领域之一。因此，教师应该让学生参与课堂物理学习环境的规划和设计。教师可以引导学生提出他们对课堂物理学习环境设计的想法，并选择可行的建议加以实施；或者，教师可以给出几套课堂物理学习环境设计的方案，让学生选择他们最喜欢的方案，然后每个小组负责实施方案中的一部分。

在教师的引导和帮助下，学生参与课堂物理学习环境的规划和设计不仅有利于创设令师生均感到满意的课堂环境，还能让学生充分发表自己的见解。这样一个课堂事务的参与过程和决策过程，在学生心目中，不啻智囊团参与国家大事的解决或国际事务的处理的过程，不仅极大地增加了学生之间的凝聚力，增强了学生的荣誉感、归属感和责任感，培养了学生的自我控制和自我管理的能力，也在一定程度上减少了问题行为发生的概率，对课堂教学和管理有很大的促进作用。

【资料链接】

教师在创设课堂物理学习环境时应考虑以下六个方面的问题：

1. 我创设的课堂物理学习环境是否与即将发生的学习活动相匹配？

2. 在我创设的课堂物理学习环境中是否所有学生都可以轻松获得学习材料？

3. 我创设的课堂物理学习环境是否能让学生在学习时感到轻松、愉悦、舒适？

4. 我创设的课堂物理学习环境是否能够为学生的学习过程和学习行为提供支持？

5. 在我创设的课堂物理学习环境中支持性方案是否清晰可见且易于理解？

6. 我创设的课堂物理学习环境是否能让学生感到安全和被尊重？

第二节　创设适宜的小学课堂物理学习环境

课堂物理学习环境包括自然环境、设施环境和空间环境，对教师而言，在创设满足自己教学和学生学习要求的课堂物理学习环境时，有些环境要素是难以调整或改造的，例如，颜色、光线、温度、声音这些自然环境，黑板、课桌椅、实验仪器、电化教学设备这些设施环境，以及教室空间大小、班级规模这些空间环境，等等。因此，教师在创设课堂物理学习环境时，应根据教学内容、教学目标和课堂活动特点，将重点放在一些易于调整和创设的环境要素上，如布告栏、展示板、图书角、教具、学习材料、辅助工具，以及墙面区域和座位编排等。篇幅所限，上述内容无法一一说明，本节仅从课堂管理的视角就学习区域、墙面区域、功能区域以及座位编排方式进行讨论。

一、学习区域的创设

(一)学习区域的类型

学习区域是旨在支持学生学习的由物理空间和人员交互所构成的实践场域，主要包括指向学习目的的设施、文本、资源等物理要素，以及师生对相关物理要素的使用和交互。

虽然不同课堂中的学习区域设置不同，但是，一般而言，教室内常设的学习区域有如下几种：全体学习区、小组活动区、图书区、写作区、合作活动区、创作区、学习工具区。教师可以根据自己的教学需要以及学生的年龄、兴趣等因素综合考虑学习区域的选择和设置。图 8-1 是国外常见的小学教室空间布置方案，在其中我们可以看到学习中心、小组活动区、写作区等不同的学习区域。

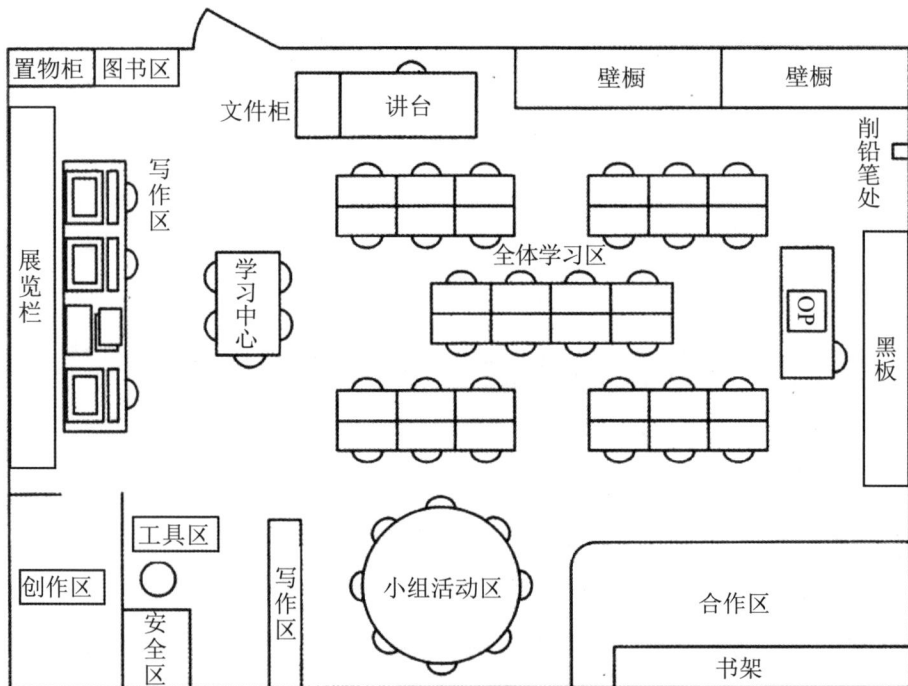

图 8-1 小学教室空间布置

【资料链接】

教学越来越强调以学生的学习为中心，课堂空间组织形态的建构也在不断地扩大学习空间的开放性，使得不同的教学组织形式得以有效开展。

2010—2014年，欧洲学校联盟实施了iTEC项目，打造适应21世纪学习场景的未来教室。未来教室设置六个功能不同的区域，彻底突破了传统的课堂空间组织形态。不同的学习区域配备不同的教育资源，承担不同的职能，支持不同的学习方式。学生可以根据自己的需要选择不同的学习区域进行学习，教师可以根据教学内容分配学习任务，组织学生进行学习，并提供必要的帮助和支持。

这六个区域分别是调查区、创作区、交流区、互动区、发展区和演示区。

(1)调查区。调查区是为学生进行数据研究而设置的。数据可以是任何事物，如文本材料、科学实验结果、艺术品、视频和音频、调查结果等。

(2)创作区。学生动手制作或进行创作的区域即创作区。教师要求学生制作或创作的作品必须包含前期的数据调查结果。稍后，学生完成的作品将呈现给同伴。

(3)交流区。学生在结束创作区的工作后，将前往交流区，与同伴进行合作和交流，以获取修正、完善作品的灵感。

(4)互动区。在整个学习过程中，学生可以随时前往互动区，寻求教师的建议、指导或帮助。

(5)发展区。未来教室秉承终身学习的理念。发展区就是满足学生个性可持续发展的一个区域。

(6)演示区。学生在此区域里展示自己的作品，也可以演示自己的各种设想。

从2010年至2014年，借助iTEC项目，欧洲20多个国家建立了2600多间独具特色的未来教室。在未来教室里，学生的学习更加投入，他们可以将自己的个性与学习过程联系起来。作为学生个性化成长的"动力系统"之一，未来教室帮助学生找到了学习的乐趣、学习的意义和学习的价值。

(二)我国小学教室设置学习区域的必要性

一直以来，我国都有自己传统的教室空间布置和检查标准，在目前课程改革的情境下，教师可以在合理的范围内对传统的教室空间布置做出一定的调整和设计。其一，课堂物理学习环境在本质上是为教学和学习服务的，我国基础教育课程改革深入推进，要求学生的学习方式由原来的接受式学习转变为自主、合作、探究式学习，这就为我国传统课堂物理学习环境的调整与设计提供了客观基础。其二，我国小学教室内部空间的设施配备较为固定，原来由于学生人数较多，除了讲台和课桌椅之外，教室内部基本没有其他空间可以用来设置各类学习区域(见图 8-2)。目前我国小学班级规模为 40 人左右，部分学校的班级规模甚至更小，除讲台和课桌椅外，大部分教室应该还会剩余一部分空间可供使用，这就为我国传统课堂物理学习环境的调整与设计提供了物质基础。

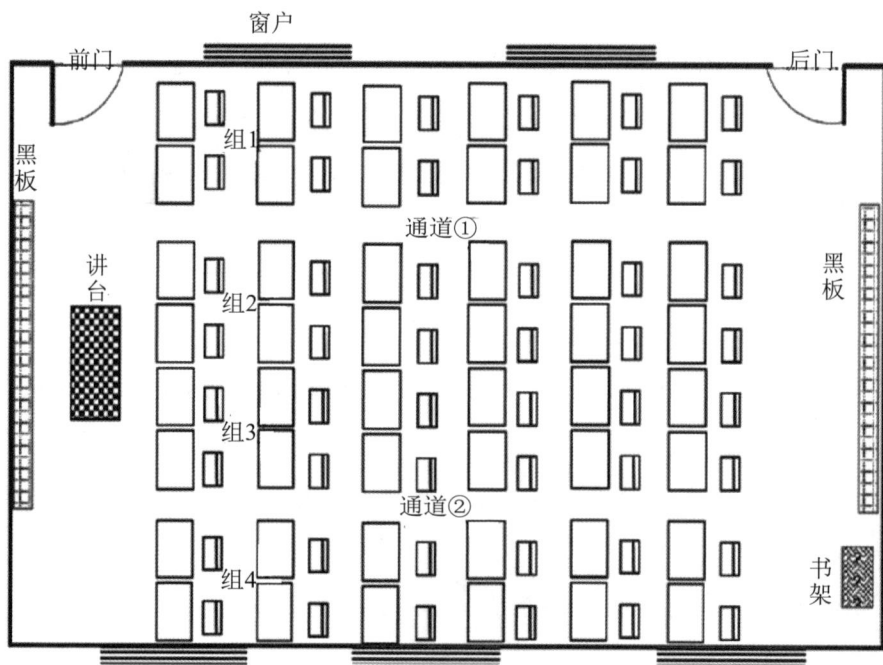

图 8-2　我国传统的教室空间布置

虽然我国的小学教室可能不会像国外那样有足够的空间来设置各类学习区域，但是教师还是可以根据教学目标、教学内容以及课堂活动的特点，来设置一两种学习区域，以满足教学的需求和学生学习的需求。

【案例分享】

教室，就像儿童的另一个家①

为了让学生有像在家一样的安全、舒适感，周老师先对教室空间进行了分区，他在教室设计了授课空间、活动空间、媒介空间、储物空间、展示空间等，同一个空间可以满足学生学习、休闲、观演等多种需求。

【实践操作】

在教育见习、实习过程中，参观 3～5 个教室。

1. 记录这些教室中设置有哪些学习区域。

2. 选择其中一个教室，观察任意两位任课教师的课堂，记录他们对学习区域的使用情况。

3. 谈一谈你对教室中学习区域设置的理解，如设置学习区域的目的、该区域的功能等。

4. 根据前面的记录，分析该教室中现有的学习区域是否发挥了它应有的功能。

5. 你认为该教室学习区域的设置有何特点？有何不足？

6. 如果你是任课教师，你对学习区域的设置有何规划，请举例说明。

(三)国外小学教室学习区域设置实例

美国学者莫洛(Morrow，L. M.)详细地描述了教师如何创建课堂读写环境。

对文学的学习耗时较长且有时比较枯燥，因此教师们必须想办法让学生体验到学习文学的快乐，以增强他们的学习动力。除了每天让他们读书、阅读和讨论故事之外，莫洛指出还可以设置写作中心以激发学生的兴趣。写作中心备有各种纸张、索引卡、马克笔、钢笔、铅笔，备有足够数量的"'快来写故事'工作单"，这是一张印制的配图卡片，上面印好了故事开头和部分配图，故事的其

---

① 开学在即，如何将教室空间打造成最棒的教育资源［EB/OL］.（2021-03-05）［2023-6-20］. https：//www.sohu.com/a/454131293_177272.

余部分则需要学生续写，留有的空白部分则需要学生画上配图。写作中心还有字母磁贴、个人用白板、装有字母的字母盘，学生可以进行组词游戏、单词与字母游戏。还有一些与本次写作内容有关的物品，如食谱、优惠券、商店广告、地图、日历、报纸、杂志等。①

仅仅通过写作中心是无法充分培养和提升学生的读写素养的，因此，莫洛建议教师创设其他与写作中心互相配合的学习区域，如读写中心、图书角、其他学科学习中心等。为此，他还提供了一份准备清单，具体如下：

1. 写作中心

- 习作海报和告示板，以展示学生们自己的作品
- 写作的工具（钢笔、铅笔、蜡笔、记号笔、各色彩笔）
- 写作用纸（各种规格、各种类型的纸张、小册子和便笺纸）
- 自制书籍的材料（纸板、订书器）
- 留言板（以便让学生给教师和同学留言）
- 文件夹（供学生存放自己的习作）

2. 读写中心

- 将读写中心设置在教室里安静的区域
- 学生可以参与读写中心的设计（制定规则、为中心命名以及编制材料）
- 应有柔软元素（靠枕、软体椅，以及绒毛玩具）
- 附近要有告示板，用以张贴孩子们的书评，以及专题书籍的护封

3. 图书角

- 专题书籍要陈列出来，封面清晰可见
- 其他书籍应书脊朝外放置在架上
- 上架图书要有组织、有系统
- 每名学生拥有5～8本图书
- 每两周应有20本新书流通
- 图书应代表3～4个阅读级别

---

① Morrow, L. M. Literacy Development in the Early Years. London: Pearson, 2004.

• 应有不同种类的图书：(a)图画书，(b)图画故事书，(c)传统文学，(d)诗歌，(e)现实主义文学，(f)人物传记，(g)章回小说，(h)简易读物，(i)谜语和笑话书，(j)小册子，(k)系列丛书，(l)无文字图书，(m)杂志，(n)报纸

• 耳机和书籍的录音磁带

• 配备所选图书的文学道具(带有故事人物的毡板、木偶)

• 借书/还书制度，学生可每日带走1本图书

• 记录学生已阅读图书的系统(钉在告示板上的 3cm×5cm 纸板)

• 为想要给全班或低年级学生朗读的学生准备签名表

4. 其他学科学习中心(用于学科整合的目的)

• 各类印刷品(与学科学习内容的主题、指令和规则相关的标志)

• 布告栏或事件通知板

• 适合的书籍、杂志和报纸

• 写作工具

• 各类纸张

• 一个展示学生作业或作品的地方

通过以上的描述可以发现，在写作中心及其他学习区域中，学生可以从真实创作、游戏、阅读等活动中获得新的文学体验，这不仅是对课堂学习的有益补充，更是对学生学习能力和情感体验的促进。

【案例分享】

在掌握了教室学习区域布置的相关内容之后，根据自己以往的学习经历以及在教育见习和实习中获得的经验，师范生们对如何布置学习区域进行了思考，下面是他们的理解和探索。

一、教师在布置学习区域时应坚持什么样的理念

➢ 应以学生为中心，尊重学生的学习方式和个性差异，构建一个有利于学生自主学习、合作学习和探究学习的环境。

➢ 应以促进学生全面发展、激发学生学习兴趣、培养学生自主学习能力为核心，营造积极、互动、富有文化氛围的学习环境。创建一个充满语文魅力、

鼓励探索与创新、促进知识吸收与能力提升的空间，精心营造一个充满积极向上力量、能够充分实现互动交流、蕴含着浓郁且丰富文化氛围的学习环境，使得学生在这样的环境中尽情汲取知识的养分，充分展现自身的才能和潜力，实现全方位、多层次的发展与进步。

➤ 小学数学教学应从学生的生活经验和已有知识出发，以学生容易理解的现实问题为素材，让学生在熟悉的情境中通过自主活动理解数学知识。学习数学的方法是通过"再创造"，即探究性学习，在设置学习区域时应设计类似科学研究的活动，让学生亲身体验数学知识的形成和发展。在设置学习区域时应重视信息技术应用，将对现代信息技术的应用融入小学数学学习之中，以增强教与学的互动性和学生的学习体验。

➤ 教室的学习区域设计应当以提供舒适、专注、现代化的学习环境为主要理念，强化学生的学习体验和学习参与感，增强其学习动力，提高其学习效果和学习成绩。

二、学习区域布置方案

➤ 方案一

我是小学三年级数学教师，我的课堂中将设置四个学习区域。设置这些学习区域旨在为学生提供一个多元化的学习环境，满足不同学生的学习需求，激发他们的学习兴趣，提高他们的自主学习能力和合作学习能力。

1. 数学探索区

该区域主要放置各种用于测量、计数、形状辨别的教具(如各种尺子、计数器、立方体等)，以及数独、拼图、数学棋等数学游戏用具，旨在激发学生的数学兴趣和思维。同时，可以设置一些与数学相关的墙饰，如数学名言、数学家的故事等，以营造数学学习的氛围。数学探索区的主要功能在于培养学生的数学兴趣和思维能力，通过游戏和教具的使用，使学生更深入地理解和掌握数学知识。

2. 小组讨论区

在该区域放置桌椅，方便学生进行分组讨论和合作学习。可以提供一些有关讨论主题的海报或贴纸，以引导讨论的方向。小组讨论区的主要功能在于鼓励学生分组讨论和合作学习，培养他们的团队协作能力和口头表达能力。

3. 互动白板区

当讲授测量、图形变化等操作性知识的时候，让学生来到互动白板区亲自操作和体验，教师与学生进行实时互动，以提高学生的课堂参与度。互动白板区的主要功能在于通过实时互动，加深学生对知识的理解，同时教师能够更好地了解学生的学习情况并给予及时的帮助。

4. 图书角

放置与小学数学文化相关的图书，帮助学生通过阅读了解数学在现实生活中的应用，提高数学素养。图书角的主要功能在于拓宽学生的知识面，培养他们的阅读兴趣和能力，提高他们的数学素养。

➤ 方案二

作为小学语文教师，我的课堂中将设置七个学习区域。设置这些学习区域旨在配合语文单元教学内容，提供与教材有关的辅助教学资源，促进学生的全面成长。

1. 图书角

该区域主要放置与本学期教学内容相关的专题书籍。图书角的主要功能在于营造浓厚的"书香氛围"，培养学生阅读的兴趣，扩大其阅读面，增加其阅读量，引导其多读书、读好书。

2. 读写中心

允许学生参与读写中心的设计（例如，制定规则、为中心命名以及编制材料）。条件允许的话，在读写中心中放置靠枕、软体椅、毛绒玩具等，创设一个舒服、宽松的阅读环境。阅读中心还要有告示板，用以张贴学生们的书评，以及专题书籍的护封。读写中心的主要功能在于提供一个安静的环境，让学生可以专注于阅读，培养他们的阅读兴趣和阅读习惯。

3. 写作中心

写作中心将配备习作海报和告示板，以展示学生的作品；写作的工具，如钢笔、铅笔、蜡笔、记号笔、各色彩笔；写作用纸，如各种规格、各种类型的纸张、小册子和便笺纸；自制书籍的材料，如纸板、订书器；留言板，以便让学生给老师和同学留言；文件夹，供学生存放自己的习作。写作中心的主要功能在于给学生的写作提供思路、语言等方面的支持，鼓励学生进行创意写作，提高其写作技能。

4. 技术学习区

该区域配置电脑设备，供学生进行在线学习、查阅资料或进行数字化创作。技术学习区的主要功能在于提供丰富的学习资源，现代化科技产品能够轻松连接互联网，使学生可以随时随地获取海量的学习资源；现代化科技产品提供了丰富多样的学习方式和互动形式，使学生更加积极参与学习过程。

5. 合作交流区

在合作交流区放置一个大桌或圆桌，以供学生进行小组讨论或集体学习。这个区域可以配备白板或便签墙，方便学生记录讨论要点和创意。合作交流区的主要功能在于提供一个开放的环境，让学生可以进行小组讨论或合作学习，进而培养他们的沟通能力和团队协作能力。

6. 书法展示区

在书法展示区的中央设置书法作品展示墙；在展示区的周围设置书法学习区，并配备一张宽大的书桌，以供学生进行临摹学习和实践练习。书法展示区的主要功能在于提高学生的语文素养，引导学生在欣赏和创作书法艺术中提高自身的文化素养。同时还可以促进交流，如学生可以观摩学习他人的书法作品，并且可以找写得较好的同学学习书法经验。

7. 答疑区

学生可以将不会的问题写在纸条上，放到答疑袋里，教师在每天的下午放学时拿到纸条，在第二天上课时为学生解答纸条上的疑惑。答疑区的主要功能在于使一些不敢与教师面对面交流的学生以另一种方式提出自己的疑问并解决自己的疑问。

以上关于教室学习区域布置的理念和方案虽然略显稚嫩，却是未来教师们在改革传统教室布置上迈出的重要一步，将来他们还需要在真实的教学实践中不断探索、调整和修改自己的方案。

二、墙面区域的布置

教室是学生学习、生活的基本场所。教室四周的墙面不仅是展示班级文化、课堂文化的重要窗口，也是体现教育支持功能的不可缺少的场域。

(一)我国小学教室墙面区域的布置

关于小学教室墙面的布置，各学校基本都有具体标准和规范，对于教室四周墙面上的张贴物或悬挂物，一般也有相关要求，例如：

××小学教室布置要求

教室布置应力求墙白地平，窗明几净，内容引人，形式生动，物有定处。要从实际出发，着眼于教育作用，给学生创造一个良好的学习环境，使他们能从教室环境中受到激励，更爱学习、更爱班集体。

一、教室正前方墙壁的布置

教室正前方的墙壁上方张贴激励学生学习的标语。

教室正前方的右面张贴班级规则，左面设置"光荣榜"。具体形式和内容各班可根据情况自己设计。

二、教室后方墙壁的布置

教室后方的墙壁上方张贴激励学生学习的标语，标语下面是黑板报。

黑板报专门开辟"卫生角"板块，让学生认识到保持班级卫生的重要性。黑板报的其他板块和内容各班可根据情况自己设计。

教室后方的小黑板设置"雏鹰竞争园地"，展示本班优秀学生的风采。

三、教室四周墙壁的布置

教室四周墙壁布置作品展示栏、文艺窗、信息栏、教学资料(如世界地图、乘法表)等。

四、橱柜、图书角等

橱柜统一置于教室的右面靠墙壁处，图书角置于教室左后方。

一般来说，学校会对所有班级的教室墙面布置的总体风格进行规范，在学校统一规范的基础上，每个班级可以根据具体情况做一些个性化的设计，以突出班级特色。整体来看，整齐洁净、美观大方、培养习惯、陶冶情操、激发动机、鼓舞士气是我国小学教室墙面布置的共性特点。

【资料链接】

个性化的教室墙面布置①

每个班级都可以有自己个性化的墙面布置，这需要教师和学生们一起开发创意，合作完成，使自己的班级成为与众不同的风景。下面列出了一些常用的策略。

1. 学生生日贴

教师可以为班级里的每个学生送上生日的祝福。教师用层压纸做成蛋糕，插上纸做的蜡烛，写明学生的姓名及其生日，画上漂亮的颜色和图案，贴在生日墙上。同时也让其他学生画上或写上自己的祝福。这种做法不仅能让学生感到教师和同伴对他的关注，形成积极正向的情感态度；还为学生提供了一种视觉表征，他们能看到谁的生日和自己的相近，无形之中便拉近了学生之间的距离，有助于形成团结、和睦的班级气氛。

2. 世界地图

在教室里长期陈列世界地图，可以让学生学到地理知识，培养他们的文化意识。在每一学年中，可以定期组织全班集中讨论"你去过哪里"，或者"你在哪里出生"等问题。对于年龄小一点的学生，可以让他们往家里带便条，请家长回答这些问题。你可以把学生的回答用彩色图钉标在地图上，或者把学生的姓名和地图上相应的地点连接起来。

3. 词语墙

指定一块墙面，用来张贴学生在本学年学过的或者常用的字词。学年之初，可以将每个学生的姓名张贴在字母表中适当的字母下面。

4. 涂鸦墙

指定一块墙面作为学生的涂鸦墙。每个学生有自己的一块区域，心情高兴与否、考试成绩如何、新交的朋友怎样等都可以在涂鸦墙上展示。还可以在别人区域下面写上称赞、祝福、安慰等的话语，或画上相关的图画。

---

① Weinstein, C. Curran, M. & Tomlinson-Clarke, S. Culturally Responsive Classroom Management: Awareness into Action. Theory into Practice, 2003(4).

5."每周之星"告示板

可以装饰一块特定的纸板或者墙面，将其作为告示板来推出"每周之星"。轮到某个学生的时候，他可以将自己的照片、证书、美术作品等张贴在告示板上。开学第一天，教师也可以用这样的方式来进行自我介绍。

6.最佳作业

允许班级里的每个学生挑选自己最好的一次作业，在班级墙面上展示。这一做法可以鼓励学生进行自我评价，使其为自己的作业感到骄傲，而且还可以避免只张贴几名学生的作业的弊端。因此，教师需要为每个学生指定一个地方，并用标签标明。

随着课程改革的深入推进，教育者的教育理念不断更新，我国小学教室墙面布置也呈现出新的趋势，由强调整齐、美观等转向更多地关注服务教学、与教学相配合的功能。目前，我国很多小学教室的墙面上会设置学习活动专栏，张贴与某学科、某节课或某个专题的学习内容相关的学习资源，如梳理历史事件时使用的思维导图、表示集合(或类)时使用的文氏图、指导写作时使用的写作流程图等。教师会指导学生在课上或课下利用这些资源进一步学习。这些资源让学生一进入教室就能感受到学习的氛围，能加深学习印象，强化学习效果，使学习方式更加灵活。此外，在教师无法专门在场给予指导时，这些学习资源可以帮助学生进行自主学习，培养了学生的自主学习能力。

【实践操作】

在教育见习、实习过程中，参观3～5个教室。

1.记录这些教室中墙面区域的布置情况。

2.选择其中一个教室，观察任意两位任课教师的课堂，记录他们对墙面区域的使用情况。

3.谈一谈你对教室中墙面区域布置的理解，如有没有必要布置墙面区域、墙面区域可以布置或安排哪些内容、布置墙面区域的目的、墙面区域可能具有哪些功能等。

4.根据前面的记录，分析该教室中现有的墙面区域是否发挥了相应的功能。

5. 你认为该教室墙面区域的布置有何特点？有何不足？

6. 如果你是任课教师，你对墙面区域的布置有何规划，请举例说明。

【资料链接】

设计教室空间　展示"游戏"精神①

现代教育理念认为课堂教学只是语文教学的一个重要构成部分，而不是教学的全部过程，因为单靠课堂教学无法掌控教育所达的一切目的，而有效地开发教学环境是未来教育发展的必经环节。众所周知，语文课程实施的主阵地是教室，如果将教室这一活动空间的环境加以改造，主体的学习方式就会随之发生变化。再者教室空间与测试、考核等相应的功利因素相距甚远，自然就与游戏情境拉近了距离。

那么，由谁设计教室空间，如何设计才能有效呈现"游戏精神"？……将设计的主动权交给学生，让学生成为教室空间的设计者、教室空间的主宰者，是实施"游戏"的基础条件。学生可根据自己的学习经验、兴趣爱好以及当前语文学习、社会实践所需，通过集体民主提议、探讨、调整，在教室这一空间环境里设计多种赋予游戏色彩的学习活动专栏，在游戏中展示自由、动态的自我天性和魅力。当然，这些专栏设计必须符合当前语文新课标的理念要求，而绝非漫无边际。

1. 卡片袋栏目

每名学生的课桌右上角配置约 10cm×7cm 的卡片袋，卡片一星期更新一次（旧卡片按编号、日期由自己妥善保存），内容自己选择，侧重词、句、段的积累。此形式目的在于养成积累的好习惯，同时学生之间也可互换卡片，将他人的卡片插到自己的卡片袋里。这样在自我积累、互换欣赏的过程中，做到了人人乐于参与，浏览记忆方便，资源特色不一，资源分享便捷，并且在互换中形成一种相互间情感认可的评价机制，给予学生一种努力确保卡片质量的约束力，积累的一些技巧与方法也在相互体察中不断递增。

---

① 朱建艳：《设计教室空间　展示"游戏"精神》，载《教学与管理》，2007(6)。

语言积累是一种动态过程，是一个具有众多心理因素参与，具备个体审美尺度的持续性的学习行为。而课堂教学由于受教材、测试、考核等诸多客观因素限制，是难以完成积累这一持续性的动态过程的。因此，卡片袋栏目就恰好填补了课堂教学中有关积累环节的欠缺。

2."好文本，我推荐，你评点"栏目

学生将在课外阅读到的好的文本连同自己的感悟一同张贴在这一栏目中，供其他学生欣赏、点评，其他学生如有兴趣，可一同参与点评、张贴，于是就形成了一种个性化阅读的互动交流空间，此栏目为课外阅读提供了一个反馈与评价的平台。

3. 主题教学汇编栏目

这是将课堂教学主题做纵横拓展的栏目，由于课时有限，很难将教学主题的知识技能点衍化为知识面，使静态的知识衍化为动态知识，形成一种系统的知识结构图式，因此借助主题教学汇编栏目来改变这一状况。此栏目摆脱了课本教材本位主义，使教材成为教与学的媒介，使课程资源得到最有效、最充分的开发，这也是语文新课程的一个凸显的理念。

此外，我们还设有"七嘴八舌论坛栏""时事关注栏"等。教室空间的多样化设计，完全改变了学生学习的精神状态，他们忘我地穿梭于教室空间，乐此不疲。

总之，教室空间的活动设计在不同程度上吻合了"游戏"特性，学生在自主设计的游戏空间里，在自由穿梭的活动中，充分体验了游戏精神。从此，教室墙壁不再限制学生语文视野，而是一道亮丽的"大语文"风景线。

(二)国外小学教室墙面区域的布置

国外小学教室墙面区域的布置较为灵活多样，墙面上会布置各种标志，根据标志的内容和目的，一般可将其分为学科主题类标志、学习策略类标志、学习规则类标志、目标类标志、身份类标志、标语类标志、多元文化类标志七种。其中学科主题类标志、学习策略类标志、学习规则类标志和目标类标志直接服务于教学活动，而身份类标志、标语类标志、多元文化类标志则倾向于给学生提供较高的情绪价值，进而增强学生的心理认同感。

（1）学科主题类标志

学科主题类标志主要表现为在墙面上张贴的各学科的学习内容、学习重点或完成学习任务的标准等（见图 8-3）。

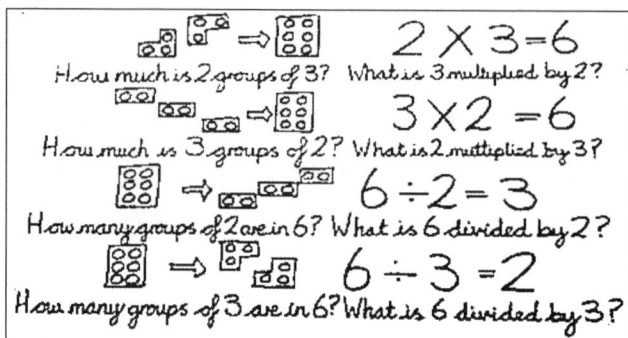

图 8-3　学科主题类标志

图 8-3 呈现了小学数学二年级"数的分解"的学习内容。墙壁上张贴这些重点学习内容不仅能够提供浓厚的学习氛围，还能够在一定程度上吸引学生的注意力。

（2）学习策略类标志

学习策略类标志主要表现为解决问题的步骤、写作的模板、思维导图、需要教师不断重复的要求或提示等（见图 8-4）。

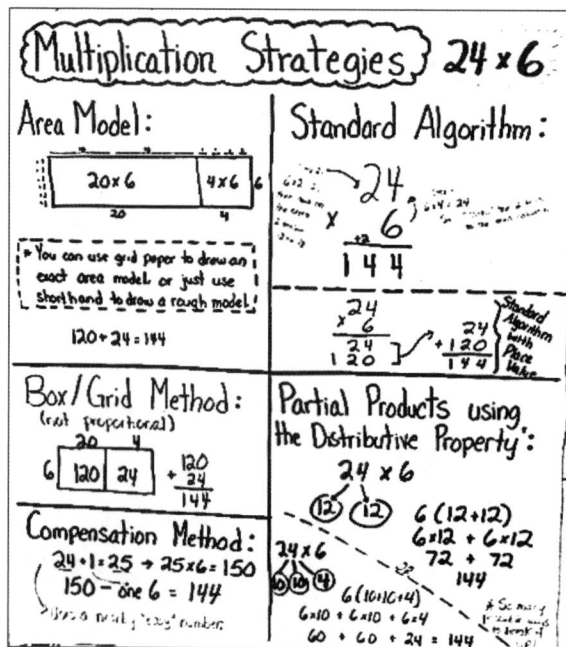

图 8-4　学习策略类标志

图 8-4 是乘法策略指南，它展示了学生在计算整数乘法题时可以使用的四种策略及其核心步骤。教师在讲授过程中可以使用该策略指南整合教学知识；学生在学习过程中如果忘记了某种策略或者记不清楚它的步骤，可以随时看看墙壁上张贴的策略指南。

（3）学习规则类标志

学习规则类标志主要表现为各学科教师对学生学习时的基本要求，如各学科的课堂教学规则、各学科作业的改错规则、交作业的规则、朗读的规则等（见图 8-5）。

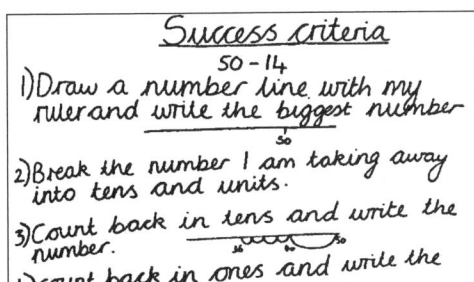

图 8-5　学习规则类标志

图 8-5 呈现的是计算"50－14"时的基本步骤和格式标准，只有按照图中的步骤和标准来完成才是符合教师要求的。该标准直观、清晰，便于学生充分理解教师的要求，并按要求完成学习任务。

（4）目标类标志

目标类标志主要表现为学科教师根据教学内容提出的学习目标，或学生自己制作的本周（本月等）要实现的学习目标或行为目标（见图 8-6）。

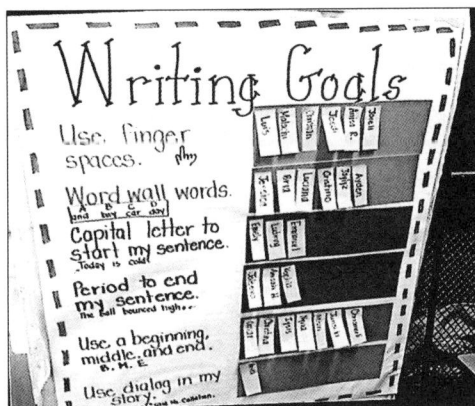

图 8-6　目标类标志

图 8-6 呈现的是语言学科的写作目标标志牌。它规定了学生写作时应达到的六个目标。学生根据这六个目标来检查自己的作品，符合某个目标，就把自己的名字张贴在某个目标后面的栏中。学生可以直观地看到自己的作品哪些方面符合要求，哪些方面不符合要求，然后就可以对不符合要求的地方进行重点修改。

（5）身份类标志

身份类标志主要表现为带有学生名字、喜好、照片等个人信息的贴纸等。

（6）标语类标志

标语类标志主要包括一些座右铭、名人名言、鼓励和激励学生进步的标语等。

（7）多元文化类标志

多元文化类标志主要指的是一些双语或多语的标签、标志牌或工具使用说明等。

综上，国外小学教室的墙面区域布置在整齐性、美观性方面较弱一些，他们更为关注墙面区域的教育性功能，强调为教学服务，强调为学生学习提供最大限度的帮助和支持。

【案例分析】

视觉重建规则：让空间与儿童对话①

1. 教室，就像学生的另一个家

每一个孩子都不一样，为了看见每一个孩子，周建军布置了一个可以看到所有儿童作品的空间。在教室的一个墙面区域，贴上每一个孩子的照片，照片上面依次是每人的生日和评价，他希望让孩子感受到，"我是班级这个大家庭的一员，在家里你们每一个人的生日我都记得，你们在我心中"。

············

----

① 开学在即，如何将教室空间打造成最棒的教育资源[EB/OL].（2021-03-05）[2023-6-20]. https：//www. sohu. com/a/454131293＿177272.

2. 空间，解决真实生活中的具体问题

(1)儿童保管与整理能力很弱怎么办？

周建军的做法是，除了告知家长尽量让孩子自己背书包外，在空间中他还通过"抽屉我要这样整理"等图表的形式，让孩子很直观地看到如何做：在抽屉左边放资料夹、笔袋、作业本，在抽屉右边放教科书，教科书大的放下面，小的放上面，直观有效。

另外，有一部分学生上课注意力不是很集中，他会在空间中告诉孩子"课堂上我要这样做"：如何做到更好地专注倾听，比如眼睛要看着说话的人，耳朵要学会听，身体要倾向说话的人，别人说话的时候自己要保持安静等具体的行为表达。

…………

(2)情绪管理，和同伴闹矛盾怎么办？

在小学高段，儿童自我意识发展，开始关注自己所处的空间、时间以及自我身心的变化。因此，在空间设计中，周老师布置了"儿童情绪自我管理处"，用卡通剪贴画的形式表达了整个过程，如当"你"生气的时候可以通过"听音乐""吃点心""找一个寂静的地方独处"等方式进行情绪的表达。

(3)卫生工具总是摆不好怎么办？

对于教室里的清洁工具如何摆放，周老师的做法是：给已经摆放好的清洁工具拍一张照片，贴在告示栏，同学可以对照着摆放，这也是为了让还不识字的学生更容易理解。

(4)不知道什么时候去卫生间怎么办？

合适的时间	不合适的时间
早上例会	上课时间
课后、休息时间	朗读的时候
午餐时间、点心时间	老师发布任务要求的时候
自由阅读时间	小组讨论的时候
询问老师后得到老师的允许	工作坊的时间

3. 空间每一处设计，如何指向学习？

(1)如何解决问题？

首先，呈现如图中所示的六个解决数学问题的步骤。

步骤 1：读题。

步骤 2：画出问题(查找线索)。

步骤 3：圈出数字和关键/重要词。

步骤 4：解决！计算器、心算、数轴、十字格、画图。

步骤 5：写出数式 16+12＝28，用工具＊加上你的标签。

步骤 6：检查作业/答案！

其次，教师给出例题：Hollister 先生有 16 支记号笔和 12 支铅笔，他一共有多少支笔？并在图中详细展示了做题的每一个步骤。

(2)如何写故事？

呈现创作故事的六个步骤：

步骤 1：想一想。(你做的一件事；你身上发生的一件事；对你来说很重要的一个人)

步骤 2：画平面图。(讲故事，开头、中间、结尾，跨页面草图)

步骤 3：起草。(写故事)

步骤 4：编辑。(标点符号、拼写)

步骤 5：修改。(增加更多细节、去掉部分不合理情节)

步骤 6：发布(展出)。(最漂亮的书写，并展示)

读完上述案例，请分析：

1. 你对周老师的教室墙面区域布置方案有何认识和想法？

2. 你认为他的哪些布置比较好？为什么？

3. 你从周老师的墙面区域布置方案中学到了什么？

三、功能区域的安排

教室内的工具区、安全区、储物柜、文件柜、作业收发区等都属于功能区域，是课堂物理学习环境的必要的组成部分。虽然它们与课堂教学活动没有非常直接的联系，但是如果它们的布置不够合理，有时也会对课堂秩序、课堂教学活动的质量或师生的心理感受产生影响。

例如，储物柜一般用来放置学生的书包、课堂上不常用的私人学习工具等物品，它的布置应确保学生可以方便地拿到课堂上临时需要使用的一些材料或工具，同时不过多影响课堂教学的正常进程。书桌上放置过多的学习用品会分散学生注意力，教师需要决定哪些用品可以放在学生书桌上，哪些需要放在储物柜中。在课堂教学中，一旦需要使用另外一些放置在储物柜中的工具时，布置恰当的储物柜便能方便学生快速地拿到这些工具进而投入学习活动，如布置不恰当(位置较远，或位置较高，学生够不到)，则会引发喧闹，扰乱课堂秩序，影响课堂教学。

教师在布置功能区域时，应综合考虑多种影响因素，提前做好规划：

第一，规划好教室通道或活动路线，避免分散学生注意力或造成拥堵。例如，规划好各小组上台展示以及返回座位的路线，一是可以节省时间，二是避免学生发生碰撞等意外事件。又如，去往饮水处、削笔器存放处、储物柜等的路线应该近便、畅通无阻，且尽量不通过学习区，以免分散其他学生注意力。

第二，制定作业收发规则，安排专门的作业收发区或作业收发箱，以提高课堂上作业收交、发放的效率，同时保持一定的课堂秩序。

第三，清晰地划分文件柜、储物柜、书架、储藏区等不同区域，这样学习的材料和设备的归属就会比较清晰。同时，在上述区域贴上标签也非常重要，这样大家就知道物品应该摆放在哪里，在拿取、归还材料时会节省大量的时间，避免出现秩序上的混乱。

第四，如果教室里没有设置专门的储物柜，就需要给学生提供放置个人物品(饭盒、背包、水杯等)的空间。

第五，把有可能互相影响的活动区域分开，如把小组活动区和工具区分开，避免在小组合作学习时，有学生停留在工具区玩耍而不参加小组活动。

【案例分析】

视觉重建规则：让空间与儿童对话①

(1)像家一样，设计专注区和会客厅

课间孩子们都喜欢挤成一堆在窗台上眺望。出于安全考虑，周建军想了一个妙招，把垫子铺在地上，摆放几个靠枕，挂上识字卡和书籍，营造一种专注的环境，使得孩子们想要静下心来看书。

有的班级在教室空间里专门有一处"会客厅"，给孩子们留白的时间，下课了孩子们可以在这里发呆、看书、思考，就像家里面的客厅一样，让孩子感受到家的温暖。

(2)触手可及的书架

教室后墙上刚好有一块可以布置阅读区域的空间，周建军将适合孩子们阅读的书籍标上序号，放在储物袋里，这样学生们就可以很直观地看到所有的书籍，并且储物袋放得很低，孩子们触手可及。蹲下身子，用一米的高度看孩子，空间里最珍贵的是背后的教育理念。

(3)涂鸦墙，让游戏的天性有处可放

周建军在教室后面的墙壁上挂上几个白板用作学生的"涂鸦墙"。孩子们可以根据每个月的教育主题随意创作，比如，教师节画一画自己的班主任，妇女节给妈妈写一句话。而每个学期末，周建军也会在此处给孩子们写"期末寄语"，用几句走心的话，用一个故事与孩子们建立联结。

---

① 开学在即，如何将教室空间打造成最棒的教育资源[EB/OL]. (2021-03-05) [2023-6-20]. https://www.sohu.com/a/454131293_177272.

读完上述案例，请分析：

1. 你对周老师教室里的功能分区有何认识和想法？

2. 你认为他的哪些布置比较好？为什么？

3. 你从周老师的方案中学到了什么？

四、座位的编排

(一)座位编排方式的意义

座位编排方式是教室内学生课桌椅的摆列方式，是课堂物理学习环境的一个重要组成要素。座位编排方式对课堂教学质量、学生课堂行为、学生同伴关系、课堂秩序等均有一定影响，具体表现在以下几个方面。

第一，座位编排方式影响课堂教学的质量。

座位编排方式与课堂教学活动之间是互相影响、互相制约的关系。座位编排方式制约着课堂教学的质量。座位编排方式如果能满足课堂教学的需要，则能发挥促进课堂教学的功能，有利于提高教学质量；反之，则会影响课堂教学质量。

第二，座位编排方式影响学生的课堂行为。

不同的学生对座位有着不同的体验，不同的座位安排或组合方式也具有不同的效应。座位几乎就是为学生在学校的学习而设定的，同伴互相促进是座位编排最大的教育意义所在。教师在安排座位时也会考虑学生之间的"优势互补"，或者优秀学生对差一些学生的"一帮一"作用。[1] 理想的同伴可能会促使学生产生积极向上的学习态度，表现出良好的学习行为；反之，则有可能使学生产生消极的学习态度，甚至出现问题行为。

第三，座位编排方式影响学生同伴关系。

勒温(Lewin, K.)的心理场论提出"任何一种行为，都产生于各种相互依存事实的整体，以及这些相互依存的事实具有一种动力场的特征"。[2] 学生的座位

---

[1] 朱光明：《座位的潜课程意义》，载《教育学报》，2006(6)。

[2] 申荷永：《充满张力的生活空间——勒温的动力心理学》，152页，武汉，湖北教育出版社，1999。

就位于"场域"的中心，和周围的同学形成一种"场"的张力，即人际关系的体验，这种体验有吸引力也有排斥力，遇到理想的同桌，就易形成融洽的同伴关系；反之，就易导致冲突的同伴关系。

第四，座位编排方式影响课堂秩序。

对学生的座位进行科学的排列，可以创造一个良好的学习环境，形成良好的学习氛围，有利于维持良好的课堂秩序和课堂纪律。

第五，座位编排方式体现教育公平的程度。

教师针对学生个体特征进行座位编排的过程就是教育资源的分配过程，体现了教育公平的程度：在质的方面，主要体现为学生座位结构与教师互动结果的差异；在量的方面，则表现为学生与教师交往的频率以及参与教学活动程度的不同。教师要尽可能地使资源分配的结果与受教育者的条件相当，尽可能使学生获取教育资源的机会均等。[1]

（二）常用的座位编排方式

随着班级授课制的出现，秧田式座位编排方式逐步形成并成为教室空间布局的常态。随着课堂教学越来越强调以学生为中心，关注学生的自主学习、自我发展，秧田式座位编排方式便难以满足学习方式转变的需要，因此，多样化的座位排列形式逐渐出现，如分组式、圆圈式、马蹄式等，课堂空间的组织形态遂走向多元化的表现样貌。

1. 秧田式座位编排方式

秧田式座位编排方式是全体学生一致面向讲台和黑板而坐，一行行、一列列，如田中秧苗般整齐的一种座位编排方式（见图 8-7）。秧田式座位编排方式关注的是集体的标准化和整齐有序，表现出对规则规范的遵守，追求的是严格的纪律、忠诚的态度和不加反思的吸纳。[2] 秧田式座位编排方式还强调教师的权威，在教室前面独立设置的、高高的讲台就是教师权威地位的体现。

秧田式座位编排方式的优点在于：其一，有利于教师的课堂讲授。秧田式座位编排方式使得所有学生都面向教师，学生能够将注意力全部集中在教师身上；同时，教师面向所有学生，方便监控学生的反应以便及时调整教学。其二，

---

① 刘欢：《公平视野下的中小学座位编排考察》，载《教学与管理》，2017(31)。

② 刘云杉：《教学空间的塑造》，载《教育科学研究》，2004(6)。

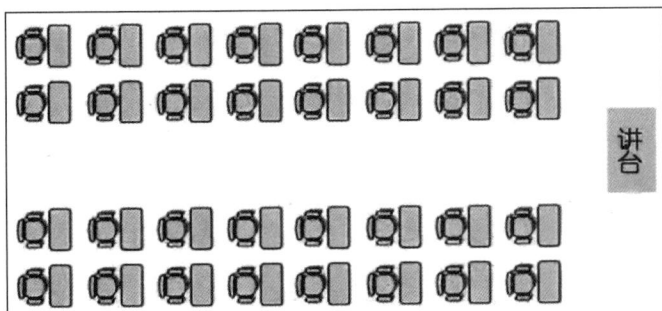

图 8-7　秧田式座位编排方式

有利于学生独自学习。秧田式座位编排方式使得学生之间的互相干扰较少，学生能够集中精力独立学习并完成自己的作业。秧田式座位编排方式可以避免课堂问题行为干扰更多的学生，导致大范围的课堂秩序混乱。研究者在一项研究中发现，一个小学班级的排座方式由小组式改为秧田式后，学生用于完成学习任务的平均时间显著增加，尤其是 3 名平时精力特别不集中、爱捣乱的男孩，变化更加明显。[①]

秧田式座位编排方式的不足主要在于：其一，影响学生之间的讨论和交流，尤其是课堂教学要求学生进行小组合作学习和探究学习时，这种弊端尤为明显。其二，影响师生之间的交流，进而影响良好师生关系的建立。

2. 分组式座位编排方式

分组式座位编排方式将学生分成若干个小组，每个小组由 4～6 人组合而成（见图 8-8）。分组式座位编排方式强调的是学生之间的沟通和合作，重视教师的指导和协助作用。

分组式座位编排方式的优点在于：其一，适合组织合作学习，便于小组同学之间通过讨论和交流，合作完成课堂学习任务。其二，能够培养团队精神，促进小组同学之间的交往，有助于形成相互信赖、相互帮助的亲密同伴关系。

分组式座位编排方式的不足主要在于：学生被分成多个小组进行活动，教师难以在同一时间对所有小组进行实时监控，导致小组内的部分学生出现偷偷聊天、不参与小组活动的现象。

---

① Hastings, N. & Schwieso, J. Tasks and Tables: The Effects of Seating Arrangements on Task Engagement in Primary Classrooms. Educational Research, 1995(3).

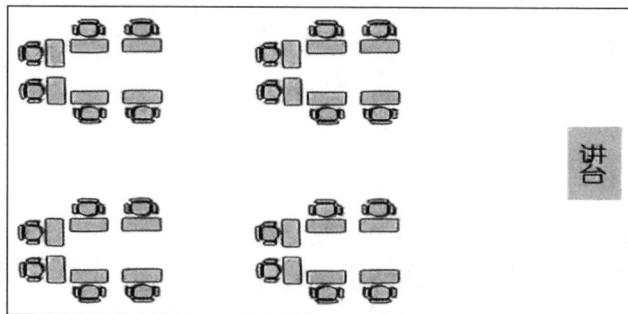

图 8-8 分组式座位编排方式

3. 圆圈式座位编排方式

在圆圈式座位编排方式中，全班同学围坐成一个大圆形进行学习和讨论，课堂中的每个座位都朝向教室的中心，中间空出来的地方可以用来组织游戏、表演、个人展示等活动（见图 8-9）。圆圈式座位编排方式体现了对学生个体的关注。

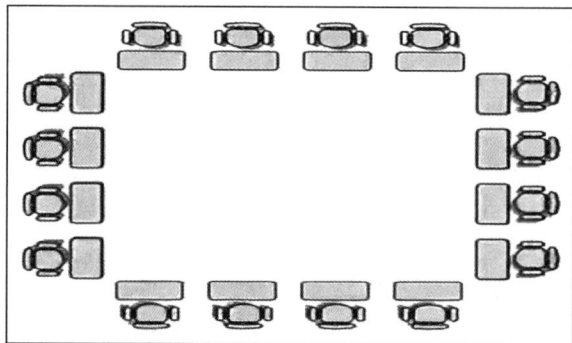

图 8-9 圆圈式座位编排方式

圆圈式座位编排方式的优点在于：其一，圆圈式座位编排方式创设了充分的讨论空间、活动空间和展示空间，有利于激发学生自我表达的欲望。其二，课堂中的每个学生都能直接参与到课堂活动中，有助于形成师生之间、生生之间平等、自由的人际关系。其三，在圆圈式座位编排方式中，教师不再是知识的权威，而是学生学习的顾问和伙伴，是学生学习动力的激发者；学生也不再是单纯通过教师的讲授获得知识，而是通过讨论加深对知识的理解。

圆圈式座位编排方式的不足在于：由于学生大部分情况下只能与坐在左右两边的同伴交流，因此该方式会在一定程度上限制学生沟通和交往的范围，一般不适合进行小组合作学习。

4.马蹄式座位编排方式

马蹄式座位编排方式也称 U 形或半圆形座位编排方式，学生座位成 U 形排列，每个学生都能看到教师，同时基本上也能看到其他同伴；教师位于 U 形的开口处，也能看到全体学生（见图 8-10）。马蹄式座位编排方式比较适合于教师讲授新课。

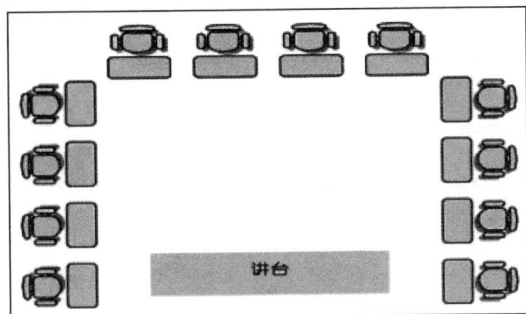

图 8-10　马蹄式座位编排方式

马蹄式座位编排方式的优点在于：其一，学生能够看见所有说话的人（包括教师和同伴）并听到他们所说的话，便于理解教师和其他同伴的观点。其二，在 U 形的前方设置讲台，教师可以到黑板前板书，还可以随时走到中央地带，既方便与学生沟通，了解每名学生的学习状况，又便于发现学生的问题行为并及时进行管理。其三，在马蹄式座位编排方式中，学生可以相互对视和倾听，有助于生生之间的信息交流，同时还有利于组织辩论性质的学习活动。

马蹄式座位编排方式的不足同圆圈式类似，主要表现在学生大部分情况下只能与坐在左右两边的同伴交流，这在一定程度上限制了学生沟通和交往的范围。

没有最好的座位编排方式，也不存在普遍适用的座位编排方式。座位编排方式需要与教学目标、教学内容、教学方法、教学手段以及教学活动的特点保持一致，才能充分发挥其促进教学的功能。上述四种座位编排方式都有其优点和不足，教师应根据客观条件和实际需要灵活选择使用。

【内容概要】

1.狭义的课堂物理学习环境指的是学生日常学习所在的固定教室，包括自然环境、设施环境和空间环境。

2. 课堂物理学习环境能增强学生的心理安全感，促进师生、生生之间的合作和交流，支持学生的学习并促进学生成长。

3. 教师在创设课堂物理学习环境时应遵循以学生的全面成长为出发点，为教学和学习服务，根据教学需要改造课堂物理学习环境，让学生参与规划和设计课堂物理学习环境的基本原则。

4. 虽然不同课堂中的学习区域设置不同，但是，一般而言，教室内常设的学习区域有如下几种：全体学习区、小组活动区、图书区、写作区、合作活动区、创作区、学习工具区。教师可以根据自己的教学需要以及学生的年龄、兴趣等因素综合考虑学习区域的选择和设置。

5. 教室是学生学习、生活的基本场所。教室四周的墙面不仅是展示班级文化、课堂文化的重要窗口，也是体现教育支持功能的不可缺少的场域。我国的小学在布置教室墙面时重视整齐洁净、美观大方、培养习惯、陶冶情操、激发动机、鼓舞士气，此外，也应关注教室墙面服务教学、与教学相配合的功能。

6. 教室内的工具区、安全区、储物柜、文件柜、作业收发区等都属于功能区域，是课堂物理学习环境的必要的组成部分。虽然它们与课堂教学活动没有非常直接的联系，但是如果它们的布置不够合理，有时也会对课堂秩序、课堂教学活动的质量或师生的心理感受产生影响。

7. 座位编排方式会对课堂教学的质量、学生课堂行为、学生同伴关系、课堂秩序产生影响，此外还反映出教育公平的程度。常用的座位编排方式有秧田式、分组式、圆圈式、马蹄式等，每种座位编排方式都有自己的优点和不足，教师应根据客观条件和实际需要灵活选择使用。

【思考题】

1. 如何理解课堂物理学习环境？它由哪些要素构成？
2. 课堂物理学习环境的功能和意义主要表现在哪些方面？
3. 如何理解课堂物理学习环境具有支持学生学习的功能？
4. 创设支持性的课堂物理学习环境应遵循哪些原则？
5. 小学教室内可以划分哪些学习区域？
6. 小学教室的墙面区域可以布置成哪些类型？

7. 小学常用的座位编排方式有哪些？它们分别有什么优点和不足？

【实践操作题】

1. 撰写小学教室学习区域设置的方案。

(1)设置学习区域的基本理念和基本原则。

(2)你设置了哪些学习区域，设置这些学习区域的目的是什么？

(3)这些学习区域分别有什么样的功能？

(4)怎么使用这些学习区域？

2. 撰写小学教室墙面区域布置的方案。

(1)布置墙面区域的基本理念和基本原则。

(2)如何布置教室的墙面，布置成哪些类型？

(3)画出墙面区域布置的平面图。

【补充阅读】

1. 石艳：《我们的"异托邦"——学校空间社会学研究》，南京，南京师范大学出版社，2009。

2. 尹睿：《当代学习环境结构的新界说——来自技术哲学关于"人一技术"关系的思考》，载《电化教育研究》，2012(11)。

3. 刘春芹：《小座位　大问题——谈班级学生座位安排的技巧》，载《教育实践与研究》，2013(1)。

4. 郑旭东、王美倩：《从静态预设到动态生成：具身认知视角下学习环境构建的新系统观》，载《电化教育研究》，2016(1)。

5. 夏雪梅：《学习设计视角下的真实课堂学习环境设计研究》，载《教育发展研究》，2018(6)。

6. 陈伦菊、金琦钦、盛群力：《设计创新性学习环境——OECD"7＋3"学习环境框架及启示》，载《开放教育研究》，2018(5)。

7. 苏琴：《从空间社会学视角解读课堂空间形态》，载《教师教育论坛》，2019(6)。

8. 李洪修、刘笑：《人工智能背景下课堂空间的正义逻辑》，载《杭州师范大学学报(社会科学版)》，2021(4)。

【自我反思】

通过本章学习，我对如下问题有了新的认识：

1. _____

2. _____

3. _____

关于本章内容，我对下列问题还有疑惑：

1. _____

2. _____

3. _____

第九章　小学课堂合作学习管理

>>> 内容结构导图

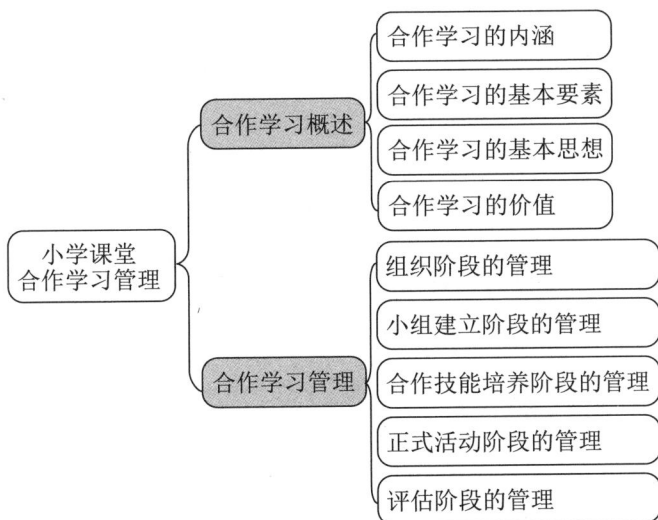

>>> 学习目标

1. 理解合作学习的内涵和基本思想，掌握其构成要素和价值特点。

2. 了解教师在合作学习的组织阶段需要完成的五个方面的工作。

3. 了解小组发展的四个阶段，掌握小组发展的四个阶段的管理策略。

4. 理解合作技能培养的重要性，掌握合作技能培养的一般策略，知道常用的一些合作技能及其培养方法。

5. 掌握小组合作学习的正式活动阶段的管理策略，知道如何安排合作学习任务，如何监督、干预和介入小组合作学习，以及如何使用信号系统进行提示。

6. 掌握常用的小组合作学习评估方法，知道如何进行教师评价、如何指导学生评价和同伴评价。

　　课程改革要求学生能够进行有效的合作学习，但是组织好合作学习真是太困难了。让小学生们进行合作学习的时候，他们要么过于吵闹，要么坐在那里一言不发，要么互相指责、互相推诿……总之，合作学习的效果非常不好……

　　课堂合作学习有利于促进学生积极、主动地投入学习，培养学生自主、合作、探究的能力。有效的小学课堂合作学习管理需要教师做好周密的组织计划，带领学生建立合作学习小组，培养学生的合作学习技能，严格监督小组合作学习活动，推动小组活动顺利进行并给予适当的指导，必要时及时加以干预，最后通过评估来检测合作学习的成效。

第一节　合作学习概述

一、合作学习的内涵

　　合作学习于20世纪70年代初自美国兴起，在并不太长的时间内便得到广泛的响应和传播，由于它在改善课堂内的社会心理气氛、提高学生的学业水平等方面实效显著，因此被人们誉为近年来最重要、最成功的教学改革之一。合作学习最早由美国研究者戴维·约翰逊（Johnson，D. W.）和罗杰·约翰逊（Johnson，R. T.）兄弟提出，他们认为合作学习是一种可以应用于任何年级和任何学科的基本的教学策略，2002年，他们又将其表述进一步解释为一种要求积极的互依、个体的尽责、人际技能、面对面的互动促进，以及过程分析的团队学习关系。目前，关于合作学习的概念界定纷繁各异，归纳起来，主要有以下几种。

（一）合作学习是一种形式

　　这种观点根据合作学习中小组活动这一特征，把合作学习当作一种教学组织形式。例如，古斯基（Guskey，T. R.）提出，合作学习在本质上就是一种教学组织形式。斯莱文（Slavin，R. E.）认为，合作学习是指学生在小组中从事学习活动的课堂教学形式。①

（二）合作学习是一种方法

这种观点把合作学习当作教学方法或学习方法。如沙伦（Sharan，S.）指出，合作学习就是组织和促进课堂教学的一系列方法的总称。② 合作学习是一系列促进学生共同完成学习任务的教学方法，通过同伴之间的交互作用对学生的认知发展、学习情感和同伴关系产生积极的影响。

（三）合作学习是一种活动

王坦认为，合作学习是以学习小组为基本组织形式，系统利用教学动态因素之间的互动来促进学习，以开发和利用课堂中人际关系为基点，以目标设计为先导，以团体成绩为评价标准，以全面提高学生的学业水平和改善班级内的社会心理气氛、培养学生良好的心理品质和社会技能为根本目标的一系列教学活动的统一。③

综上，对合作学习的不同认知源自研究者不同的价值取向和研究视角。在教育实践中，人们更倾向于把合作学习当成一个具有综合内涵的概念，如有时认为它是教学方法，有时又把它当成教学活动或学习活动来组织。而在概念的使用上则纷纷加上"后缀"来明确其意义所指，如合作学习形式、合作学习方法、合作学习活动等。

一般而言，把合作学习当成教学或学习的形式、方法来进行的研究是教学论研究所关注的重点。鉴于此，根据课堂管理的研究范畴，本书中所讨论的合作学习侧重于"合作学习是一种活动"的观点，即合作学习是以平等、合作和发展为指导思想，以学习目标为基本导向，以学习小组为基本组织形式，旨在培养学生的态度和价值观、形成多元视角、建立社会化身份、促进批判性思维和问题解决能力发展的一系列学习活动的统一体。

① Slavin, R. E. Cooperative Learning：Theory, Research and Practice. London：Pearson, 1994.
② S. 沙伦：《合作学习论》，王坦、高艳译，载《山东教育科研》，1996(5)。
③ 王坦：《合作学习：原理与策略》，12页，北京，学苑出版社，2001。

【资料链接】

21 世纪的学习——合作学习

21 世纪，团队合作、解决问题以及在小组中学习的能力在职场中的重要性与日俱增。每个学生都应该知道怎样卓有成效地与他人进行合作。大量研究表明，在具备小组目标和实行个体负责制的合作小组中学习，能够显著促进学生对传统学科内容的学习。与此同时，他们也很可能获得同样重要的团队合作技能，如与同伴之间相互教与学的能力、支持和鼓励同伴努力的能力、有礼貌地进行反驳并在不贬低他人的情况下坚持合理观点的能力、解决人际冲突以及在团队内创造一个积极的工作环境的能力。所有这些能力，不仅帮助年轻人在当今的职场中取得成就，还有助于营造更加安宁和谐的社会环境。

二、合作学习的基本要素

关于合作学习的基本要素，学者们的看法虽不一致，但基本都包括以下六个方面，即相互依存、个人责任、合作技能、小组自评、混合编组和教师角色。其中，相互依存、个人责任和合作技能是最重要的三个要素。

(一)相互依存

相互依存是合作学习的基础。正如约翰逊兄弟所说，积极的相互依存指一个人的成功必须以他人的成功为依托，一个人不可能离开其他组员的帮助或协作而自己取得成功。[1] 简单地说，相互依存意味着小组的每个成员都要为自己所在小组的其他同伴的学习负责，大家是同舟共济、荣辱与共的关系。合作学习所倡导的"学习共同体"制度，实际上就是要形成一种利益相关、彼此共赢的格局。

(二)个人责任

个人责任是合作学习的核心。所谓个人责任，是指合作学习小组的成功取

---

[1] Johnson, D. W. & Johnson, R. T. Learning Together and Alone: Cooperative, Competitive, and Individualistic Learning. Boston: Allyn & Bacon, 1990.

决于所有成员，每个成员都必须承担并确保完成一定的学习任务。在合作学习中，如果成员没有明确的责任，就容易出现成员不参与小组活动、逃避任务和责任的现象。斯莱文指出，个人责任主要通过两种方式实现：一种是在小测验中先给出个人成绩，然后再统计小组平均分；另一种是分配给每个人特定的任务，要求他承担特定的责任。① 这就意味着，只有当每一个小组成员都完成了自己的任务时，小组的总体目标才能实现。

(三)合作技能

合作技能是合作学习得以顺利进行的根本保证。只有掌握了合作的技能，学生才可能有效地表达自己的观点，小组成员之间的协同、互助、互动才可能实现，否则真正的合作学习就不可能存在。约翰逊兄弟认为，合作技能和学科内容一样也是可以通过学习得到提升和强化的。为了保证合作学习的顺利进行，确保小组交流的顺利进行，教师必须对学生进行相关合作技能的训练。

(四)小组自评

为了保持小组合作学习活动的有效性，小组必须对其成员的共同活动情况进行定期评价，以总结有益经验、分析问题及其原因、明确下一步的目标。小组自评能使小组成员维持良好的合作关系，通过小组自评得到的反馈能够促进小组合作学习。

(五)混合编组

混合编组也被称为异质编组，指在组建合作学习小组时，应当尽量保证一个小组内的学生各具特色，能够相互取长补短。混合编组保证了小组成员的多样性和互补性，可以激发学生形成多样化的观点。

(六)教师角色

虽然合作学习是以学生为中心的，是以学生小组为基本组织形式的，但是合作学习的成功进行离不开教师的组织、指导、监督和调控。因此，合作学习对教师提出了较高的要求。

---

① Slavin, R. E. Cooperative Learning: Theory, Research and Practice. London: Pearson, 1994.

【问题思考】

有人认为，合作学习就是把学生分成小组进行的学习。你认为这种说法对吗？请谈谈你的认识。

三、合作学习的基本思想

（一）平等

平等是合作学习产生的思想动力。平等不仅是宏观层面上的受教育机会平等和教育资源配置的平等，还意味着个体享有在微观层面上的平等权利，如学生在课堂教学过程中均享有平等的受教育机会、平等的合作机会、平等的发言机会、平等的成功机会。基于平等的思想，合作学习采取了异质分组的形式，以保证每个学生都能享有平等的学习权利。

（二）合作

合作是人类永恒的主题，也是人类赖以生存的基本方式。合作学习的主旨之一就是要让学生学会合作，学会如何与他人沟通交往，从而具备良好的人际交往能力。在合作学习小组中，学习是一个互相依存、互相促进、共同进步的过程，平等和合作共同推动学生积极地投入学习活动之中。

（三）发展

平等与合作的最终目的是使学生获得更好的成长与发展。合作学习所强调的发展指向两个目标：学业性目标和社会性目标。在合作学习过程中这两个目标可以同时实现。

四、合作学习的价值

合作学习的出现，代表的不仅是教学或学习形式上的变革——集体教学加上小组讨论、教师讲授加上小组代表发言，更重要的是其内在价值的实现——对学生态度和价值观、视野、身份以及能力等方面的促进作用。

（一）合作学习能培养学生的态度和价值观

合作学习蕴含的是一种价值观，是一种人生态度。它注重的是学生合作品质的培养与合作精神的养成。它意味着教师需要通过改变教学方式，鼓励学生把团队合作、集体成功当成自己的目标，要求学生能以合作的眼光来分析问题、解决问题。总之，合作学习可以帮助学生从活动中获取将来在社会中生存所需的基本的合作态度和价值观。

(二)合作学习能为学生提供解决问题的多元视角

一般而言，个体是通过接触与自己不同的观点来形成自己的态度和价值观的。合作学习为学生提供了获取不同信息的语境和场所，在这个语境和场所中，不同的观点进行碰撞，催化了学生解决问题的多元视角的形成。

(三)合作学习能帮助学生构建社会化的身份

合作学习有利于在课堂中推动和展示积极的社会性互动和社会性关系，为学生提供了一个通过成员之间的互动、合作、沟通、交流、协商等途径来解决问题的环境。在这种环境中，小组成员进行亲密而有意义的接触，其社会行为模式逐渐形成，社会化身份最终得以构建。

(四)合作学习能促进学生批判性思维和问题解决能力的发展

合作学习中的任务是真实的任务，与日常课堂教学中的巩固性练习不同，它需要的不仅有记忆、背诵、理解、应用，还包括小组成员的分析、综合、判断、评价、决策，这样才能最终解决问题、完成任务。合作学习使学生积极参与到学习过程中，并为学生高阶思维的发展提供了机遇，促进了学生批判性思维和问题解决能力的发展。

第二节　合作学习管理

前面已讨论过，合作学习是旨在培养学生的态度和价值观、形成多元视角、建立社会化身份、促进批判性思维和问题解决能力发展的一系列学习活动的统一体，小学课堂合作学习管理就是对这些合作学习活动的管理。按照合作学习活动的发展进程，我们将其分为五个阶段：组织阶段、小组建立阶段、合作技能培养阶段、正式活动阶段和评估阶段。下面将讨论教师如何在这五个阶段对合作学习进行管理。

一、组织阶段的管理

在合作学习的组织阶段，教师需要完成以下五个方面的工作。

(一)确定合作学习的任务和材料

任务是合作学习的核心。在合作学习的组织阶段，教师首先需要做的就是确定合作学习的任务和材料。教师需要提前规划好合作学习任务的目标、具体内容、需要的时间、大体的步骤以及评定标准等内容，并据此准备好适合学生进行合作学习的支撑材料。

(二)选择合作学习的类型

在确定了合作学习的任务和材料之后，下一步教师就需要根据学习任务的目标和内容来选择恰当的合作学习类型。在教学实践中，同桌 2 人小组、前后座位 4 人小组是最常用、操作最便捷的合作学习方式。除此之外，我们再介绍一些其他形式的小组合作学习方式供大家选择使用。

一类是适用于各个学科的小组合作学习方式，常用的有以下五种：

其一，小组调查。在小组调查合作方式中，学生主要通过合作性提问、小组讨论、合作性规划与独立完成课题等方式进行小组内的合作学习。每个小组 2～6 人，由学生自由组合搭配而成。每个小组均需要从学习单元中选择一个子课题，然后在组内将子课题进行分解，每个成员承担一个独立的研究任务。这些独立的研究任务将被整合成一个小组报告。最后，各小组逐一给全班同学报告或展现他们的合作学习成果。

其二，共同学习。共同学习是由约翰逊兄弟提出的一种合作学习模式。在该方式中，教师将学生分成 4～5 人的异质小组，小组成员共同完成作业，最终每个组递交一份作业，教师根据小组完成作业的情况给予表扬或奖励。这种方式强调在开始共同学习之前进行小组建设活动，并且小组内部要对其合作情况进行定期讨论。

其三，随机分组合作学习。随机分组合作学习是按照随机性原则将不同成员分配到不同小组，进而进行合作学习的一种方式。随机分组可以在一定程度上避免各种客观因素或主观因素的影响，如使用小组调查合作学习方式，有些学生就可能因为人缘、个性、成绩等而不能被小组的其他成员所选择或接受。随机分组可以采用抽签、掷硬币或掷骰子等方法，也可以使用随机分组工具。

其四，合作拼图。在合作拼图学习方式中，学生被分成六人小组，需要学习的学科材料则被分成六个部分，小组中的每个成员阅读自己负责的那一部分内容。然后，负责相同内容的成员组成专家组，共同讨论所负责的那部分内容。之后，大家分别回到各自小组中，轮流给本小组中的其他成员讲授自己所负责的内容，这意味着每个学生对其他部分内容的学习只能通过仔细倾听小组其他成员的讲解来完成。

其五，合作性提要。许多学生都发现，与同学一起讨论课堂中读过或听过的内容对自己来说是个知识强化的过程，负责讲授的学生甚至比充当听众的学生获益更大。在合作性提要这种学习方式中，学生两两配对，轮流对所学的材料做出归纳。当一方归纳时，另一方倾听并修正错误和不足，然后两个学生交换角色继续进行这种活动，直至学完所有的材料。许多研究表明，使用合作性提要方式的学生，其学习的知识量和获得的知识量远远高于那些只是自己阅读材料的学生。

另一类则是适用于特定学科的小组合作学习方式，如学生小组成就区分、同伴互助学习、合作阅读与写作等。

其一，学生小组成就区分。学生小组成就区分适用于那些有明确学习目标和学习结果的科目，如数学计算与应用、语言用法与技术性细节、地理与识图技能以及科学事实与概念。在该方式中，学生被分成 4 人异质小组。教师先讲授课程内容；然后小组内的学生一起学习，以保证所有成员都掌握了课程内容；最后所有学生都参加对该部分课程内容的测验，测验时学生不能相互帮助。将学生的测验分数与他们过去的平均成绩相比较，根据学生超出他们自己以前成绩的程度（即学习的进步程度）来给予一定的积分，这些积分的总和即小组分数。若小组分数达到某个标准，则可以获得证书或其他奖励。

其二，同伴互助学习。在同伴互助学习方式中，学生们 2 人一组，轮流做老师和学生，并使用特定的元认知策略。同伴互助学习是一种结构化的合作学习方式，比较适合用于数学课和阅读课的合作学习。

其三，合作阅读与写作。合作阅读与写作是适用于小学高年级学生进行阅读与写作的合作学习方式。在该合作学习方式中，学生被分成 4 人小组，大家合作完成系列活动，包括互相朗读与倾听、预测故事情节的发展，对故事进行总结、归纳文章要点，写读后感、写草稿，修改和编辑其他成员的文章，形成小组的最终"成果"，打印、美化并准备在班级内公开展示。

通过学习上述七种小组合作学习方式，我们可以发现，小组合作学习的方式灵活多样，既可以是教师分配小组成员，也可以是学生自由搭配、自由选择成员，还可以是随机分组；可以是组内合作学习，也可以是组间合作学习；可以是组内各成员独立完成不同的任务，也可以是组内所有成员共同完成一个任务。因此，教师在选择学习类型的时候要具体情况具体分析，确保选择使用的小组合作学习方式既能满足教学的需要，又能与学生的实际能力相匹配。

(三)讲授规则、程序和要求

在课堂教学过程中，学生首先接触到的就是课堂教学规则和课堂学习规则，但是学生对教学规则和学习规则的理解、掌握并不等于他们知道合作学习的规则并能自觉遵守，因此教师必须给学生讲授合作学习的规则、程序和要求，以确保学生熟练掌握。同时，因为合作学习的规则、程序和要求较多，需要注意的问题较多，学生需要花费一段时间才能熟练地操作，所以教师应该把合作学习的规则、程序和要求制作成可视化教学图张贴在教室墙面上，方便学生在正式合作学习时参考使用，以节省时间，提高合作学习成效。

关于合作学习的规则和要求，一般需要明确如下几个方面：①任务分配的规则和要求；②倾听的规则和要求；③发言的规则和要求；④讨论的规则和要求；⑤质疑的规则和要求；⑥解决争执的规则和要求；⑦形成一致意见的规则和要求；⑧小组展示的规则和要求。

关于合作学习的程序，一般包括如下几个方面：①小组接受任务；②小组成员合作理解任务；③小组分配任务；④小组成员合作执行任务；⑤小组成员沟通任务的完成情况；⑥小组成员就任务最终的内容和形式达成一致意见；⑦形成完整的小组任务成果或总结；⑧小组展示。

关于合作学习的规则、程序和要求，教师需要根据学科课程的特点和内容，学习任务的性质和目标，以及班级学生的特点，统筹规划、综合制定。其根本指导原则是明确、具体，具有可操作性和可评估性。

【实践操作】

请根据上述内容制作一份小学×年级×学科小组合作学习可视化教学图。

(四)明确角色期望和角色职责

恰当的角色分配对合作学习活动来说非常重要。除了小组会被分配专门的任务之外，个体在小组内也会被分配专门的角色，如组织者、记录员、汇报者、统计员、秩序维持员，等等。学生只有清楚地了解这些角色及其具体职责，才能保证合作学习的有效性，否则，合作学习很快就会转化为无序的讨论或闲聊。因此，在组织阶段，教师必须将合作学习的角色期望和角色职责明确地告知学生，并带领他们多次练习，确保学生熟练掌握在合作学习时如何快速地分配角色。

【资料链接】

约翰逊兄弟提出了一些常用的合作学习角色职能。

①总结者。这名学生向小组解释和呈现主要的结论，看看小组成员是否同意，并且为小组在班级进行展现做准备。

②检查者。这名学生对照课文、练习册或参考书检查有争议的陈述和结论，确保小组没有使用不充分的事实，或者受到其他组所提供的更精确数据的挑战。

③研究者。在需要更多的材料时(如进行一次采访或从图书馆发现一种资源)，这名学生负责阅读参考文件，并获得背景信息。研究者与检查者的不同之处在于，前者为小组完成任务提供关键信息，而后者则负责证实活动进展和完成结果的精确性。

④经营者。这名学生要获得小组完成任务所需的所有物品：材料、设备、参考资源。该角色绝不是一个附属或低级的角色，而是需要有创造力，要精明，甚至要有谋略地寻找必需的资源，因为其他组可能也在努力地寻找这些资源。

⑤记录员。这名学生承担着撰写该组主要成果的任务。记录员也许要求各成员写出他们各自的结论。在这种情况下，记录员要比较、拼接、提炼小组成

员所写的内容，并将其整理为逻辑连贯的内容。

⑥支持者。支持者通常乐观而积极，在个体成员完成任务时赞扬他们，在他们泄气时鼓励他们。他们用图表记录每个重要环节供全班查看，记录取得的成绩，尤其是那些在完成任务上存在一定困难的学生做出的努力，以此鼓励每位成员，推动小组的进展。

⑦观察者/疑难解答者。这名学生负责记笔记和记录小组进展方面的信息，这对于在全班讨论或汇报小组工作有所帮助。当小组或个体成员遇到无法克服的困难时，该角色可向班长或教师报告。①

(五)规划和布置课堂物理学习环境

小组合作学习是以学生为中心的学习，教师应提前规划或布置课堂物理学习环境以充分发挥其效用。

1. 座位安排

如果在日常的课堂教学中采取的是分组式、圆圈式、马蹄式的座位编排方式，那么小组合作学习时，可根据合作学习的具体形式稍做调整。如果在日常课堂教学中采取的是秧田式座位编排方式，那么条件允许的话可以将学生的课桌拼凑起来组成小组形式；条件不允许的情况下，4 人学习小组或 2 人学习小组是常用的分组形式。

为了便于监督，座位的安排必须保证教师可以在小组间自由走动。此外，小组成员在完成任务的过程中会进行交流，所以在安排小组座位时，要尽量避免小组成员在交流的过程中受到其他小组的影响。

【经验介绍】

在某些时候，教师需要将日常教学的教室布置转换成适合小组教学的教室布置，以下做法可供借鉴：第一，在地板上用便利贴来标记教室中每个小组的课桌位置；第二，在课桌脚和座椅腿上装上静音保护套，便于安静地移动桌椅；第三，在每一小组具体的活动地点悬挂一些标志物来标注每一小组的位置。

① Johnson，D. W. & Johnson，R. T. Learning Together and Alone：Cooperative，Competitive, and Individualistic Learning. Boston：Allyn & Bacon，1990.

2. 墙面布置

墙面布置要坚持支持原则和激励原则。因此，教师应做到：第一，在墙面上张贴合作学习可视化教学图，为学生合作学习提供必要的支持和帮助；第二，设置小组活动成果展示区、小组活动评价区等，并提供必要的激励和奖励。

3. 学习材料的存放

在规划和布置课堂物理学习环境时，教师还应考虑学习材料的存放问题。学习材料的存放要便于学生拿取，可以将学习材料统一放到某个固定位置，也可以由各小组物品管理员保管，或者在每个小组桌子的中央放上一个盒子，用来存放学习材料，这样可以避免学生向别的小组借东西。

二、小组建立阶段的管理

在小组建立阶段，教师需要考虑的问题主要有两个：一是如何构建小组，包括小组的规模和人员构成；二是在小组发展的不同阶段如何实施管理。

（一）小组的构建

1. 小组规模

小组规模会对组内学生的能力发展、材料的有效分享、小组达成共识所需的时间以及完成最终任务所需的时间产生影响，所以，确定小组规模是教师在此阶段非常重要的一项工作。

一般而言，4～6 人小组是最有效率的小组规模。小组规模少于 4 人，班级内划分的小组数量就会较多，不利于教师监控；7～8 人小组则会出现较多的争论，难以高效分享有限的材料（如必须分享的参考书），达成共识所需要的时间较长，最终完成任务所需的时间也相应变长。我国小学基本采用秧田式的座位编排方式，学生座位相对固定，在这种情况下，4 人小组是较为理想的小组规模。

2. 小组人员构成

关于小组人员的构成，一般采用异质分组的方法。异质分组主要是根据学生的学业水平、学习态度、个性特征、人际关系、性别、特殊需要等因素来进行小组人员的组合。异质分组的优势主要体现在：第一，不同观点的碰撞有利于学生形成问题解决的多元视角；第二，能力、素质较强的学生能充分发挥榜样示范作用；第三，帮助学生培养和发展与他人交往、协同努力的技能；第四，水平较高的学生帮助水平较低的学生学习，双方都会获得不同程度的进步；第五，有利于提高学习质量。

除了异质分组外，教师还可以根据具体学习任务而选择采用其他类型的分组方式，例如：

其一，相邻座位的人组合成一个小组。这是组成小组最快的方式。

其二，报数，随机组合成小组。如班里有 24 名学生，教师想让学生组成 4 人学习小组，可以让学生从 1 到 6 报数。然后，报 1 的同学组成第一组，报 2 的同学组成第二组，依此类推。

其三，学生自己选择小组合作伙伴。

其四，根据共性特征进行分组。如在组成调查研究小组时，有共同兴趣的人可以成为一组。

其五，根据学生选定的任务进行分组。如提供六个任务，要求每个学生从中选择一项，然后把选择相同任务的学生组成一组，或者由学生自己组成六个小组，每组承担一个任务。

其六，同质化小组完成短期任务。如能力、素质较强的学生齐心协力去完成一个难度大的新任务，而能力、素质一般的学生则相互帮助，尝试重新学习第一次合作学习时尚未掌握的内容。

(二)小组不同发展阶段的管理

从建立开始，每个小组都会经历形成、冲突、规范、表现四个发展阶段，教师应时刻关注并监控小组在每个阶段的发展情况，对出现的问题及时加以管理。表 9-1 列出的问题可以帮助教师评估小组的发展情况，进而采取相应的解决措施。

表 9-1　关于各阶段小组发展的重要问题

第一阶段：形成	1. 小组是否开展了让成员相互熟悉的活动 2. 每个成员都有被倾听的机会吗 3. 小组成员是否能和其他同学沟通交流 4. 小组成员能相互倾听吗 5. 小组成员对学业和行为期待的担忧或恐惧是否得到解决

第二阶段：冲突	1. 是否公开承认和讨论冲突问题 2. 小组能否评估自己的职能 3. 新的想法和不同的想法是否得到倾听和评价 4. 所有小组成员的技能都得以发挥了吗 5. 所有小组成员都有领导的机会和责任吗
第三阶段：规范	1. 小组是否有解决争端的过程 2. 小组能否设定目标 3. 小组成员能够表述别人对他们的期待吗 4. 小组成员之间是否相互尊重 5. 对不遵守规则的小组成员采取什么措施
第四阶段：表现	1. 小组能否评估自己的成效 2. 小组及其成员能否解决他们自身的问题 3. 小组有机会独立工作并通过自己选择的媒介进行表达吗 4. 小组成员能够进行自我评价并设定个人进步目标吗 5. 小组准备解散吗

1. 第一阶段：形成阶段

在该阶段，教师应重点关注如何帮助小组成员解决彼此之间的接纳问题。

小组建立伊始，教师和学生都倾向于关注合作学习的规则和任务，而忽视了小组成员的归属感问题。在此阶段，小组成员彼此之间相对陌生，合作学习的个人职责归属不明确，成员之间尚未建立信任关系，需要通过各种具体的活动来觉察同伴对自己的反应。同时，小组成员由于不知道自己是否能够被同伴接纳，是否能和同伴相处融洽，因此不易集中精力进行合作学习，小组完成任务的效率较低。

所以，在小组形成阶段，教师应积极帮助学生建立彼此之间的信任，帮助学生获得安全感和小组归属感。

2. 第二阶段：冲突阶段

在该阶段，教师应关注如何帮助小组成员解决相互影响的问题。

小组建立后，经过一段时间的发展，如果小组成员能互相接纳、互相尊重，主动遵守规则和制度，那么表明健康的合作小组已经出现。随后，小组将进入冲突阶段。小组成员开始检验上一阶段的承诺(承诺遵守规则和制度、参与合作学习)的局限性，主要表现为小组成员对学业期待和规则的挑战，从而确定在什么条件下遵从或不遵从这些规则。例如，小组成员可能会质疑小组的座位安排、合作任务、角色分配等，也可能会质疑合作学习的意义。

这些质疑和挑战是小组发展阶段的必然结果，对此，教师无须过度反应，应该做的是继续监督规则和秩序的遵守情况，同时重新考虑那些可能不起作用的规则和秩序。

比尔(Buehl)和克莱德勒(Kreidler)建议教师通过全班讨论来引导和解决该阶段出现的质疑和挑战，具体方法包括如下六个方面。第一，承认问题的存在。教师让班级所有成员一致认识到有问题存在，并且将共同努力去攻克难关。第二，说明冲突。教师明确说明这些质疑和挑战是什么，并且向全体学生保证，他们将有机会表明自己的观点。第三，确定并选择回应。师生运用头脑风暴，记录解决问题的方法，并且对解决方法的短期和长期后果进行评估，剔除产生负面后果的方法。第四，得出解决办法。全班讨论，记录大家基本认可的解决冲突(即质疑和挑战)的方法。第五，设计并实施计划。全班讨论，弄清何时、何地以及如何解决冲突的各个细节。第六，评估计划的实现。学生需要鉴别他们所收集的信息，以便确定计划的实现情况。教师明确检查要点，从而评估班级工作情况。当冲突解决后，全班讨论问题解决过程的价值。①

3. 第三阶段：规范阶段

在该阶段，教师应关注如何帮助小组成员一起合作完成任务。

解决了冲突阶段的质疑和挑战之后，合作小组进入规范阶段。小组成员开始接受并愿意自觉遵守合作学习的秩序和基本规则，接受不同小组成员的角色和职责。在规范阶段，小组健康发展的特征是小组行为的主要目标放在学业成就上。教师需要做的就是为小组合作学习提供必要的支持和帮助。

4. 第四阶段：表现阶段

当小组发展到第四个阶段时，小组成员相处融洽，了解规则要求和各自的角色职责，接受小组规范，并熟悉合作学习程序。处于这个阶段的小组主要关注的是自由、控制和自主管理的问题。

教师在这个阶段应减少课堂控制，引导小组成员学会自主管理合作学习过程，如设定学习的优先顺序、规划合作学习时间和进行自我调节，鼓励学生实

① ［美］加里·D. 鲍里奇：《有效教学方法》，杨鲁新译，97 页，上海，华东师范大学出版社，2021。

现独立探究的愿望。换言之，在此阶段，学生需要感受到自主探索及发现的
快乐。

三、合作技能培养阶段的管理

(一)合作技能培养的重要性与一般策略

1. 合作技能培养的重要性

合作学习需要个体具备与他人合作的技能，但并不是每个人都懂得如何与
他人合作，特别是小学生，他们心智还不成熟且合作学习经验较少，教师必须
专门教给他们如何与他人合作。实践证明，如果小组成员学会了合作技能，那
么该小组的合作学习成效远比那些成员没有掌握合作技能的小组高得多。从短
期来看，教师专门教学生学习合作技能不仅要花费一些时间和精力，而且貌似
对课堂教学毫无裨益。但是从长期来看，学生熟练掌握了合作技能后，整个合
作学习会进行得非常顺畅，教师的指导、介入和监控相应地也会变得更简单。
通俗地讲，就是"磨刀不误砍柴工"。

2. 合作技能培养的一般策略

帮助学生学习和掌握合作技能的途径有许多，其中约翰逊兄弟提出的"六步学
习法"①步骤清晰、容易操作，比较适合新手教师模仿使用，其内容具体如下：

第一步：让学生认识到掌握合作技能的重要性。

教师可以使用以下方式帮助学生认识学会合作技能的重要性：其一，教师
和学生谈谈自己运用合作技能的经验，这些经验可以是成功的经验，也可以是
反面的教训。其二，让学生讲讲自己在课堂上运用合作技能的体会和感受。其
三，从故事、正在学习的资料以及日常生活的真实情境中选取一些相关资料，
帮助学生体会学习合作技能的重要性。其四，创设情境，使学生感悟合作技能
的重要性。例如，教师可以给学生一些不甚清晰的指导，并要求学生按照这一
指导去完成某一任务。毫无疑问，这样做的结果是，要么不能完成任务，要么
就是到他人处寻求帮助以弄懂教师指导的含义。这样一来，学生就能从自身的

---

① Johnson, D. W. & Johnson, R. T. Learning Together and Alone: Cooperative, Competitive, and Individualistic Learning. Boston: Allyn & Bacon, 1990.

实践中体会到"寻求帮助"是一项重要的合作技能。其五，让学生根据自己在小组活动中的经历选择一些他们特别想学的合作技能。

第二步：帮助学生理解合作技能。

教师先给学生讲解某种技能，然后利用可视化教学图/表强化学生的认识和理解。例如，我们首先给学生讲解什么是"注意倾听"的技能，其次利用如表 9-2 所示的可视化教学表，向学生描述运用这一技能时行为和语言上的具体表现，最后将表格张贴在教室的墙面上或布告栏中，以便学生在合作学习时能够及时"按图索骥"。

表 9-2　如何倾听同伴发言

行为方面的表现	语言方面的反馈
眼睛看着发言的人	"我明白"
点头表示赞同	"是这样"
记录你认为重要的地方	"稍等，我记一下"

第三步：利用游戏、角色扮演等方式让学生练习合作技能。

例如，练习提问技能时，可以通过小组游戏竞赛、合作学习、合作拼图法等方式，让每个小组提出 20 个问题，然后小组之间进行评比，看哪一组提出的问题最合理。至于角色扮演，教师给出的情境既可以是正面的、成功的合作案例，也可以是反面的、失败的案例。

【资料链接】

谈话卡①

卡甘设计的谈话卡(Talking Chips)是一个非常有趣的鼓励学生平等参与合作学习的方法，其操作步骤如下：

步骤 1：小组开始讨论时，每人手中都有三张卡。

步骤 2：成员每发言一次便上交一张卡片，放在桌上或交给小组长。

步骤 3：某个成员如果用完了三张卡片，那么，在全组成员都用完各自手

---

① Kagan，S. Cooperative Learning. San Clemente，CA：Kagan Publications，1994.

中的卡片之前，他都不能再发言了。当然，他也不能用手势、动作等其他方式表明自己的见解。

步骤4：如果大家手中的卡片都用完了，每人可以再得到三张卡片，讨论继续。

步骤5：活动结束时，全组讨论一下每个人在活动中的表现，如有的成员是不是很快就把三张卡片都用完了？有的成员是不是别人都发过言了他还一言未发？

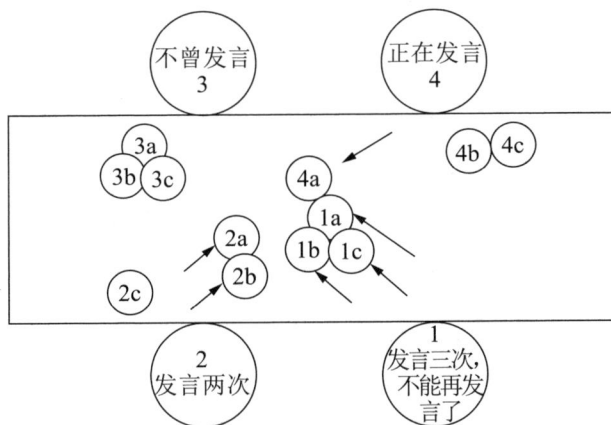

"谈话卡"使用示意图

需要注意的是，在使用"谈话卡"的时候，必须计算每个人发言的时间。因为实际操作中会出现这样的情况——某个学生拿出一张卡片后滔滔不绝，讲了好几分钟，而另一个学生用完了所有卡片发言的总计时间也不超过1分钟。因此，在使用"谈话卡"时应先定好每张卡片用来发言的时间的上限和下限。

此外，"谈话卡"还可以有一种变式运用，即允许那些已经没有发言权的学生提出问题，以鼓励那些不善言谈的同伴多多发言。

第四步：结合课堂教学中学科内容的学习指导学生练习合作技能。

例如，在学习了小学数学中的"数据统计"这一部分内容后，教师才可以使用"绘图—配对—变换"这一方式，指导学生练习合作技能。

步骤1：听完教师讲解，4人合作学习小组的每一个成员都制作一幅图或一个表来介绍其中的主要观点。

步骤2：小组成员间两两配对，轮流向同伴介绍自己绘制的图表所反映的内容以及自己的想法；同伴则根据其介绍向他提出问题并给予反馈。或者也可以一开始就相互介绍自己绘制的图表内容，然后再进行讨论。

步骤3：根据同伴提出的问题及反馈，修改自己的图表。

步骤4：将小组中两两配对的同伴进行交换，每人把自己先前同伴的图表内容和观点介绍给新配对的同伴。

第五步：指导学生讨论合作技能的运用情况。

在小组合作学习结束之后，教师应该让学生花些时间讨论一下他们正在学习或练习的合作技能的使用情况。在讨论中，学生可以讲讲全组、小组同伴以及他们自己在合作技能的运用方面的表现，这样的做法其实就是对小组、同伴及自己的行为进行反思并给予反馈。低年级的学生表达能力尚不够完善，教师可以让他们用面部表情（如高兴、伤心）或用手势动作（如竖起大拇指、两个手指交叉做"×"号等）来表达他们的意见。

第六步：帮助学生掌握合作技能。

在很短的时间内就学会合作技能并熟练运用对学生来说是不现实的，因此，教师应当以各种方式鼓励学生经常使用合作技能：

- 在教室里展示合作技能，如制作与合作技能有关的海报
- 让学生汇报他们运用合作技能的情况
- 全校学生在某一时间段内运用某一相同的合作技能
- 在语文课上加强有关合作技能中涉及言语技能的练习
- 让学生关注文学作品/影视作品/故事中展示的合作技能

…………

【资料链接】

雅各布斯（Jacobs，G. M.）指出，学生进行合作学习时应当具备如下这些合作技能：

· 请求原谅	· 请求给予反馈
· 请求给予帮助、说明、举例	· 请求给予解释和重复
· 核实别人的理解	· 折中、妥协
· 委婉地表明不同观点	· 鼓励他人参与
· 说明理由	· 使讨论主题聚焦于任务，避免跑题
· 帮助小组控制时间	· 提出建议
· 说服别人	· 赞扬别人
· 榜样示范	· 冷静发言
· 陈述观点	· 轮流发言
· 致谢	· 使用幽默的方式帮助小组成员
· 和别人说话时要用尊称	· 耐心等待，不急躁
· 不随意打断别人	· 善于倾听

(二)常用的一些合作技能及其培养方法

在小组合作学习过程中，学生需要掌握许多的合作技能，如倾听、记录、展示、思考、质疑、辩论、竞赛、分享、互助等，其中有些技能在内容上可能还会存在重合之处。根据小学阶段合作学习的要求以及小学生的个性特点，本节将重点介绍沟通、讨论、批判性思维、解释、求助以及团队领导等合作技能。

1. 沟通技能

沟通技能对小组合作学习来说是至关重要的，学生能否清晰、有效地与小组其他成员进行沟通决定着整个小组合作学习的成败。为帮助学生进行有效的沟通，教师必须向学生说明如下几个沟通步骤：

第一，清晰地陈述问题(详见本节"解释能力"中的相关内容)。

第二，使用恰当的肢体语言，如坐直、举手发言、伸手邀请别人发言等。

第三，使用正确的倾听方式，如礼貌地直视对方、微笑、点头、不打断别人的发言等，此外，在有不同意见时不能展现出不屑、撇嘴等消极表情(其他要求可参见表9-2)。

第四，表明自己的观点，如"我认为……"，"以上是我的观点"，"我想说说我的看法"，等等。

第五，支持某人的观点，如"我同意××的观点"，"我赞成……"，等等。

第六，提出自己的不同意见或疑问，如"这主意不错，但你是否考虑过……"，"也许你是对的，但另一方面……"，"很抱歉，我不这样认为"，"让我们再找找，是不是还有其他方面的表现"，等等。

第七，商讨可行的方案(详见本节"讨论技能"中的相关内容)。

2. 讨论技能

讨论是一种多个个体一起工作或解决一个问题的口头交流方式，它主要用来激发学生给出各种答案，鼓励学生思考不同的意见，促使学生对问题的内涵进行思考，培养学生解决实际问题的能力。在讨论中，小组成员可以就问题提出自己的理解、经验、意见、观点、建议等，并综合小组其他成员的多元观点最终建构起对于问题的新的理解。要使小组讨论顺利进行并且得到有效的学习结果并非易事，对于小学生来说更是困难重重，所以教师必须教给学生如何在小组合作中进行讨论。为此，詹姆斯·狄龙(Dillon, J. T.)提出了一个指导策略供教师们学习，其步骤如下[①]：

(1)设计讨论主题

教师精心设计用于讨论的问题，确保问题形式不会引起是/非型答案和或者/或者型答案，此外，还要加上补充问题、嵌入问题、后续问题和相关问题，以帮助学生将讨论进一步深化。

(2)提供讨论提纲

为了保证讨论的有效性，教师应提供详细的讨论提纲，每个主干问题至少要设置三个子问题。

(3)展示讨论主题

用投影仪或写在黑板上、写在纸上等方式把需要讨论的问题展示给全班学生；大声朗读问题之后，还要说明问题的意义、解释问题中的重要术语、解释问题的相关性、把问题与从前做过的讨论或者班级活动联系起来等；然后让各小组开始就问题进行讨论。

(4)指导讨论

其一，教师需要告诉学生讨论不是直接给出问题的答案，教师要引导学生

---

① Dillon, J. T. Using Discussion in Classrooms. Philadelphia：Open University Press，1994.

按提纲集中讨论问题，记录各自的观点，分享不同观点，形成共识性观点。

其二，第一个学生发表意见之后不要进行评论。（如果这样做了，讨论很快就会变为批评大会或附和大会）

其三，不要问"其他人对此有什么想法？"（如果这样做了，就是在暗示下一个学生给出不同的见解，或者给出与第一种观点相反的意见，如此讨论就会变为辩论）

（5）使用非问题型替代品

一般来说，不要问第一个问题以外的问题，可以使用非问题型替代品，如支持型陈述（与发言者刚做过的发言相关的陈述）、思考型陈述（与发言者意见相关的或引起更深层次思考的陈述）、鼓励型陈述（表示对发言者的发言有进一步兴趣的陈述）、联系型陈述（揭示刚刚的发言与前面发言之间联系的陈述）。

（6）使用恰当的讨论信号

讨论过程中可以使用一些恰当的信号来表示自己的态度，如表示对发言者所说的话有兴趣的声音（"嗯"），或话语（"对的"），或动作表情（"点头""微笑"），等等。

（7）推进讨论

教师可以使用以下五种方式以进一步推进讨论：

定位："我们讨论到哪儿了？我们在说什么呢？"

总结："我们完成了哪些任务？达成一致了吗？"

开启："我们下一步做什么？"

返轨："我们有点偏离主题了。我们怎样才能回到同样的问题上来呢？"

调速："等一下，我觉得我们是不是进行得太快了。我们再进一步看看这个问题……"

（8）结束讨论

在结束环节，教师可以提供一些总结性问题以帮助学生厘清思路、归纳观点、识别剩余问题以及整理小组讨论报告，例如：

· 本次讨论中出现的最重要的一两个想法是什么？

· 关于这个话题还有什么没有解决或者有争议的地方？

· 今天的讨论，你学到了什么？理解了什么？得到了什么结论？

· 哪些关键词和关键概念最能概括我们今天讨论的内容？

· 画出今天小组讨论的核心内容思维导图。

3. 批判性思维技能

教育的重要目标之一就是培养学生的批判精神，鼓励学生合理质疑并检查自己思维中的逻辑不一致或谬误之处，最终使他们有能力对行为和观念做出理性的决策。需要注意的是，"批判性"指的不是驳斥别人的观点，而是判断一些主张或论点的正确性。在小学阶段，合作学习中的批判性思维技能主要指的是：学生乐于表达自己的见解和主张，通过给出理由、提供实例、概括总结等方式来证明自己见解的合理性（见表 9-3），并在别人观点的启发下充分发展和补充自己的理解。

表 9-3 批判性思维技能的培养

提出自己的观点	表达主张	我的观点是……
	给出理由	我提出这个观点的原因有两个： 第一，… 第二，…
	提供实例	能够证明我的观点的例子是…
	概括总结	所以，通过以上的说明，我认为… 请大家提出你们的意见，谢谢！
判断他人观点	表达主张	我同意/不赞同……的观点
	给出理由	我同意/不赞同这个观点的原因有两个： 第一，… 第二，…
	提供实例	能够证明我的观点的例子是…
	概括总结	所以，通过以上的说明，我同意/不赞同…的观点。谢谢！

此外，还可以通过小组讨论或组间点评的方式来锻炼学生的批判性思维技能。例如，让学生对自己小组的活动进行点评，指出本小组活动的优点和不足；也可以让学生介绍自己小组中的成员是如何有效地表现合作学习技能的；还可以让学生谈谈在小组活动中遇到的问题以及解决问题的办法；等等。

【资料链接】

拜耳(Beyer，B. K.)提出了10种批判性思维技能，学生可以应用这些技能来判断某些主张或论点的正确性。

1. 区分哪些是可证明的事实，哪些是价值主张。

2. 区分相关信息与无关信息，区分各种主张或原因。

3. 确定某一论点的事实准确性。

4. 确定某一信息来源的可靠性。

5. 识别含糊不清的主张或论点。

6. 识别未说出的假设。

7. 觉察偏见。

8. 识别逻辑上的谬误。

9. 识别推理过程中逻辑上的不一致。

10. 确定一种论点或主张的说服力。①

4. 解释能力

解释能力是进行小组合作学习活动的一项重要能力，它主要体现在三个方面：第一，清晰地描述问题、任务或者目标；第二，详细地说明完成任务所需的步骤，以及采取该步骤的原因；第三，总结所做的工作。如果完成某个任务的小组需要回答其他小组成员的提问，具有解释能力的学生往往能够给出问题的答案，并解释他们是如何得出这些答案的。

解释能力对于其他合作技能来说也是非常重要的，例如，在小组合作学习中，当个体遇到困难需要向其他成员求助时，个体应该能够清楚地描述困难，并请求其他小组成员提供帮助，这时个体良好的解释能力是必不可少的，否则，解释不清楚困难就会导致其他成员无法提供帮助；同时，当其他小组成员向个体求助时，个体需要认真、细致地给予解答，此时良好的解释能力也是必需的。再如，合作学习要求所有成员能够积极地参与讨论和交流，而讨论和交流少不

---

① Beyer，B. K. Developing a Thinking Skills Program. Boston：Allyn & Bacon，1987.

了对问题或自己观点的解释和说明。

教师可以使用以下方法来培养学生的解释能力：

第一，结合学科学习内容，给学生示范描述、说明、澄清、归纳、总结等的方法，然后让学生2人一组进行练习，轮流解释和倾听。

第二，要求学生向搭档解释某一过程或某一概念，搭档再对自己听到的内容加以阐述。

第三，让小组中的每个成员写一个问题，然后所有的小组成员轮流解答。

第四，让小组通过角色扮演来练习如何寻求帮助及做出解释，然后小组成员对所演示的例子进行讨论。

第五，组织学生讨论如何给予更好的解释以及正确地寻求帮助。

第六，关于如何解释自己的观点、给予他人解释等，让各小组将自己的认识和想法写在图表中，并向全班同学展示。

5.求助技能

在合作学习过程中，小组或小组成员遇到问题或困难时，因不知道如何求助而使得合作学习停滞或影响课堂秩序是很常见的现象；而教师在指导学生进行合作学习时，也不可能同时兼顾所有学生或小组，所以，教会学生正确求助和鼓励学生求助是非常重要的。求助并不是一件简单的事情，在实践中，经常会出现两种极端情况：一是不管遇到任何问题，部分学生不经思考就求助教师；二是不管遇到任何问题，部分学生都不求助他人。

针对上述情况，教师应给学生讲清楚何时求助、向谁求助以及怎么求助等问题。表9-4是一个"如何求助"的范例，它不仅能够用于合作学习，在日常课堂教学和学习过程中也适用，教师可以根据实际情况改编使用。

表 9-4　如何求助范例

	何时求助	向谁求助	怎么求助	注意事项
小组成员	对学习任务有疑问	小组其他成员	××，你能告诉我……吗？谢谢！	1. 声音不能过大，仅小组成员可以听到； 2. 先给组长说明，得到允许后，静静地、直接去看可视化教学图，不能去其他地方，不能干扰其他小组
	不知如何操作	步骤1：先去看粘贴在墙面上的可视化教学图；步骤2：如果还不知道如何操作，则向小组其他成员求助		

续表

	何时求助	向谁求助	怎么求助	注意事项
小组成员	对其他观点存在疑问	步骤1：小组集体讨论，如能达成共识，则继续其他任务； 步骤2：全组讨论后如还存在不同观点，由小组长记录所有不同观点之后统一向教师求助	在桌面上竖起"求助"标牌，等待教师解决	1. 不出声音； 2. 不要有其他动作； 3. 等待教师看到标牌后过来解决问题

【问题思考】

学生在合作学习时，一定会需要教师或同伴的帮助，你允许学生在遇到困难时向他人求助吗？你觉得学生或小组应该如何求助才不会干扰他人或其他小组？谈谈你的设想及做法。

6. 团队领导能力

团队领导能力是决定小组合作学习是否高效的一个非常重要的因素。大多数教师都很重视培养学生的团队领导能力，在创建合作学习小组时，每一小组至少会安排一名团队领导能力强的学生。一个优秀的团队领导者应具有强烈的主动性，能够事先做好周密的计划，有饱满的领导热情，具有出色的沟通能力以及完成任务所需的扎实的知识基础。

教师可以使用以下几种方式来培养学生的团队领导能力：

第一，通过角色扮演的方式培养学生的团队领导能力；

第二，将团队领导所应承担的责任写到角色名牌上，谁扮演团队领导角色谁就戴上角色名牌；

第三，将团队领导所应承担的责任写到角色介绍海报上并张贴在墙面上或布告栏中，直到学生掌握基本的角色职责为止。

教师在培养学生团队领导能力时还应注意以下几个问题：

第一，在角色扮演时，如果没有学生主动担任团队领导，教师可以给学生安排活动主持人或者讨论组长的角色；

第二，无论个体的领导能力如何，团队领导角色都应该轮流扮演，这样每个学生都能得到锻炼的机会，并且有利于充分发挥学生的主动性并增强他们的自信心；

第三，当轮到其他学生被指派为领导者时，引导领导能力强的学生学会听从领导者的指示也很有必要；

第四，学生团队领导能力的发展需要一段时间，且学生所拥有的领导能力水平也有所不同，但是教师要相信所有的学生通过锻炼都会取得一定程度的进步。

四、正式活动阶段的管理

在正式的合作学习活动阶段，教师需要完成的工作主要包括：①确定启用何种合作小组；②确定小组人数和组员构成；③安排合作学习任务；④确保个体负起责任；⑤提醒学生使用合作技能；⑥监督小组合作学习的进行；⑦使用信号系统进行提示；⑧提供帮助和支持；⑨干预、介入小组合作学习。

在上述这些工作中，合作小组的类型、小组人数和组员构成、合作技能等内容在前文中均已做过讨论，此处仅重点说明教师如何安排合作学习任务，如何监督、干预和介入小组合作学习，以及如何使用信号系统进行提示等内容。

(一)安排合作学习任务

一般而言，合作学习任务可以分为两类，一类是目标清晰、结果明确的学习任务，如完成课堂小练习、操作特定的实验步骤、回答可理解性的问题、回顾课本中或者教师上课时所教授的内容等；另一类则是学习结果不确定的学习任务，如一些开放性的、探究性的学习任务。

教师的指导方式取决于学习任务的性质。对于学习目标清晰和学习结果明确的学习任务，教师可以将完成任务所需的步骤列成一个清单，然后将清单写到展示板上或者打印成纸质文档分发给学生；也可以在每一小组指定一名学生负责监督，在每个步骤完成时进行记录；或者是整个小组共同监督活动的进展。

而那些学习结果不明确的学习任务，教师则不宜给予过多的指导，而应让各小组学生自己决定任务的流程，自主选择合适的方案。通常，安排这类小组任务的目的在于培养学生的高阶思维能力和问题解决能力，而过于详细的指导会影响学生高阶思维能力和问题解决能力的培养。例如，教师要求学生进行小组汇报的目的是，促进学生的批判思维和问题解决能力的发展，如果教师对作报告的程序及报告所需的材料给予过多的指导，学生可能只会简单地做出满足任务要求的汇报。但是，如果给予学生足够的自主权，让学生自己承担组织活动的责任，则更有利于激发学生的创造性，学生也能更加积极地参与小组活动。

此外，教师在安排合作学习任务时，还需要清楚地告知学生学习活动所需的时间，以免学生无限拖沓，影响后续的学习活动。

(二)监督小组合作学习的进行

在小组合作学习的过程中，教师的监督工作主要包括：了解小组合作学习活动的组织和进展状况，成员之间沟通、互动、互助和讨论的成效，小组成员的行为表现和技能的使用情况，等等。为了充分发挥监督的效用，教师可以在小组合作学习开始之前，跟学生解释清楚评价方式(如对学生个体的评价以及对小组整体的评价)，并认真组织、监督小组任务，确保每个学生都能积极参与。

首先，教师应根据小组活动的性质来决定采取什么样的监督方式。当要求学生进行独立学习并且小组的作用只是支持独立学习时，可以在小组间走动来了解个体学生的表现，从而监督学生的学习，或者将每个学生的作业收上来批阅。当要求学生进行合作或互助时，教师则要仔细观察小组成员之间是否有积极的互动，是否能互相耐心地解答问题，还是仅仅简单地给出答案或者根本不予理睬。教师在监督时，要在各小组之间来回走动，并时不时地留意班上其他学生的情况。另外，不要在某一个小组的监督上花费太多时间。

其次，使用监督表来记录相关信息。因为学生人数众多，表现各异，教师要想记住所有的问题几乎是不可能的，因此建议教师制作一份合作学习监督表(见表9-5)，上面写上每个学生的名字，并在名字旁边记录下每个学生在小组活动中的行为及表现。这样便于教师获取所有学生的信息，避免只关注那些积极活泼、善于表现的学生。之后还可以根据这些记录的信息，对每个小组及每名学生的行为表现进行评价。

表 9-5　合作学习监督表

小组	成员	表现	优点和不足	评价和反馈
第一组	A			
	B			
	C			
	D			
第二组	A			
	B			
	C			
	D			
……				

再次，教师在监督过程中，应该学会根据各种线索或迹象来判断学生的活动状态。例如，埋头书写、组装材料、进行练习或搭建模型时，教师可以轻松地辨认出恰当的、认真完成任务的行为。同样，教师应该留意不认真完成任务的信号，例如，短暂的心不在焉通常可以被忽略，但是如果该行为一直持续，就需要对其加以干预；当学生表现出紧张、愤怒或者敌对的情绪时，表明他们在小组活动中遇到了挫折或者发生了冲突，这时需要教师及时干预，以防引发更严重的问题。

最后，培养小组的自我监控能力。在小组合作学习过程中，教师不可能全程监督，这时需要小组进行自我监控。要求小组汇报工作进展、计划方案以及遇到的问题等都是一些常用的促进小组进行自我监控的方法。此外，教师还可以布置相应的个人任务，例如，让学生记录自己观察的结果、独自解决问题的情况，或者总结自己在小组活动中所作出的贡献。这些信息不仅能帮助教师了解每个学生参加合作学习的情况，而且有利于增强学生的个体责任感。

(三)干预和介入小组合作学习

教师在监督过程中发现某些成员存在参与度不够或问题行为时，应及时干预和介入。干预措施应尽量简洁明了且简单、易于操作。

第一，对个体的干预。其一，给予非语言暗示，如使用眼神、摇头等信号，或走近、拍拍肩膀等动作；其二，单独交流，督促其尽快参与小组合作活动；

其三，提供必要的指导或帮助；其四，采取集体教育的方式，如"×××还没有参与到活动中，你们小组的成员是不是想个办法，帮助他参与到小组活动中呢？"其五，对于那些持续做出不当行为的学生，如果上述温和的干预措施无效，则可以让他暂时离开小组（一开始一般安排1～2分钟）或者让其一个人进行活动。

第二，对整个小组的干预和介入。其一，当小组合作学习活动进展不畅或进展速度较慢时，教师应及时介入并给予指导和反馈；其二，当小组合作学习活动有偏离主题的趋势时，教师应尽快加以干预；其三，当小组合作学习活动遇到解决不了的难题而进展不下去时，教师应及时介入，引导小组成员寻找问题所在、提出自己的看法，进而采取相应的措施解决问题。

（四）使用信号系统进行提示

在学生进行小组合作学习的过程中，教师可能会要求他们停止手中的工作，听新的指令或者进行下一个活动或任务；也可能会对全班学生进行活动反馈、更改活动要求或者提供额外的教学指导。另外，有些成员可能没有参加合作学习，小组讨论逐渐跑题，小组讨论的声音变得嘈杂……面对上述这些情况，教师必须打断正在进行的小组任务，让学生将注意力集中到教师身上。虽然这不是一件非常困难的事情，但是要想让学生有组织、有秩序地迅速按教师的指令行动也并非易事。解决办法是使用信号系统给予指令或提示。

有效的吸引小组学生注意力的信号要能够让学生马上停止手中正在进行的活动并随之做出明确的回应。例如：

· 教师一边拍手一边说道："1、2、3，请大家看着我"；

· 教师说"如果能听到我讲话，请竖起大拇指"，学生做出相应的回应；

· 教师从10倒数到1，学生跟着教师一边拍手一边倒数，数到1后，所有的学生一齐闭上嘴巴，等候教师发布指令；

此外，摇铃以及一些简单的口头指令（如"请停止……"，"请看……"，"请听……"）也都是很好的暗示信号。

教师在使用信号提示学生时应注意以下几个问题：

第一，使用适度的信号来吸引学生的注意，不要使用过于引人注意的信号（如声音很大的铃声、鼓掌声、笑声、鸣笛声等）；

第二，可以多教给学生一些信号，以避免因过度使用某一信号而让学生感到太单调；

第三，在学生合作学习过程中，教师应尽量避免一些不必要的打断；

第四，可以提前将活动的要求和细则告知学生或者张贴到展示板上，这样可以避免打断学生正在进行的活动；

第五，在适当的时候单独提醒个别小组，以免对其他小组造成影响。

五、评估阶段的管理

评估在教育中发挥着极其重要的作用。对小组合作学习而言，评估同样起着举足轻重的作用，它能让教师看到学生的成绩和不足，判断小组合作学习的成效；能让学生反思自己的学习过程和行为表现，发现日后需要改正的缺陷。

(一)评估方法

常用的小组合作学习评估方法有三种，分别是小组评分、个人评分和混合评分。

1. 小组评分

小组评分指的是小组成员共同完成了一个学习项目，他们以口头或书面的形式提出了小组的研究报告，那么，就给该小组中的每一个成员同样的分数。

在小组合作学习过程中，弄清每一个成员对小组所作出的具体贡献是比较困难的，因为教师无法时刻关注到小组中的每一个成员，所以教师一般倾向于根据小组最后的学习成果来进行评估，并赋予小组的每个成员相同的分数。无论小组成员的贡献是什么，只要小组获得了成功，就代表全体成员都是成功的；反之亦然。

小组评分有利于促进小组成员之间的相互帮助、相互支持、相互合作。其不足在于相同的分数无法体现个体成员在小组合作学习中不同的表现和贡献。此外，某个小组成员不佳表现而导致整个小组等级降低时，会诱发小组成员之间的矛盾或冲突，导致学生间关系的不和谐或恶化，有时还会让小组成员失去继续学习的动力。

2. 个人评分

个人评分指的是小组成员合作完成一个学习项目，每个成员负责项目中的一个方面并完成相应的口头或书面报告，评价者对小组每个成员的表现进行赋分，小组的整体分数就是每个成员得分的总和。

个人评分的方式能够体现个体在小组中的表现和贡献，能激发个体的主动性和积极性。其不足在于易导致小组成员各自为战，不能充分发挥小组合作学习的功能，无法实现成员间互帮互助、合作进步的目标。

3. 混合评分

所谓混合评分指的是小组评分和个人评分相结合，即小组每个成员的成绩是小组书面报告和各成员口头汇报两项成绩的总和。例如，小组书面报告占总成绩的 75%，成员口头汇报占总成绩的 25%，如果小组书面报告得了 80 分，成员 A 在口头汇报中得了 90 分，成员 B 得了 70 分，那么，A 的最后得分是 82.5(80×0.75＋90×0.25)，B 的最后得分是 77.5(80×0.75＋70×0.25)。

混合评分既重视小组合作学习的价值和成果，又承认小组成员的努力和贡献，是目前最常用的小组合作学习评估方法。

(二)评估方式

从评估的主体来看，小组合作学习评估包括教师评价、同伴评价和自我评价。教师评价关注的是小组活动的最终学习成果，同伴评价和自我评价关注的是小组活动的过程，其中，同伴评价的重点是对小组中其他成员协同工作的情况进行评估，自我评价的重点是对自己在小组中协同工作的情况进行评估。

在实施同伴评价和自我评价之前，教师应做好如下几项工作：

1. 解释评价的意义

教师应让学生认识到，同伴评价不能是吹毛求疵，也不能是借机报复，同伴评价应该是积极、正向的，评价的重心要放在小组如何才能更好地共同协作上；自我评价则需要实事求是，评价的重心应放在自己的不足和日后亟待提高的能力上。

2. 提供评价标准和评价工具

评价标准具备重要的导向功能，所以，学生如果能够在小组合作学习一开始时就知道教师对他们的期望是什么，知道教师的评价标准是什么，那么他们的学习目标就会非常明确，在合作学习中的表现也会更出色。在实践中，有些教师对高质量的小组合作学习有自己的看法并且据此给学生或小组打分，但学生们却不清楚教师的要求和期望是什么，他们要么胡乱猜测教师的标准，要么干脆置之不理,由此导致合作学习低效甚至引起师生之间的冲突。

评价工具是对评价对象进行测定时所采取的方式和手段,如试题、问卷、核查表等。对小组合作学习进行评估的重心在于评估学生的表现和行为,不需要过于精准的分数(如考试或测验分数),所以,实践中评价指南的使用较为广泛。许多教师使用评价指南来让学生了解教师将如何评估他们的学习和努力。评价指南有很多种形式,如显示良好学习特征的核查表、表明质量水平的评估标准和清晰描述学生每一水平层次的评估准则。

下面介绍的三个评价指南(只截取部分内容)较为简单,易于操作。它们分别展示了教师对小组协作情况的评价(即教师评价),小组成员对小组整体和自我在协作方面的表现的评价(即自我评价),以及小组成员对其他成员贡献的评价(即同伴评价)。

(1)教师评价表

表 9-6 是用于教师评估小组合作学习过程中小组协作情况和成员表现的。教师从评价标准中选择符合小组实际合作学习情况的一项填写在"小组表现"和"成员表现"处,如"②"填写在"小组表现"处,"③"填写在"成员表现"处。此外,如果教师还有其他需要说明或注明的内容,可以将文字写在选项下的备注处。虽然这是一份教师用表,但教师也应该在小组合作学习开始前,给学生解释这份表格中的相关要求,以便督促学生按照教师的标准去合作和学习。

表 9-6　小组合作学习教师评价表

序号	评价标准		教师评价	
	小组协作情况	成员表现	小组表现	成员表现
第一组	①不能有效地协同工作; ②偶尔能协同合作,但不够持久稳定; ③始终协同一致,共同努力,几乎没有什么不足	①没有一个人对小组工作作出贡献; ②有些成员能为小组进步作出贡献; ③大多数时间全体成员都能为小组进步作出贡献	备注:	备注:

(2)学生自我评价表

教师在指导学生使用自我评价表时,首先要让学生明白,自我评价需要实事求是,因为自我评价还需要和同伴评价相互印证。其次,教师要告知学生,自我评价的目的不是分数而是发现自己的不足，以便日后可以尽快改正，改善自己在小组中的地位。最后，教师要告知学生，通过自评来找寻自己存在不足或弱点的原因，并将它填写在备注处(见表9-7)。

表 9-7　小组合作学习学生自我评价表

序号	评价标准		自我评价	
	小组协作情况	个人表现	小组表现	个人表现
第一组	①我们小组不能很好地协同工作；②我们小组有时候能协同合作；③我们小组始终都能够协同一致，共同努力	①我没有和同伴合作；②我有时候能和同伴合作；③我总是能和同伴合作	备注：	备注：

(3)同伴评价表

表9-8用于小组成员评估同伴时使用。每个成员从评价标准中选择符合小组同伴实际情况的一项或几项填写在"同伴评价"处，同时可以在"说明或举例"处填写具体事例或实际情况的说明。

表 9-8　小组合作学习同伴评价表

小组成员		个人表现评价标准	同伴评价	说明或举例
第一组	明明	①不能和同伴合作；②有时候能和同伴合作；③总是能和同伴合作；④…⑤…		不能倾听同伴的发言
	小伟			…
	小红			明明求助时，不答应帮助他
	米粒			…
	艳艳			…

【资料链接】

学生小组—成就区分法(STAD)的操作程序[①]

斯莱文提出的学生小组—成就区分法(STAD)是一种非常有效的合作学习

---

① ［美］斯莱文：《教育心理学：理论与实践》，吕红梅、姚梅林等译，220～223页，北京，人民邮电出版社，2016。

方法。STAD 由教学、混合能力分组的合作学习以及测验组成，并对组员成绩大幅进步的小组给予赞扬、鼓励或其他形式的奖励。

STAD 包括如下几个循环进行的活动程序：

(一)教学：呈现课程内容。

(二)团队学习：学生在团队中完成书面作业以掌握所学材料。

(三)测验：学生独立完成小测验或接受其他形式的考评(如小论文或表现评估)。

(四)团队认可：根据团队成员的分数来计算团队的总分，并对取得高分的团队给予多种形式的认可，如授予证书，在班级新闻中或光荣榜上给予公示。

下面描述了向学生引入 STAD 的步骤：

1. 将学生分为每组 4～5 人的团队，每团队 4 人是最适宜的，只有当班级人数不能等分为每组 4 人时才安排 5 人组。为了将学生分组，应该根据对学业成绩(如过去的成绩、测验分数)的某项测量标准将学生从高到低排列，并将这个排行表分成四等份，如果不能等分，则中间部分可以多包括些学生。然后分别从四个等份中各选一名学生组成不同团队，要保证团队在性别、族裔等方面尽量平衡。多出来的(中等)学生可以作为团队的第五名成员。

2. 对将要教授的课程，设计一页练习题和一份小测验。告知学生，在团队合作学习期间(1～2 个课时)，团队成员的任务就是掌握你在课程中呈现的材料，并帮助团队中的其他成员掌握材料。学生可以应用练习题或其他学习材料来练习教师教授的技能，评估自己和其他成员的学习效果。

3. 让团队成员将他们的桌子挪在一起或让他们移至团队桌，给学生约 10 分钟的时间为团队起名。然后分发练习题或其他学习材料(每个团队两份)。在学生开始前，确保他们理解了下列要点：

• 建议每个团队中的成员两两合作或三人合作，如果任务是要解决某些问题(如在数学中遇到的问题)，则团队中的每个人都应该解题，然后与同伴核对解法。如果有人不会解决某道题，则团队成员有责任向其解释该问题。如果学生要解决的是答案十分简短的问题，则他们可以相互测查，轮流拿着答案页提问及回答问题。

•向学生重申，他们必须保证所有的成员在测验上能得满分才算完成学习任务。

•一定要让学生明白，练习题是用于学习的，不是用于填空然后交上来的。这就是为什么学生们在学习时必须用练习题对他们自己和同伴进行检查。

•让学生互相解释答案，而不只是根据教师提供的答案来核查彼此的答案是否正确。

•当学生有问题时，要求他们先向同伴提问，然后再问教师。

4.当学生以团队方式活动时，教师在班级中走动，表扬那些表现好的团队，和团队坐在一起倾听，了解他们的进展。

5.分发测验题或试卷，给学生充分的时间来完成。不允许学生协作，而必须让他们独立地展现自己所掌握的内容。如果可能的话，让学生将课桌分开。可以让不同团队的学生互评试卷，或者将试卷收上来，由教师课后评分。

6.给出个人和团队分数。STAD中的团队分数是根据团队成员成绩的进步程度来确定的。每次测验后，你应尽快地给出每个团队的分数，并写一篇班级快报(或准备一张班级公告板)来通报各团队的分数。最好在测验之后的下节课就通报团队的分数，这可以使学生明确地建立优良表现与得到认可之间的关系，进而增强努力做好的动机。计算团队分数的方法是：将团队成员提高的分数加起来，然后用这个总分除以当天所有参加测验的团队成员的人数。

7.认可团队的成就。一旦算出了每一学生的分数以及团队的分数，教师就应该对那些平均进步了20分以上的团队给予某种形式的认可，比如可以给团队成员发放证书或在公告板上宣布。帮助学生去重视团队的成功是非常重要的，而教师对团队分数的热情也有助于学生学会重视团队成功。如果一周的测验不止一次，你应该将各次测验合并为一周的总分。在实施STAD大约五六周后，将学生重新分组，这可以使学生与其他同学一起活动，也可以保持学生对该活动方式的新鲜感。

【内容概要】

1.对合作学习的不同认知源自研究者不同的价值取向和研究视角：它可以是一种形式、一种方法、一种活动。我们所讨论的合作学习是以平等、合作和发展为基本思想，以学习目标为基本导向，以学习小组为基本组织形式，旨在培养学生的态度和价值观，为学生提供解决问题的多元视角，帮助学生构建社会化的身份，促进学生批判性思维和问题解决能力的发展。

2. 合作学习包括相互依存、个人责任、合作技能、小组自评、混合编组和教师角色六个要素。

3. 在合作学习的组织阶段，教师需要确定合作学习的任务和材料，选择合作学习的类型，讲授规则、程序和要求，明确角色期望和角色职责，规划和布置课堂物理学习环境。

4. 在小组建立阶段，教师需要考虑小组的规模和人员构成，并能够在小组发展的不同阶段实施有效管理。

5. 沟通技能、讨论技能、批判性思维技能、解释能力、求助技能以及团队领导能力是学生应该掌握的六种重要的合作技能。教师应详细地加以解释和示范，并带领学生反复实践。

6. 在正式的合作学习活动阶段，教师需要确定启用何种合作小组，确定小组人数和组员构成，安排合作学习任务，确保个体负起责任，提醒学生使用合作技能，并对小组合作学习的进展情况进行监督、干预和介入。

7. 教师需要使用多样的评估方法，通过教师评价、学生自我评价和同伴评价的方式判断小组合作学习的成效。

【思考题】

1. 合作学习由哪些要素构成？它对学生的成长和发展有什么样的意义？

2. 常用的合作学习方式有哪些？

3. 确定小组成员构成的方法有哪些？

4. 约翰逊兄弟提出的培养合作技能的"六步学习法"的主要内容有哪些？

5. 教师如何监督小组合作学习的进展？

6. 常用的小组合作学习评估方法有哪些？

【实践操作题】

观察某位教师组织的小组合作学习过程：

(1)说明该教师使用的是哪种类型的合作学习。

(2)教师有没有为小组合作学习做特殊的安排或布置(如座位、墙面布置等)？如有，请详细描述该教师的所有安排和布置。

(3)教师是如何布置小组合作学习任务的？你认为该教师的做法有哪些优点和不足？

(4)小组成员有没有明确的角色分工？如有，请记录每个成员的角色分工及其对角色职责的完成情况。

(5)在小组合作学习过程中，学生有没有使用合作技能？如有，请详细记录各种技能的使用情况。

(6)请详细记录该教师是如何监督小组合作学习的？你认为该教师的做法有哪些优点和不足？

(7)在小组合作学习的最后，有没有进行评估？如有，请详细记录评估的方式和内容。

(8)你认为该教师组织的小组合作学习成效如何？请评价一下其优点和不足，并写出你的调整建议。

【补充阅读】

1. 王鉴：《合作学习的形式、实质与问题反思——关于合作学习的课堂志研究》，载《课程·教材·教法》，2004(8)。

2. 岳定权：《论合作学习的价值及其实现路径》，载《内蒙古师范大学学报(教育科学版)》，2014(6)。

3. 王维、董永权、杨淼：《合作学习对学生学习效果的影响——基于48项实验或准实验研究的元分析》，载《上海教育科研》，2020(7)。

4. 钟柏昌、黄水艳：《合作学习动态分组的研究进展与思考——基于国际文献的系统综述》，载《开放教育研究》，2021(4)。

5. 韩芳：《信息技术创造合作学习新形态》，载《中国教育学刊》，2021(8)。

6. 潘理平、吴亚林：《生存论哲学视域下合作学习的当代转向》，载《教育研究与实验》，2022(2)。

7. 杨金玉：《人工智能背景下小组合作学习的情意功能》，载《教育理论与实践》，2022(5)。

8. 乔新虹、周加仙：《脑科学视域下合作学习中的"边缘人"研究》，载《上海教育科研》，2023(8)。

【自我反思】

通过本章学习，我对如下问题有了新的认识：

1. _____

2. _____

3. _____

关于本章内容，我对下列问题还有疑惑：

1. _____

2. _____

3. _____